_____ 님의

'진짜 자기'를 찾는 여정을 응원합니다.

마흔에 읽는 융 심리학

이렇게 계속 살아도 괜찮을까

마흔에 읽는 융 심리학

제임스 홀리스 지음 | 정명진 옮김 | 김지용 감수

Finding Meaning
in the Second Half of Life

21세기북스

질,
우리 아이들
타런과 팀, 조나와 시아에게
그리고 휴스턴 융 센터의 사람들에게

제임스 홀리스,
찬란한 개성화를 꿈꾸는 사람들을 위한
따스한 멘토

당신의 가장 믿음직한 응원자는 누구입니까? 당신의 가장 든든한 후원자는 누구입니까? 이런 질문에 곧바로 '나 자신'이라고 대답할 수 있다면, 당신은 충만한 삶의 주인공일 것입니다. 제임스 홀리스는 이러한 궁극적인 자기 수용에 이르는 길이 매우 어렵지만 그만한 가치가 있다고 말합니다. 자신의 가장 확실한 응원자이자 후원자가 될 수 있을 때, 우리는 융Carl Jung이 말하는 개성화individuation의 길 위에 굳건히 서 있을 수 있기 때문입니다. 제임스 홀리스는 융 심리학의 대가일 뿐만 아니라 실제 임상 사례에서 융 심리학을 적극적인 분석의 도구로 활용한 치유자이기도 합니다. 융 심리학을 대중화한 매우 뛰어난 학자 가운데 한 사람인 그는 때로는 날카로운 분석가의 시선으로, 때로는 한없이 따사로운 치유자의 시선으로 인간의 트라우마를 직시합니다.

'내가 좀 더 잘했더라면', '내가 좀 더 좋은 집안에서 태어났더라면'이라는 안타까움을 느껴보지 않은 사람이 있을까요. 제임스 홀리스는 바로 인간의 이런 본능적인 결핍 속에 숨겨진 트라우마와 그 치유의 가능성을 밝혀냅니다. 제대로 사랑받지 못한 어린 시절의 결핍, 제대로 배우지 못하고 제대로 갖지 못한 그 모든 시간에 배어 있는 슬픔. 그 아픔을 차분히 들여다볼 수 있다면, 치유의 가능성이 열리기 시작합니다. 제임스 홀리스는 수많은 내담자와의 상담을 통해, 아픔을 아픔이라고 인정하지도 못하는 마음의 방어벽을 발견합니다. 아픔을 아픔이라고 인정하는 순간, 슬픔을 슬퍼할 수 있는 마음의 여유가 생기는 순간, 치유는 시작됩니다. 제임스 홀리스는 완벽성이 아닌 전일성(全一性, wholeness)이 우리를 구해줄 것임을 강조합니다. 완벽한 사람이 아니라, 그림자와 슬픔과 콤플렉스까지도 온전한 자기다움으로 끌어안는 태도인 전일성을 갖춘 사람이 개성화에 성공합니다. 완벽함은 능력에 관한 문제이지만 전일성은 '받아들임'의 문제, 솔직함의 문제, 더 나아가 '자기다움'의 문제입니다.

전일성을 향해 나아간다는 것은 더 뛰어난 사람이 되기 위해, 더 많은 재력이나 권력을 갖추기 위해 노력하는 것이 아니라, '마침내 나다움'을 얻기 위해 분투하는 존재가 된다는 뜻입니다. 누군가에게 모범을 보이거나, 타인과 잘 어울리거나, 화려한 직업이나 번드르르한 명함을 갖는 것보다 더 중요한 것이 진정 '나다운 삶'의 주인공이 되는 것입니다. 때로는 이상하고 우스꽝스러울지라도, 때로는 창피하고 못난 모습일지라도, 있는 그대로의 내 모습을 인정하고 받아들이는 것이야말로 개성화의 시작이기 때문입니다. 제임스 홀리스의 책을 읽으며 저는 과거의 트라우마와 콤플렉스를 있는 그대로 받아들이는 삶의 소중함을 이해하게 되었습니다.

외적으로 권력이나 재력을 추구하는 자아가 '에고(사회적 자아)'
라면, 내적인 성장과 내면의 통과의례를 존중하는 자기 자신은 '셀
프(내면의 자기)'라고 할 수 있습니다. 제임스 홀리스는 바로 이 셀프
의 성장이야말로 진정한 개성화의 시작임을 이야기합니다. 그러한
내적 성장의 결정적인 기준은 바로 나에게 일어난 일을 남의 탓으
로 돌리지 않는 마음입니다. 부모님이 충분히 보살펴주지 않아서,
금수저로 태어나지 못해서, 로또 당첨 같은 행운이 일어나지 않아
서 내 삶이 '이 모양 이 꼴'이라고 탓하는 마음이야말로 '성장하지
못하는 자아'의 증거이기 때문입니다. 이 세상 그 누구도 아닌 바로
내가 어떻게 책임을 져야 내 삶이 더 나아질 수 있을까를 고민하는
것이야말로 내적 성장의 시작입니다. 나에게 일어난 일을 바꿀 수
는 없지만, 내 삶을 바라보는 시각은 바꿀 수 있기 때문입니다.

　나에게 일어난 일만으로 나를 평가하는 것이 '에고의 시선'이고,
나에게 일어난 일일지라도 그것만으로는 결코 나를 평가할 수 없음
을 깨닫는 것이 '셀프의 시선'임을 기억해두는 것만으로도 충분합
니다. 나를 바꿀 수 있는 진정한 힘이 오직 나에게 있음을 믿기 시
작할 때, 셀프는 비로소 눈부신 개성화를 향한 날갯짓을 시작할 수
있을 것입니다.

　이 책에서 말하는 '마흔'은 상징적인 나이이기도 합니다. 단지 생
물학적인 나이 마흔이 아니라 진정한 개성화를 꿈꾸기 시작하는 나
이, 주어진 대로 살아가는 것이 아니라 반드시 내 영혼의 주인공이
되어 삶을 시작하는 나이가 바로 마흔이 아닐까 싶습니다. 그런 의

미에서 이 책에서 말하는 마흔이란 찬란한 희망의 상징이기도 합니다. 지금까지 내 인생은 뭔가 잘못되었다고 생각하던 모든 나날, 나는 참으로도 운이 나쁘다고 자책하던 모든 시간의 그림자를 떨쳐낼 수 있는 희망의 나이, 그것이 바로 마흔이기 때문입니다. 그런 의미에서 저는 숫자 40이 아닌 '진정한 개성화의 시작, 마흔'을 우리 모두의 새로운 출발점이라고 부르고 싶어집니다. 그리하여 이 책은 당신의 눈부신 마흔을 축복하는 책, 당신의 아름다운 마흔을 기념하는 책이 될 것입니다. 영혼의 찬란한 성장을 꿈꾸는 이라면 누구나 아름다운 마흔의 출발점에 서게 될 것입니다.

정여울
『데미안 프로젝트』『헤세로 가는 길』 저자
KBS 정여울의 도서관 진행자

아직 변화가 망설여질 당신을 위한 책

당신은 지금까지 누구의 삶을 살아왔는가? 지금 삶은 내 선택에 의한 것인가? 나는 내가 바라는 길을 걷고 있는가? 깊은 고민 후에도 이 질문에 그렇다고 자신 있게 답할 수 있는 이가 얼마나 있을까. '진짜 자기'가 없는 세상이다. 어렸을 때부터 타인이 바라는 공부를 하고 타인이 좋다는 진로를 꿈꾸며 커간다. 부모의 말에 따를 수밖에 없던 어린 시절의 일이었기에, 혹독한 세상 속에서 먹고살기 위해서 어쩔 수 없는 부분도 있었을 것이다. 하지만 성인이 된 후의 지금 삶에서, 또 어쩔 수 없이 일해야만 하는 시간 이외에도 타인의 삶을 살고 있지는 않은가? 남들 다 본다는 콘텐츠는 따라서 봐야 하고, 남들이 좋다는 순위 목록의 노래는 들어봐야 하고, 남들 간다는 맛집에 들러봐야 하며, 남들 눈에 좋아 보이게 SNS에 올린다. 개인주의 시대라는데 진짜 개인은 없는 시대이다. 우리는 '개인의 삶이 없고 인격의 깊이가 없는 곳에서는 다른 사람의 가치관으로 인공적인 삶을 꾸리게 되어 있다'는 저자의 말 그대로 살고 있다. 남들 눈에 그럴듯한 모습이 아니라면 실패한 삶이라 불리기에 온 힘을 다해서 가짜 자기를 키워나간다. 이게 오늘날 나의, 당신의, 우리의 삶이다. 게다가 전 세계 그 어느 나라보다도 더욱 '정답이 있는 삶'을 강요하며 강하게 옥죄는 것이 우리나라의 특징이다.

우리 모두 애당초 사회적 동물이기에 '인간은 타자의 욕망을 욕망한다'는 라캉Jacques Lacan의 말처럼 남들과 맞춰가는 삶도 중요한 것이 사실이다. 타자의 욕망을 내 것으로 만들 때 찾아오는 순간적인 기쁨이 있다. 하지만 그것이 내 삶의 목적인가? 나는 타자에게 잘 보이기 위해 태어났나? 그것이 우리의 존재 이유인가?

지금 이 책을 펼쳐 든 당신에게는 이미 이러한 의문이 찾아왔을 것이다. 스스로 의식하지 못했더라도 내면에서 울리는 이러한 목소리가 이 책을 집어 들게 만들었을 것이다. 잠시 눈을 감고 내면에 집중해보자. 여태껏 열심히 살아왔지만 남은 인생 절반도 이렇게 살 수는 없다고, 무언가 잘못되었다고, 변화가 필요하다고 말하는 그 영혼의 외침이 당신 안에 분명히 있을 것이다.

물론 가보지 않은 길로의 변화는 두렵다. 도망자들의 세상에서는 옳은 방향으로 향하는 사람이 도망자처럼 보이게 되어 있기에 좁은 길로 가기가 망설여진다. 이 바쁜 세상 속에서 한가하게 마음을 들여다보는 것은 사치라는 생각도 들 것이다. 내 삶을 더 흔들어버릴지도 모를 이 책은 가만히 내려놓고 서점을 빠져나가 일상으로 복귀하는 것이 안전한 길이라고 자아는 말할 테다. '요즘에는 다 이렇게 사니까. 네 문제가 아니고 사회 탓이야'라고 속삭일 테다.

하지만 세상 탓만 하며 안주해서는 안 된다. 실제로 세상 탓이 크지만, 어쨌든 우리는 내 인생 드라마의 유일한 주인공이니까. 성인이 된 나의 삶은 내가 책임지고 내가 선택해야만 한다. 그렇지 않고 가짜 자기만을 계속 키워나가다 보면 생의 중간 지점에 필연적으로 지진이 찾아온다. 그 지진은 중독일 수도, 일탈일 수도, 극도의 허무주의일 수도 있다. 우울증의 형태를 띠고 찾아오기도 한다. 저자는 이것이 영혼이 지금의 삶에 대한 항의의 강도를 높이기 때문에 나타나는 현상이라고, 그러므로 우울은 더 깊은 차원의 회복을 꾀하라는 초대장이나 다름없다고 말한다. 우울증이 더 나은 삶을 향한 축복이라고까지 말한다.

너무 뜬구름 잡는 소리처럼 들릴 수 있을 것이다. 나 역시도 예전엔 그렇게 느꼈으니까. 하지만 정신과 의사로 일하며 여러 사람의 삶이 흘러가는 모습을 쭉 지켜봐온 나로서는 이 말을 믿을 수밖에 없다. 우리 마음속 깊은 곳에 내가 인식하는 자아보다 더 강한 힘을 지닌 자기(이 책에서는 주로 영혼이라고 표현한다)가 존재한다는 것을 믿게 되었다. 이 책에 많이 소개되는, 정말 쉽사리 믿기 힘든 상징적 꿈들이 전달하는 메시지도 믿게 되었다. 모든 사람의 마음 깊은 곳에는 전혀 의식하지 못한다 해도, 정답을 이미 알고 있고 그 방향으로 나를 이끌어가며 계속 격려하는 존재가 분명히 있다. 그 영혼은 우리 삶이 잘못 흘러갈 때 아예 무너뜨리고 새로 쌓는 시도를 하며, 그렇기에 우울증이 내게 전달하는 의미를 알아챈 사람은 이후로 더 나은 삶을 살게 된다는 사실을 나는 계속해서 보고 있다. 그렇기에 과거의 삶을 반복할 때의 우울과 안개 속에서 새로운 길을 찾아갈 때의 불안 중 후자를 택해야만 하는 것, 그것이 인생 2막을 앞둔 이들에게 필요한 삶의 자세라는 것을 알게 되었다.

아직 변화가 망설여질 당신을 위해 이 책의 본문이 기다리고 있다. 이 책은 스크린 속 인물들과 대화하던 나를 나 자신과 대화하도록 안내해줄 것이다. 유행가가 아닌 무의식이 매일 들려주는 꿈의 가사에 집중해보도록 바꾸어줄 것이다. 바로 지금부터다. 당신의 나이가 꼭 마흔이 아니어도, 더 일러도, 조금 늦어도 괜찮다. 나를 가두던 과거의 틀에서 벗어나 '진짜 자기'를 찾아가는 삶을 시작한 것을 축하한다.

김지용
정신건강의학과 전문의
유튜브 채널 〈뇌부자들〉 운영자
『빈틈의 위로』 저자

그리고 문득 깨닫는다.
내 안에 또 다른 삶을 위한 공간이 있음을,
시간을 초월한 더 크고 넓은 삶을 위한 공간이.

R. M. 릴케Rainer Maria Rilke,
〈내 존재의 어두운 시간을 사랑하나니I Love My Being's Dark Hours〉

오, 길 잃은 영혼이여,
바람에 슬퍼하는 유령이여,
다시 돌아오라.

토머스 울프Thomas Wolfe,
『천사여 고향을 보라Look Homeward, Angel』

당신 인생이 지금 당신에게 던지는 질문

- 삶의 여정에서 당신이 이 순간 이 자리에 오게 된 계기는 무엇인가?
- 어떤 신神, 힘, 가족, 사회적 환경이 당신의 현실에 영향을 미쳤고, 그중 당신의 현실을 지지해준 것은 무엇이며 위축시킨 것은 무엇인가?
- 지금까지 당신은 누구의 삶을 살아왔는가?
- 일이 잘 풀려가고 있을 때조차 뭔가 이상하다는 느낌이 드는 이유는 무엇인가?
- 왜 이토록 많은 것이 실망스럽고, 배신처럼 느껴지고, 기대를 저버리는 것처럼 보이는가?
- 타인으로부터, 또 당신 자신으로부터도 왜 그렇게 많은 것을 숨겨야 한다고 믿는가?
- 당신의 삶이 당신 뜻과는 상관없는, 남이 쓴 각본처럼 보이는 이유는 무엇인가?
- 당신은 왜 이 책을 만나게 되었을까? 아니면, 왜 지금 이 책이 당신에게 다가왔을까?
- 영혼에 대한 생각이 당신을 불편하게 만드는 한편, 오랫동안 잊고 지낸 동반자처럼 친숙하게 느껴지는 이유는 무엇인가?
- 당신의 삶은 왜 당신 영혼이 바라는 것에 비해 이렇게나 작은가?
- 왜 지금이 당신이 영혼의 소환에 응답하고, 두 번째의 더 큰 삶으로의 초대에 응해야 할 때인가?

차례

어두운 숲속에서 길을 찾다

정말 실망스럽게도 살다 보면 우리가 다른 사람의 삶을 살아왔고, 그들의 가치관이 우리 선택을 이끌어왔으며 지금도 좌지우지하고 있다는 사실을 알게 된다. 지금 영위하고 있는 이 삶이 결코 옳다고 느껴지지 않는데도, 그것 외에는 달리 대안이 없는 것처럼 보인다. 다른 사람들에게 칭송을 받을 때조차 우리는 은근히 '이건 아닌데' 하는 느낌을 받는다.

실제 예를 들어보자. 한 남자가 평생을 학계에 몸담으며 정신노동이 필요한 삶을 훌륭하게 살았다. 그런데 현역에서 은퇴한 지금, 그는 우울증에 빠져 지내고 있다. 그가 이처럼 견딜 수 없이 힘들어하는 이유는 평생을 해온 역할과 위원회 활동, 학생을 가르치는 일을 놓아버린 그에게는 지금 자신의 심리적 에너지를 담아줄 구조가 하나도 없고, 이바지할 절실한 가치체계도 없으며, 무엇보다 자기 자신이 어떤 존재인지에 대해 아는 바가 전혀 없기 때문이다. 한 시간 동안 심리치료를 받고 집으로 차를 몰고 가던 어느 날, 그는 갑자기 흐느끼기 시작했다. 이해할 수 없는 울음이었다. 헝클어진 그의 의식에는 아무런 이미지도, 이유도 떠오르지 않았다. 평생 머리로만 살아왔던 그는 몸의 현실에 무력하게 끌려 내려가는 자신이 너무나도 초라하게 느껴진다고 털어놓았다.

그날 밤 그는 다시 대학생으로 돌아간 꿈을 꾸었다. 그는 준비를 제대로 하지 못한 채 시험을 치르고 있고, 모든 사람이 그보다 훨씬 더 높은 시험 점수를 받았다. 여성 강사가 그에게 다가와서 "이 과목에 낙제하게 놔두지 않겠어!"라고 말했다. 그는 어릴 적에 자신의 에너지를 언제나 어머니가 마음대로 조종했다는 사실을 떠올렸다. 어머니의 목표가 곧 그의 목표였다. 어머니는 이 여성 강사와 비슷한 말투로 자주 그를 간섭하고 나섰다. 다른 아이들과 마찬가지로 아무런 힘이 없던 그는 당연히 어머니의 뜻이 곧 자신의 뜻이어야 하는 것으로 알았고, 그래서 어머니의 야망대로 살았다. 하지만 꿈속에서 갑자기 이런 생각이 들었다. '이 과목은 들을 필요 없어. 이 시험은 내게 아무런 의미가 없어. 나는 이런 식으로 시험을 받을 필요가 없어.' 그러자 마음이 한결 편안해졌다. 그는 시험지를 찢어버리고 교실을 나왔다. 그렇게 다른 삶, 그러니까 바로 그 자신의 삶이 시작되었다.

자, 이제 의료 기구를 제작하는 회사에서 판매 담당 부사장으로 승진한 서른여덟 살의 여성을 생각해보자. 존 F. 케네디 공항에서 덴버로 향하는 비행기 안에서 책을 읽고 있는데, 네브래스카주 어딘가의 상공에서 깜짝 놀랄 만한 생각이 그녀의 의식을 비집고 들어왔다. '이건 내가 생각한 인생이 아니야. 나는 내 삶이 싫어.' 지금껏 그녀는 직업적인 목표를 성취하는 것과 자신의 삶을 동일시해왔다. 그런데 3만 5,000피트 상공에서 불현듯 그런 생각이 떠오른 순간 자신이 쭉 우울한 상태에서 아슬아슬하게 살아왔다는 사실을 깨달았다.

혹은 내가 스위스 취리히에서 처음 꾸었던 꿈을 고려해보면 어떨까? 중년으로 접어들어 정신분석 공부를 처음 시작한 직후에 꾼 꿈인데, 꿈속에서 나는 기사騎士가 되어 중세의 성벽에 서 있었다. 그때 사방에서 내 쪽으로 화살이 폭풍처럼 날아왔다. 숲 가장자리에서 공격을 지휘하는 마녀 같은 형상이 보였다. 성이 곧 함락될 것 같아서 매우 불안했고, 꿈이 끝나갈 무렵에 성의 운명은 그야말로 바람 앞의 등불이었다. 그때 나의 정신분석가가 이제는 그만 도개교를 내리고 밖으로 나가서 마녀를 만나 그녀가 내게 격노하는 이유를 알아봐야 할 때라고 일러주었다. 당연히 나는 마녀를 만나기가 두려웠다. 방어 태세가 잘 갖춰진 성 밖으로 자기 발로 걸어 나가서 자신이 두려워하는 존재 앞에 무방비 상태로 서길 바라는 사람이 과연 몇이나 될까? 그러나 나는 정신분석가의 조언이 타당하다는 것을 알았고, 내가 이미 수년 동안 살아온 어두운 숲을 통과하는 긴 여정의 시작점에 있다는 것을 알았다.

지금까지 소개한 다양한 사람들의 공통점은 무엇일까? 이들 각자는 모두 영혼의 반란을 겪고 있다. 또한 이들의 자아*가 그동안 자신과 세계를 이해해왔던 내용이 전복되는 경험을 하고 있다.

---

* ego, 카를 융의 사상에서는 자기self와 자아를 구분하는 것이 중요하다. 자기는 우리 생각이 닿지 않는 어둠의 세계이며, 무의식 저 밑에 자리 잡은 집단 무의식의 원형으로 이루어진 세계이다. 자아는 자기에 비하면 아주 작은, 의식과 분별의 세계이다. 그래서 자아가 자기를 발견하기는 대단히 어렵다. — 옮긴이

그런 가운데 '인생 후반기에는 더 의식적으로 살라'는 영혼의 다소 까다로운 초대를 받았다. 그런데 그에 앞서 이들의 의식에 일대 혼란이 일어났고, 이들은 모두 그동안 익숙했던 환경에서 벗어나 컴컴한 숲으로 들어섰다는 느낌을 받았다. 컴컴한 숲을 가로질러 여행한다는 이 낯익은 이미지에 공감하지 않을 사람이 있을까?

시인 단테Dante Alighieri는 인생의 중반에 길을 잃은 채 어두운 숲속에 서 있는 자신을 깨닫고는 지하 세계로 내려가는 그 유명한 여정을 시작했다. 마찬가지로 우리 역시 최선의 의도를 갖고 살아가지만 그럼에도 종종 컴컴한 숲속에 빠져들 때가 있다. 아무리 의도가 좋고, 이해력이 탁월하고, 계획이 철저하고, 기도가 간절하고, 다른 사람에게 훌륭한 안내를 받는다 해도, 혼동과 방향감각의 상실, 무기력, 우울, 자신과 타인에 대한 실망 그리고 그때까지 제대로 효력을 발휘하는 것 같던 계획과 전략의 실패 등은 피할 수 없다.

삶을 의식적으로 영위하려는 우리의 노력을 뒤엎어버리는, 겉으로는 자율적인 것처럼 보이는 이 작용은 우리에게 도대체 무슨 메시지를 던지고 있는 것일까? 또 우리는 어떻게 해야 컴컴한 숲과의 조우를 통해서 성숙을 이룰 수 있을까? 만약 이 책의 시작 부분에 제시한 질문이 당신에게 말을 거는 것처럼 느껴지거나 약간 두렵거나 일종의 도전처럼 느껴진다면, 당신은 이미 그러한 정신 작용을 경험하고 있다고 보면 된다.

이처럼 안락과 안전과 예측 가능성에 대한 매우 이해할 만한 욕구를 혼란스럽게 할 수 있는, 예전의 정박지에서 빠져나오는 이 움직임은 의미와 치유 그리고 전일성을 동기로 삼는 깊은 심리적 이동이다. 이러한 심리적 혼란 속에서 우리는 자주 자기 자신을 희생자로 여기게 된다. 그러면서 그 희생에도 우리를 성장시키려는 어떤 목표가 담겨 있다는 진리를 좀처럼 깨닫지 못한다.

당시에는 분명 그렇게 느끼지 않았겠지만, 무엇인가가 우리를 의도적으로 움직여서 여정의 새로운 국면을 시작하라고 부추겼다는 사실을 나중에 깨닫는 경우도 종종 있다. 그러나 이 깨달음은 대체로 너무 늦게 온다. 우리는 고통조차도 우리를 성장시켰다는 사실을, 말하자면 우리를 조금 더 인간답게 가꿀 기회를 줬다는 사실을 시간이 한참 뒤에야, 그것도 마지못해 인정할 것이다.

우리의 의식적 자각 밑바닥에 흐르고 있는 이런 깊은 흐름을 인정하는 것이 곧 지혜의 시작이다. 고대 그리스의 위대한 비극 작가 아이스킬로스Aeschylus는 지혜가 고통을 통해서만 생겨나도록 한 신의 섭리를 관찰했다. 고통을 통해 얻은 지혜는 우리 삶에 존엄과 깊이를 더하고, 우리는 그 부산물인 영적 확장의 축복을 받는다. 고통의 한가운데 있는 사람에게 영적 확장 운운하는 소리는 무의미하거나 무신경한 말로 들릴 수 있다. 그럼에도 시간이 한참 지나고 나면 그들도 자신의 의식이 예전과 완전히 달라졌고 또 자기 자신을 훨씬 더 다양한 각도로 이해하게 됐음을 깨닫게 된다. 무엇보다, 훨씬 더 흥미로운 삶을 살게 되었다는 사실을 알게 될 것이다. 그들의 삶은 영적으로 더욱 성숙해졌고, 심리적으로 더욱 풍성해졌다. 그들은 성장을 이루어냈다. 그들의 영혼은 곧장 그들을 향해 달려와서 조금도 망설이지 않고 자신을 더욱 훌륭하게 구현해달라고 요구했다.

여러 해 동안 나는 이런 고통을 겪는 사람들과 함께 일하는 행운을 누렸다. 나는 그들이 자신의 가장 내밀한 부분을 기꺼이 드러내 공유해주고 또 나를 신뢰하면서 자신의 여정에 동행으로 받아준 것을 대단히 고맙게 생각한다. 그들과 나는 이 여정에서 함께 '자기'를 만나면서 무한히 겸허해질 수 있었다. 여기서 '자기'란 카를 융이 말한 우리의 일상적인 자아 의식ego consciousness을 완전히 초월하는, 선천적이고 독특하며 지혜롭고 지시指示적인 지성에 대한 은유이다. '자기'의 은유는 우리 각자의 내면에 있는 무엇인가가 신체 조직의 생화학적 과정을 모니터링하고, 우리를 덜 복잡한 존재에서 더 복잡한 존재로 발전시키고 있을 뿐만 아니라, 더 나아가 우리가 애초에 이 세상에 태어나면서 이루고자 했던 명백한 존재 상태를 추구한다는 우리의 직관적인 지식에서 비롯된다.

아이러니하게도 '영혼'이라는 단어는 대부분의 현대 심리학과 정신의학에서 추방되었다. 심리학과 정신의학, 정신병리학, 정신약리학, 정신요법 등의 핵심에 자리 잡고 있는 '정신psyche'이라는 단어가 그리스어로 영혼을 의미함에도 불구하고 말이다. 영혼은 소위 뉴에이지 사상에 의해 감상적으로 변질되거나, 종교적 근본주의자들의 방어적인 교리에 갇혀버렸다. 그럼에도 나는 이 책에서 영혼 soul과 정신을 서로 교체 가능한 단어로 사용하는 위험을 감수할 것이다. 왜냐하면 우리 모두의 내면에서 '자기Self'*는 영혼에 봉사하

---

* 여기서 자기, 즉 전일성을 추구하는 원형적 역동은 우리의 일상적이고 매우 제한된 자아 의식과 혼동되지 않도록 대문자로 표기된다. 앞서 이야기한 나의 꿈에서 자아 의식은 기사이고, 마녀는 내 감정 세계에서 분리된 일부분이지만, 자기는 꿈 전체의 설계자로서 의식을 소환하고 그것에 더 큰 책임을 요구한다.

기 때문이다. 다시 말해, 우리 삶을 지배하는 지시적이고 목적 지향적인 에너지는 그 자체로 의미에 봉사한다. 비록 그 의미가 초월적이어서 우리의 좁은 의식적 이해의 틀과는 거의 관련이 없을 때가 많지만 말이다.

옛 소련의 어느 공화국에서 지진이 일어난 뒤 무너진 건물 잔해 속에 어느 여인이 아이와 함께 갇혀 있다가 구조된 사연을 다룬 기사를 읽은 적이 있다. 아이도 살아남았는데, 여성이 구조되기 전까지 여러 날 동안 자신의 살점을 찢어 그 피로 아이를 돌봤기에 가능했던 일이다. 어쩌면 당신은 자신을 보존하는 일이 언제나 가장 중요하다고 생각할지도 모르겠다. 그러나 자식을 위한 이 엄마의 희생은 '자기'의 이 같은 행위도 의미를 바라는 영혼의 요구를 충족시킬 수 있다는 점을 보여준다. 정말 놀랍게도 이 엄마에게는 자기라는 '관념'보다 자녀라는 '관념'이 더 의미 있었던 것이다. 자기의 이익을 의미 있는 과제에 종속시키는 이러한 이야기는 우리 삶에서 다양한 버전으로 되풀이된다. 그리고 의미 없는 삶을 살 때, 우리는 대단히 심각한 병을 앓게 된다.

「세상에 지친 남자, 영혼을 찾아나서다The World-Weary Man in Search of His Ba」라는 제목의 고대 이집트 문헌은 이 딜레마의 보편성을 잘 보여준다. 수천 년이 지났건만 이 얼마나 현대적인 제목인가! 현대를 사는 당신도 일에 지쳐 차 안에서 조는 샐러리맨이나 심신의 기력이 다한 주부, 세 잔째 마티니를 마시는 사업가를 자주 보지 않는가? 삶을 살면서 보다 큰 뭔가를 갈망하다가 지쳐버린 그런 사람들을 말이다. 영혼과의 만남이 이루어지는 곳에 의식을 데리고 올 때마다 우리는 변화를 이룰 것이며, 또 원하든 원치 않든 우리의 의식은 더욱 확장될 것이다.

수천 년 전, 소크라테스 이전의 철학자인 헤라클레이토스 Heraclitus는 영혼은 그 넓이와 경계를 두루 탐험할 수 없을 정도로 먼 나라라고 결론 내렸다. 그럼에도 우리 모두는 '영혼'이라는 단어가 무엇을 의미하는지 직관적으로 잘 알고 있다. 영혼은 우리가 생각을 시작한 최초의 순간부터 현재까지 자신과 맺은 가장 깊은 직관적인 관계를 암시하는 데 사용하는 단어이다. 영혼은 우리 자신의 깊이에 대한 직관적인 감각, 우리의 가장 깊은 곳을 흐르는 목적 지향적 에너지, 의미에 대한 갈망 그리고 일상적인 의식이 포착할 수 있는 것보다 훨씬 더 큰 무엇인가에 참여하고 있다는 직관적인 느낌이다. 영혼은 우리를 더욱 심오하고 인간적인 존재로 만들고, 또 우리의 인생 여정이 풀어낼 네 가지 신비의 질서에 더욱 의식적이고 현명하게 참여하라고 끊임없이 부추긴다. 네 가지 신비란 (1) 우리가 맹렬한 속도로 떠돌아다니고 있는 이 우주 (2) 우리의 집이자 환경인 광활한 자연 (3) 관계 형성을 어렵게 만드는 가까운 타인들 (4) 언제나 묻고, 주장하며, 잊히기를 거부하는 우리 자신의 파악하기 어렵고 반항적인 '자기'이다.

인간은 의미를 추구하고 의미를 창조하는 동물이다. 다른 동물들도 인간과 마찬가지로 생물학적 생애 주기를 살아가지만, 스스로를 성찰하거나 추상적 사고를 하거나 가치를 전달하는 복잡한 사회 구조를 구축할 능력은 없는 듯하다. 그들은 살기 위해 싸울 수는 있지만, 자신의 죽음에 대해 불안해하지는 않는다. 다른 동물도 우리처럼 본능적 유산으로 존재의 신비를 지켜오고 있지만, 인간은 자신의 타고난 본능적 기반을 너무나 자주 벗어나는 특이한 종이다. 특유의 자기 성찰, 은유와 상징, 비유, 추상화의 발견 그리고 인간 본성을 대표하는 특징인 그 이름을 붙일 수 없는 갈망은 의미에 대한 우리의 욕구를 표현한다. 의미를 향한 이 심오하고 저항할 수 없는 충동 그리고 의미 상실 앞에서 경험하는 깊은 고뇌는 영혼의 특성이 어떠하고 영혼이 줄기차게 추구하는 바가 무엇인지를 짐작할 수 있게 해준다. 노벨상 후보에 올랐던 앙드레 말로Andre Malraux는『알텐부르크의 호두나무The Walnut Trees of Altenburg』에 다음과 같이 썼다.

가장 큰 신비는 우리가 이 땅의 풍요와 별들의 은하수 사이에 무작위로 내던져졌다는 것이 아니라, 우리가 이 감옥 안에서도 우리의 무無를 부정할 만큼 충분히 강력한 것으로 우리 자신의 이미지를 그려낼 수 있다는 점이다.[1]

의미를 제한하는 삶은 영혼에 상처를 입힌다. 나는 입으로는 상대방에게 잘해주고 싶다고 고백하면서도 사소한 문제에서 벗어나지 못한 탓에 행동으로는 여전히 상대방을 못살게 구는 커플을 자주 상담했다. 그럴 때면 그들에게 이렇게 묻는다. "우울하고 툭하면 화를 내고 마지못해서 행동하는 파트너와 얼마나 더 살고 싶나요?" 그러면 그들은 정반대의 상황을 원한다고 즉각 대답한다. 그럼에도 숨겨진 원천에서 비롯된 그들의 행동은 자신이 아주 싫어하는 그런 유형의 파트너를, 말하자면 성질이 까다롭고 소극적인 파트너를 만들어낸다. 그들을 더 크게 만들어야 할 관계가 오히려 너무나 자주 두 사람 모두를 축소시킨다. 둘의 영혼은 제한되고, 일상적인 불화라는 익숙한 병리를 통해 자신을 표현한다.

관계 속에 있든 그렇지 않든, 우리는 영혼의 지지를 받고 있으며 자신이 신성한 어떤 이야기에 참여하고 있다고 느끼고 싶어 한다. 카를 융이 회고록에 썼듯이, "무의미는 삶의 충만함을 억제하고 따라서 질병과 다름없다. 의미는 아주 많은 것을, 아마도 모든 것을 견뎌낼 만하게 만든다."[2] 융 학파의 정신분석가로서 나는 수많은 내담자를 지켜보면서 엄청난 고통과 패배가 의미로 진화하는 과정을 목격하는 특권을 누릴 수 있었다. 또한 역동적 무의식과의 조우를 통해 성숙을 이루는 과정을 추적할 기회도 얻었다. '심리치료 psychotherapy'라는 단어의 어원(영혼을 관찰하거나 돌보다)이 말해주듯이, 이 영적 확장을 꾀하는 노력은 공식적인 치료 환경에서든 일상생활에서든 흔하게 일어난다.

융은 한때 자신이 여행한 만큼만 다른 사람과 함께 여행할 수 있다는 사실을 관찰했다. 이 같은 관찰이 당신에게는 아주 평범하게 들릴지 모르지만, 대개는 극소수의 심리치료사만이 직접 분석을 받았다는 사실을 잘 모른다. (35세에 전형적인 중년의 우울증에 빠져 내가 어쩔 수 없이 처음 심리치료를 받았을 당시에는 패배의 느낌이 강했지, 인생 후반의 시작이라는 느낌은 조금도 들지 않았다.) 오직 정신 역학을 강조하는 학파, 말하자면 의식적 삶과 무의식적 삶의 깊은 대화를 추구하는 학파만이 심리치료사에게 개인적인 치료를 직접 경험할 것을 요구한다.

오늘날 대부분의 치료사들은 행동주의자로, 이들은 비생산적인 행동을 수정하고 더 효과적인 전략으로 대체하고자 노력한다. 두 번째로 큰 심리치료사 집단은 인지 치료의 한 형태를 실천한다. 이 치료는 우리가 습득한 '나쁜 관념'을 식별하는데, 이 관념은 반사적으로 우리로 하여금 자기 패배적인 선택을 하게 만든다. 인지 치료는 이러한 관념을 효과적인 관념으로 대체하고자 노력한다. 인간 조건에 대한 이 두 가지 접근 방식은 매우 논리적이고 일반적으로 유용하며, 나 자신도 두 가지 방법을 여러 번 사용했다.

게다가 치료 현장은 정신약리학에 점점 더 강하게 지배를 받고 있다. 체내에서 분비되는 화학물질의 불균형으로 인해 고통받는 사람이 많으며, 이들의 문제는 의학적 개입으로 가장 잘 치료된다. 일단 생물학적 기반이 정상을 회복하면, 이들은 프로이트Sigmund Freud가 말한 '삶의 정상적 고통'을 다루기 시작할 수 있다. 하지만 나는 심리치료 분야에서 약물이 지나치게 많이 처방되고 있다고 믿는다. 약을 이용한 치료가 다른 치료에 비해 비교적 간단하고, 비용 효율적이며, 누구나 쉽게 접근할 수 있기 때문에 일어나는 현상이다. 물론 그런 방법에도 미덕은 있지만, 그런 식의 치료로 인해 약리학이 삶의 더 큰 질문들을 회피하도록 할 가능성이 있다. 약을 쉽게 이용하면, 사람들이 더 큰 삶의 문제를 보지 못할 수 있다는 뜻이다. 이러한 질문을 무시하면 고통의 비밀스러운 원천을 알 수 없게 되며, 이는 미덕이 아니다. 실제로 약리학은 고통스러운 증후를 누그러뜨리는 데에는 도움이 되지만, 때로는 영혼과의 만남을 방해하는 요인이 될 수도 있다.

　이 세 가지 접근법 각각은 주어진 상황에서 효과를 발휘할 수 있지만, 이 방법을 이용할 경우 영혼의 더 큰 질문은 건드려지지 않고 그대로 남겨진다. 체내의 화학물질이 균형을 이루도록 하고 또 행동을 개선할 수 있지만, 그건 어떤 목적을 위해서인가? 우리를 다양한 어두운 숲으로 이끄는 것은 종종 영혼에 대한 외부적 침해, 순조롭게 흐르는 삶에 대한 침입으로 해석된다. 이는 타인의 행위, 운명, 또는 우리 자신의 선택에서 비롯될 수 있다. 그러나 명쾌하게 설명하기는 어렵지만, 우리를 그 컴컴한 숲으로 이끈 것은 바로 우리의 영혼 자체인 경우가 많다. 우리를 더 확장시키고, 우리가 계획했던 것보다 더 많은 것을 요구하기 위해서이다. 영혼의 상처에 주목하고 우리의 선택과 영혼의 신비한 가슴쇠를 일치시키는 법을 배워야만 우리는 치유를 향한 이 절대적인 소환에 적극적으로 협력할 수 있다. 영혼의 질문을 회피하는 한, 옛 삶의 잔해는 계속 이어지고, 그 고통의 의미도 찾지 못할 것이다. 오직 그 고통의 의미와 영적 확장을 위한 의제를 의식화함으로써만 우리는 그 어두운 숲에서 벗어날 수 있다.

　인생의 후반기는 영적 확장을 꾀할 풍부한 가능성을 제시한다. 왜냐하면 우리는 앞으로 더 큰 선택의 힘을 가질 수 없고, 배울 수 있는 역사적 교훈도 절대로 더 많지 않을 것이며, 정서적 탄력성도 절대로 더 크지 않을 것이고, 우리에게 무엇이 효과가 있고 무엇이 그렇지 않은지에 대한 통찰도 더 많지 않을 것이기 때문이다. 우리는 이미 역경에 굴복하지 않은 생존자이며, 이는 많은 것을 의미한다. 결국 우리가 이러한 축적된 힘을 어떤 식으로 사용해서 우리의 역사로부터 우리 삶을 구원할 것인가가 더욱 중요할 것이다.

인생 후반기의 여정에서 우리를 지탱하고 또 이 여정에 적극적으로 나서라고 자극하는 이 내면의 충동은 정확히 무엇인가? 카를 융이 심리치료에 가장 크게 기여한 점은 아마 '개성화'라는 개념을 제시했다는 사실일 것이다. 개성화란 우리가 되고자 하는 전체적인 인격에 더 가까워지는 평생의 프로젝트이다. 여기서 말하는 전체적 인격이란 신들이 의도한 것이지, 부모나 부족, 특히 쉽게 위축되거나 부풀려지는 자아가 의도한 것이 아니다. 개성화는 타인의 신비를 존경하는 동시에 각자가 자신의 신비 앞에 서서, 삶이라는 이 여정에서 우리가 누구인지에 대해 더 온전히 책임지도록 요구한다. 개성화 개념은 방종이나 단순한 개인주의와 종종 혼동되지만, 개성화는 우리에게 자아의 안전과 정서적 강화라는 의제를 포기하고 영혼의 의도에 겸손한 봉사를 하라고 더 자주 요구한다. 이는 방종과는 정반대이다. 개성화란 자아가 자기를 통해 우리에게 제시되는 더 높은 질서에 이바지하는 것이기 때문이다.

자기는 유기체 생명의 전체성totality을 구현한다. 자기는 전일성을 추구하는 설계자이다. 당신이 이 글을 읽고 있는 지금, 당신의 생물학적 균형을 모니터링하는 것은 무엇인가? 또 당신의 정서적이고 심리적인 반응을 움직이는 것은 무엇인가? 의식이 산만하거나 잠들어 있을 때 당신의 항상성恒常性을 지켜주는 것은 무엇인가?

우리가 어렸을 때 직관적으로 알았다가 그 후 접촉을 잃어버린 더 큰 존재가 전체 유기체를 생존, 성장, 발전 그리고 의미를 추구하는 쪽으로 이끌고 있다. 우리가 생각하는 우리 자신은 단지 자아의 제한된 기능일 뿐이며, 자아는 영혼이라고 불리는 무지갯빛 바다 위에 떠 있는 얇은 의식의 조각에 불과하다. 유동적인 상태에 있는 것을 굳이 굳히려 드는 자아의 성향을 고려한다면, '자기'를 명사로 생각하지 않고 동사로 여기는 것이 훨씬 바람직하다. 자기는 언제나 우리를 이롭게 한다. 심지어 자아가 우리를 죽음 쪽으로 몰아붙일 때조차도 우리를 돕고 있으며, 그렇게 함으로써 자아를 깜짝 놀라게 만들기도 한다. 정신의 전체성이라는 이 역동적인 모델은 19세기 성직자 제라드 맨리 홉킨스Gerard Manley Hopkins의 의미심장한 시구에 직관적으로 표현되었다.

사람도 다를 바가 없네.
각자가 사는 집안도 다 다르고
모두 서로 다른 개성을 갖고 나름의 의미로 외치네.
지금 내가 하고 있는 것이 나이며,
나는 이 일을 위해 세상에 왔노라고.[3]

자기는 우리를 위한 자연의 계획, 또는 신들의 의지를 구현한 것이다. 어떤 은유든 당신에게 더 잘 맞는 것을 깊이 새기면 도움이 될 것이다.

간혹 우리의 인생 여정은 신화에 근거한 문화적 맥락에서 이루어진다. 이 맥락에서 우리는 신비에 가슴을 열게 되고 신비의 응원을 받는 것 같은 느낌을 받는다. 그러면 우리는 존재의 목적, 세상과 자신의 조화를 경험한다. 세상과 개인의 여정 모두가 의미라는 옷을 걸치게 되는 것이다. 사람들 대부분에게 있어 삶의 여정은 역사의 잔해, 소란스러운 문화의 산만함 그리고 의미 상실의 경험 속에서 이루어진다. 앞의 은유 중 어느 쪽을 더 좋아하든, 영혼이 더 큰 삶을 추구하라고 명령한다는 뜻을 담은 이 은유의 목적은 조금 더 가까이서 당신의 여정에 동행해달라고 당신의 의식을 초대하는 것이다. 만약 우리가 자신의 '자기'에 진정으로 이바지하고 있다면, 그때에는 집단에 이바지하기가 아주 어려워진다. 결정적인 대가를 치르지 않고서는 두 명의 주인을 섬길 수 없다는 진리를 얼마나 자주 배워야 하는가?

자기는 말하자면 내면에 내재된 가능성을 실현함으로써 스스로를 가꿔나가고 있다. 이때 자아도 자기의 초월적인 의지에 협력하라는 요구를 받는다. 이 요구에 응하지 않으면, 자아는 개인적으로는 정신병리로, 사회적으로는 반사회성이라고 불리는 분출로 인해 크게 훼손될 것이다. 자기에 대한 봉사는 모든 위대한 종교가 개인 영혼의 주권을 대체하는 독단적인 형식과 제도적 주장에 빠지기 직전에 선포했던 깨달음의 성취 또는 신의 뜻에 대한 봉사와 완전히 동일하다.

『도마복음』을 보면 예수 그리스도가 이렇게 말한 것으로 전해진다. "너희가 자신이 가진 것을 자신 안에서 끌어낸다면, 그것이 너희들을 구원하리라. 너희가 너희 안에 있는 것을 끌어내지 않는다면, 너희가 끌어내지 않은 그것이 너희들을 죽일 것이다." 이것이 카를 융이 개성화라는 용어로 뜻하고자 한 내용의 본질이다. 개성화란 자아에 대한 봉사가 아니라, 우리를 통해 살고자 하는 것에 대한 봉사이다. 자아는 이러한 전복을 두려워할 수 있지만, 역설적이게도 우리의 가장 큰 자유는 우리를 통해 더 충실히 표현되기를 원하는 것에 대한 항복에서 찾을 수 있다. 우리가 우리 안에서 이 세상으로 끌어내야 하는 것은 확장된 존재이다. 그런 존재가 되어 사회와 가족에 기여하고 또 타인 역시 보다 큰 존재를 추구하도록 도와야 한다.

개성화가 한 사람을 다른 이들로부터 단절시킨다는 생각은 완전히 틀렸다. 개성화는 단지 한 사람을 집단으로부터, 집단성으로부터 단절시키지만, 더 진정한 관계가 형성될 수 있는 범위는 오히려 더욱 넓혀준다. 살다 보면 우리의 여정을 반성하고 재정비하거나 재구상하기 위해 이따금 세상을 멀리할 필요도 있다. 하지만 궁극적으로 우리는 더 큰 존재가 되어 세상으로 돌아오게 되어 있다. 융은 고립과 공동체의 변증법적 관계를 이렇게 설명한다. "개인은 별개로 떨어진 존재가 아니며 이 세상에 태어났다는 사실 자체만으로도 집단적인 관계를 전제하기 때문에, 개성화 과정은 필연적으로 더 강렬하고 광범위한 집단적 관계로 이어지며 결코 고립을 낳지 않는다."[4]

우리는 이러한 실존적 선택의 순간에 삶에 대한 우리의 통제력이 얼마나 미약한지를 깨닫는다. 우리 모두는 어린 시절에 각인된 인상과 메시지로 언제나 고통받는다. 세상은 크고 막강한데, 우리는 취약하고 의존적이라는 메시지 말이다. 어린 시절 이후로 더 큰 신발을 신는다는 것은, 즉 더 넓은 심리의 세계로 들어간다는 것은 언제나 위협적인 일로 남아 있다. 이처럼 자신을 무력화하는 패러다임을 결코 무시해서는 안 된다. 혹은 이 패러다임이 새로운 상황에 비슷한 역학을 침투시켜서 뜻밖의 퇴행적 결과를 만들어내는 방식을 결코 과소평가해서는 안 된다.

더욱이, 거의 모든 사람이 자기 삶을 주도할 수 있는 허가를 받았다는 생각을 강하게 품고 있지 않다. 우리는 어릴 때부터 이 세상은 아주 정확하게 돌아가고 있으며 세상의 조건을 따르지 않으면 처벌을 받거나 버려질 수 있다고 배웠다. 지나치게 열심히 배우고 또 내면화된 이 메시지는 자아가 자신의 길을 선택하는 능력을 무서울 정도로 방해하고 있다. 자아가 어느 정도의 힘을 얻거나 아니면 다른 선택을 하지 않을 수 없는 절박함으로 추동될 때에만 우리는 이 역사의 폭정을 전복할 수 있다. 그렇지 않으면, 우리는 대개 정돈되지 않은 역사의 침대에서 졸곤 한다. 그러나 우리가 선택하지 않는 것을 선택할 수 없다는 사실은 분명하다. 왜냐하면 선택하지 않는 것도 하나의 선택이며, 그로부터 어떤 결과가 흘러나오고, 그로 인해 영혼과 세상 사이의 틈이 더욱 벌어질 것이기 때문이다. 대부분의 삶에서, 자신의 삶을 온전히 살아가도 좋다는 허가는 그저 주어지지 않는다. 초기 자아의 선택에서 그 허가를 얻지 못했다면, 나중에 절박함 속에서 쟁취해야 한다. 대안은 훨씬 더 나쁘기 때문이다.

청소년이 집단과 거리를 두려 하면서 취하는 방법은 반항으로 특징지어진다. 이때의 반항은 빠르게 또 다른 형태의 순응이 되고 만다. 성숙한 사람으로서 자신의 부족에서 분리되는 것은 위험이 따르는 일이지만, 그것은 초월적인 것과의 관계에 더 정직하게 임해야 한다는 일종의 종교적 명령에서 비롯된다. 역설적이게도, 무리에 대한 순응을 철회하는 것이 제때 세상으로 돌아가 봉사하는 가장 좋은 방법이다. 융은 이렇게 썼다.

개성화는 개인을 개인적 순응에서 벗어나게 하고, 따라서 집단성에서 벗어나게 한다. 그것이 개인이 세상에 대해 느끼는 죄의식이며, 그가 속죄하려고 노력해야 하는 죄의식이다. 그는 자신을 대신할 대속물을 제공해야 한다. 즉 그는 집단적 영역에서 자신의 부재를 대체할 수 있을 만한 동등한 가치를 만들어내야 한다.[5]

개성화를 신화라고 부를 때 그 의미는 다음과 같다. 개성화라는 이미지는 정서로 가득 차 있고 가능성이 풍부하며 초월적 목적과 관련되어 있어, 의식적인 삶을 살아가는 데 있어 필요한 심리적 기반을 제공하는 역장力場이 된다. 우리 시대의 문화적 성격이 강한 대안들은 모두 실패했다. 왜냐하면 결국 그것들은 효과적이지도 않았고 영혼을 만족시키지도 못했기 때문이다. 오직 개성화의 신화만이 우리의 여정에 깊이를 더하고 고귀하게 만든다.

'내 부족이 나에게 무엇을 요구하는가', '집단의 인정을 받으려면 무슨 일을 해야 하는가', '무엇이 내 부모를 기쁘게 할 것인가'를 묻는 대신, '신들이 나를 통해 무엇을 의도하는가'를 물어라. 이는 매우 다른 질문이며, 이 물음에 대한 답변은 사람에 따라 그리고 인생의 단계에 따라 다를 것이다. 필요한 선택을 하기가 결코 쉽지는 않을 것이다. 그러나 이 같은 질문을 던지고 정직하게 고민하면서 충실히 살면, 인생의 부침 끝에 더 큰 의미와 목적의 장소에 닿을 것이다.

그 여정 가운데 당신은 무척이나 풍부한 경험, 의식의 성장, 시야의 확장을 발견할 것이다. 노력한 대가를 충분히 거두는 것이나. 우리가 초월에 대한 욕구를 투사했던 엉터리 신들, 말하자면 권력, 물질주의, 쾌락주의, 나르시시즘 등은 오직 우리를 협소하게 만들고 축소시킬 뿐이다. 결정적인 선택이 요구되는 갈림길 앞에 설 때마다 '이 길이 나를 확장시킬까, 아니면 축소시킬까'라고 묻는다면 큰 도움을 얻을 것이다. 대체로 우리는 그 질문에 대한 대답을 알고 있다. 직관적으로, 본능적으로, 내면에서 알고 있다.

나를 확장시켜줄 길을 선택하는 것이 곧 개성화의 길을 선택하는 것이다. 신들은 우리가 성장하기를, 각 영혼이 그 운명으로 지니고 있는 높은 소명에 부응하기를 원한다. 나를 축소시키지 않고 확장시킬 길을 선택한다면 우상으로 가득 찬, 요란한데도 메마르기 짝이 없는 이 시대를 헤쳐 나가는 데 도움이 될 것이며, 또 우리가 되고자 하는 그런 인격에 더 가까이 다가설 수 있을 것이다.

이 책은 전형적인 지침서는 아니다. 나의 주된 바람은 당신의 생각을 휘저어놓고, 밤잠을 설치게 하고, 그런 다음 더 넓은 시각을 제시하는 것이다. 신을 발견하는 방법이나 완벽한 짝을 만나는 방법, 아니면 친구들을 얻고 사람들에게 영향력을 행사하는 방법에 대한 이야기를 들려줄 생각은 없다. 그건 당신의 일이지, 나의 일이 아니다.

아마도 당신 자신보다도 이 책이 당신의 능력을 더 존중할 것이다. 이 책은 당신이 여전히 인생의 모든 시련을 통과해야 하고, 주의를 산만하게 하는 것들에 둘러싸여 있으며, 강력하게 되풀이되는 역사와 두려움 때문에 보이지 않게 피해를 입고 있다는 사실을 잘 알고 있다. 이 책은 또한 당신이 인생의 길을 스스로 개척해나가기 위해서는 자신이 평소에 생각하는 것 이상으로 책임감 있는 존재가 되어야 한다고 믿는다. 또한 당신이 다시 인생의 주인공이 되려고 노력하는 과정에서 영성이 엄청나게 중요하다는 점을 인정한다. 그렇지만 당신이 특정한 믿음을 받아들여야 한다고 주장하지는 않는다. 다시 말하지만, 이 또한 당신의 몫이다. 이 책은 당신을 존중하며, 당신도 그렇게 하기를 요청한다. 그리고 이 책과 함께 우리는 더 위대한 목적과 존엄을 품고 이 삶을 통과할 것이다.

이 책은 나의 개인적인 여정과 다른 이들의 여정에 대한 수십 년간의 작업, 이전에 내가 발표한 몇 권의 책을 기반으로 한다. 『내가 누군지도 모른 채 마흔이 되었다』『영혼의 늪지대Swamplands of the Soul』『토성의 그림자 아래Under Saturn's Shadow』『삶 만들기Creating a Life』『우리가 삶이라 부르는 이 여정에서On This Journey We Call Our Life』 등은 이 복잡한 이야기의 세부사항을 집중적으로 논하고 있다. 이 책에서 나는 인생 후반에 들어서면서 인생의 과제가 어떤 식으로 달라지는지를 '심층 심리학'의 관점에서 살펴보고자 했다. 이 책은 모든 사람이 쉽게 접근할 수 있는 용어와 문체로 쓰였다. 나는 마치 테이블을 사이에 두고 당신과 이야기를 나누듯이, 명확한 언어로 예의를 갖춰가며 글을 쓰려고 노력했다. 그러면서도 당신의 삶이 끊임없이 던지는 질문에 대해 당신만의 답을 찾아낼 수 있도록 온 힘을 기울였다.

이 책을 제안하고 다양한 형태로 이끌어준 리즈 윌리엄스에게 특별히 감사의 뜻을 전한다. 또한 편집에 관한 아이디어를 제공해주고 지원해준 빌 싱커, 로런 마리노, 힐러리 테렐 등에게도 감사의 마음을 전한다. 이들은 이 책의 필요성을 강력하게 믿었으며, 그 믿음을 현실로 옮겨주었다. 처음부터 우리는 한 가지 공통된 바람을 가지고 있었다. 우리는 각자의 인생을 어디까지나 혼자서 살아가야 하지만 그 삶의 여정에는 보편성이 있다는 점을 보여주고, 그 여정을 존중과 품위 그리고 공감의 따스한 마음으로 다루고자 했다.

우리 각자의 삶의 여정은 이 세상에 단 하나뿐인 독특한 것이지만, 이 책에 소개되는 이야기는 보편적이다. 이는 우리 모두의 이야기이다. 그럼에도 우리는 어두운 숲속을 통과하는 각자의 길을 찾아내야 한다. 성배를 찾아 나서는 중세의 전설을 보면, 기사는 성배를 찾는 것이 곧 의미를 찾는 것임을 직감한 후 도전을 받아들이고 컴컴한 숲속으로 내려가기 시작한다. 하지만 그 전설은 기사들이 저마다 다른 입구를 선택했다는 이야기를 들려준다. "길이 전혀 없는 곳으로 들어갔다. 왜냐하면 다른 사람이 먼저 밟은 길을 걷는다는 것은 부끄러운 일이기 때문이다." 당신의 여정은 당신의 여정이지, 다른 누군가의 것이 아니다. 인생 여정을 다시 시작하기에 늦은 때는 없다. '삶의 여정을 다시 시작하기엔 너무 늦었어'라는 말은 절대로 있을 수 없다.

1장

마흔을 앞두고 찾아온 자각

인간이 저지르는 오류의 주된 원인은
어린 시절에 습득한 편견에서 찾을 수 있다.

르네 데카르트 Rene descartes, 《방법서설》

우리는 값비싼 망령들을
정돈되지 않은 기억의 침대에 끌고 다닌다.

폴 후버 Paul Hoover 「여백의 이론 Theory of Margins」

퇴근 시간에 밀리는 차 안에서나 아니면 해변에 앉아서, 그것도 아니면 늑대의 시간인 새벽 3시에, 내가 도대체 누구인지, 또는 무엇 때문에 이렇게 바삐 움직이는지 도무지 모르겠다는 기분이 든 적이 없는가? 만약 그처럼 당혹스럽거나 혼란스러운 의심의 순간을 한 번도 경험하지 않았다면, 아마도 당신은 단순히 자동조종 모드로 살고 있을 가능성이 크다.

　최근에 나는 한 변호사로부터 자신이 맡고 있는 보험회사가 어떤 남자에게 거액의 배상금을 지급해야 했던 사연을 들었다. 존경해도 좋을 만한 이 신사는 이동식 주택을 구입한 후 고속도로에 오른 다음, 커피를 타려고 뒤쪽의 이동식 주택 안으로 걸어갔다. 그때 차량이 충돌해 부상을 입었고, 그는 자동차 딜러가 '자동 속도 조절 장치cruise control'가 '자동조종automatic pilot'과 같지 않다는 점을 설명해주지 않았기 때문에 자신에게는 잘못이 없다고 주장했다. 믿기 힘들게도, 배심원단은 이 신사의 손을 들어주었다.

　우리가 어리석게 행동하고, 무의식적으로 살아가고, 자기 삶에 책임을 지지 않아도 누군가가 그것을 용인해준다면 얼마나 편할까? 하지만 이것이 바로 우리가 저지르는 최악의 죄일 수 있다. 우리는 오랜 세월 동안 우리 대신 다른 뭔가가 선택을 내리고 있다는 증거를 보아왔다. 그리고 선택이 종종 재앙이나 다름없는 결과를 낳음에도 불구하고, 여전히 우리는 무의식적인 상태에 머물기를 선택한다. 이것이야말로 우리가 저지르는 가장 큰 죄악일지 모른다.

그렇다면 무엇이 당신을 지금 인생의 이 지점으로 데려왔을까? 당신은 이 삶, 이와 같은 결과를 직접 선택했는가? 어떤 힘이 당신의 주의를 다른 곳으로 돌리거나 당신에게 상처를 입히거나 당신을 왜곡시키면서 당신을 지금 이런 모습으로 만들었는가? 또 어떤 힘이 당신을 떠받쳐주었고, 또 당신이 인정하든 안 하든 어떤 힘이 지금도 당신의 내면에서 작동하고 있는가? 우리 중 누구도 대답할 수 없는 한 가지 질문이 있다. '우리가 의식하지 못하고 있는 것은 무엇인가?' 그러나 모르긴 해도 무의식적인 것은 우리 삶에 엄청난 힘을 발휘하고 있으며, 아마도 지금도 우리를 대신해서 선택을 내리고 있을지 모르며, 거의 틀림없이 우리 개인 역사의 패턴을 은연중에 엮어내고 있다.

누구도 아침에 일어나서 거울을 들여다보면서 "오늘도 실수를 되풀이할 것 같아"라거나 "오늘은 정말 어리석고 반복적이며 퇴행적이고, 내 최선의 이익을 해칠 일을 할 거야"라는 식으로 말하지 않는다. 하지만 자주, 우리는 정확히 이런 식으로 역사를 반복한다. 왜냐하면 우리 내면에 그런 에너지가, 우리가 습득해 내면화한 핵심적인 관념이 우리 몰래 조용히 앉아 있다는 사실을 우리가 인식하지 못하기 때문이다. 셰익스피어William Shakespeare가 희극 『십이야』에서 관찰했듯, 우리가 갇혀 있다는 사실조차 모르는 감옥보다 더 심하게 옥죄는 감옥은 없다.

신시아*는 가족의 속박으로부터 탈출했다는 사실을 늘 자랑스럽게 여겼다. 그녀는 자신이 태어난 농촌을 벗어나서 법학 학위를 취득하고, 전도유망한 남자와 결혼했으며, 30대가 끝나기도 전에 법률사무소를 운영하며 입지를 다졌다. 나이 마흔에 삶의 목표를 모두 달성했는데도 어찌 된 일인지 그녀는 한없이 비참한 기분을 떨쳐내지 못했다. 자신의 문화적 환경과 뛰어난 두뇌가 그토록 높이 평가하는 것을 모두 성취했는데, 어떻게 행복하지 않을 수가 있을까? 그러나 상식적인 생각과 달리 그녀의 우울증은 갈수록 심해졌고, 몸까지 아프기 시작했으며, 한 주가 시작되는 월요일에는 일하러 가기 위해 의지력을 끌어모아야 했다. 그녀는 주치의에게 불편함을 호소했고 일련의 항우울제를 복용하기 시작했다. 그 약들이 고통을 완화해주긴 했지만, 동시에 이상하게도 인간성이 상실된 느낌이 들었다. 심리치료를 받으러 온 초기에 그녀는 다음과 같은 꿈 이야기를 해주었다.

나는 내 사무실에 있었는데, 그곳은 부모님의 침실이기도 했어요. 부모님은 보이지 않았지만 나는 그들이 거기 있다는 걸 알 수 있었어요.

---

* 이 책의 사례에 등장하는 모든 이름은 가명이며, 모든 예시는 여러 출처에서 뽑아 구성했다. 그러나 모든 꿈은 분석 대상자가 보고한 그대로 옮겼으며, 인용에 대한 허가를 받았다.

짤막한 꿈이다. 누구나 흔히 꿀 수 있는 그런 꿈이다. 부모라는 조상의 유령을 완전히 쫓아버릴 수 있는 사람이 있을까? 이 꿈은 그녀의 '자기'가 그녀에게 건네는 하나의 단서로, 의식의 주의를 요구하고, 아울러 중요한 질문을 던진다. '어떻게 내가 나의 세계 안에 있으면서 동시에 부모의 세계에 있을 수 있을까?' 신시아는 자문해야 했다. 이어진 몇 주 동안 이런저런 생각 끝에 그녀는 자신이 누구이고 무엇이 되어야 하는지에 대한 부모님의 정의에서 벗어나기 위해 오히려 부모가 바라던 방향과 정반대의 길을 걸었다는 사실을 깨달았다. 부모의 지시와 반대되는 것을 선택하면 할수록, 그녀의 눈에 보이지 않는 존재들이 그녀의 선택을 더욱 강하게 지배했다. 부모의 계획을 거부하고 또 부모가 그 대안으로 제시했던 계획까지 거부했음에도 불구하고, 신시아는 자신이 생각했던 것만큼 자신의 삶에서 자유로운 주체가 아니었다는 사실을 깨닫고 당황했다.

그녀는 부모님의 제한적인 세계를 거부하고 중산층 문화가 인정하는 것을 선택하는 방향에 이끌렸지만, 여전히 자신의 영혼이 진정으로 원하는 삶을 선택하지는 못했다. 안전과 제약이라는 낡은 메시지에서 벗어나 보상적인 전문직의 세계로 도망쳤지만, 그럼에도 그녀는 자신이 애초에 상상했던 것보다 더 심하게 제약을 받고 있다는 느낌을 받았다. 이런 곤경에 빠져 있으면서 우울하지 않을 도리가 있을까? 또 육체가 반란을 일으킬 것이라고, 콤플렉스의 부추김을 받는 자아가 에너지를 쏟기를 원하는 곳에서 영혼이 에너지를 철회할 것이라고 예상하지 않을 수 있겠는가? 그럼에도 영혼에 일어나는 이러한 소요는 친구나 다름없다. 왜냐하면 그 소요가 신시아에게 결산의 기회와 의식을 확장할 가능성을 가져다주기 때문이다.

이 글을 쓰는 시점에서 그녀는 자신이 내렸던 선택들을 진지하게 분류하고, 어떤 선택이 진정으로 자신의 것이고 어떤 것이 진정한 선택이 아니었는지를 파악하고 있다. 이는 그녀의 인생 여정에서 남은 기간 동안 내내 계속되어야 할 분별 과정이다. 당연히 우리의 인생 여정에도 그러한 과정이 있어야 한다. 우리 모두는 정돈되지 않은 침대에서 많은 희생을 요구하는 망령들과 함께 살고 있다. 많은 희생이 요구되는 이유는 정작 우리가 기억하지 못하는 것들이 우리를 기억하고 있기 때문이다.

만약 우리가 그야말로 운이 좋아서 자신의 본성과 완벽하게 일치하는 선택을 했다면, 우리 삶에 그러한 자동적인 힘이 작용할 가능성에 대해 성찰할 사람은 아마 아무도 없을 것이다. 젊었을 때 우리는 자신이 의식적인 존재이기 때문에 올바른 선택을 하고, 우리보다 앞서 살았던 사람들의 어리석음을 피할 수 있다고 쉽게 가정한다. 그럼에도, 우리의 의식적 선택과 우리 본성의 증상적 논평 사이에서 이어지는 갈등은 무엇인가 잘못되었음을 말해준다.

심리치료사로서 나는 사람들이 고통을 받는 모습을 보면 마음이 너무나 아프다. 그럼에도, 고통이 존재한다는 사실 자체는 그 사람의 영혼이 이미 작동하고 있음을 보여주는 증거이다. '자기'는 증후를 통해, 말하자면 중독이나 불안 혹은 우울 같은 정서 상태를 통해 혹은 외부 세계와의 갈등을 통해 자율적으로, 때로는 아주 극적으로 항의한다. 이러한 증후들은 우리의 필사적인 노력에도 불구하고 단순한 자아의 의도적 행위만으로는 변화하지 않는다. 우리 중 누구도 우리 의지만으로는 충분하지 않다는 것과 우리의 좋은 의도가 종종 자신이나 다른 이들에게 의도치 않은 결과를 가져온다는 사실을 알게 되는 것을 기쁘게 여기지 않는다.

심리치료사로서 나는 인생이라는 무대에서 펼쳐지는 이 거대한 드라마를 들여다볼 첫 번째 단서를 증후의 본질과 그 역학에서 발견한다. 그다음에 환자와 내가 공동으로 수행해야 하는 과제는 증후 혹은 패턴을 그 뿌리까지 추적해 들어가는 것이다. 표면적인 증후나 패턴과 영혼에 가해진 역사적 상처 사이에는 언제나 '논리적인' 연결이 있다. 외부로 드러나는 증후가 비합리적이거나 심지어 '무분별한' 것처럼 보일지라도, 그 증후들은 언제나 영혼에 남은 상처에서 비롯되고 또 그 상처를 상징적으로 표현한다. 따라서 역설적이게도, 우리는 우리의 증후에 감사해야 한다. 왜냐하면 그것들이 우리의 주의를 끌고, 우리가 진지해지도록 몰아붙이고, 우리 영혼의 깊은 의지나 계획에 관한 심오한 단서를 제공하기 때문이다.

결국 우리는 우리 내면에 의식적 통제의 범위를 완전히 벗어난 의지가 있다는 사실을 인식하고 받아들일 때만 변화할 것이다. 이 의지는 우리에게 무엇이 옳은지 알고 있으며, 우리의 신체와 감정, 꿈을 통해 끊임없이 우리에게 보고하고 있으며, 우리가 치유와 전일성을 추구하도록 지속적으로 격려한다. 우리 모두는 이 내면의 삶과 한 약속을 지키라는 부름을 받고 있지만, 많은 사람이 이를 지키지 않는다. 그래도 다행한 것은 내면적 삶과의 약속을 지키라는 초대장이 거듭해서 다시 날아온다는 사실이다.

내 인생의 각본은 누가 썼는가

지난 세기 이전이었다면, 우리는 이 책의 내용을 공유하지 못했을 것이다. 1900년에 북미 대륙 주민의 평균 수명은 겨우 47세였다. 당연히 그보다 더 오래 산 사람도 많았겠지만, 통계적으로 볼 때 대다수는 지금 우리가 인생의 전반기라고 부르는 삶의 시기를 살다 갔다. (오늘날에도 서른다섯 번째 생일에 트럭에 치여 죽는 사람이 있다면, 인생 전반부의 제한된 의식에 따라 사는 것으로 삶이 끝날 수 있다. 그것이 유일한 각본이자 그가 아는 유일한 의제였기 때문이다.) 더욱이 사회제도는 가족, 사회, 민족, 성별에 따른 가치관뿐만 아니라 결혼 및 종교 제도의 규범적 제재 형태로 과거의 사람들에게 큰 부담을 줬다. 과거를 향수 어린 눈으로 되돌아보기 전에, 그 구속적인 역할과 각본 안에서 수많은 영혼이 죽어갔다는 사실을 기억하기를 바란다. 얼마나 많은 여성의 영혼이 억압되고, 얼마나 많은 남성이 영혼의 무한한 다양성을 표현할 기회도 없이 기대와 역할에 짓눌렸겠는가?

오늘날 이러한 규범적 역할과 제도가 약화되고, 우리가 당연하게 여기는 더 나은 위생, 식습관, 의료 개입으로 수명이 크게 늘어나면서 더 큰 질문들이 필연적으로 떠올랐다. 21세기를 사는 우리는 바로 앞 조상에게 허용된 것보다 두 배나 긴 성인기를 살게 되었다. 따라서 우리는 더 의식적으로 살 수 있는 전례 없는 기회와 책임에 직면해 있다.

지금 우리는 과거에는 불가능했던 방식으로 이렇게 물을 수 있다. '내가 맡아온 역할과 별개로 나는 누구인가? 지금까지 해온 역할 가운데 일부는 선하고 생산적이며 내 내면의 가치와 일치했지만 일부는 그렇지 않다.' 이니면 이런 궁금증을 품을 수도 있다. '지금까지 주변의 기대에 부응하고, 종족 번식을 위해 자식을 낳고, 사회적으로 생산적인 시민이자 납세자가 되었다. 그렇다면 이제 무엇을 해야 하는가?' 간단히 말해, 오늘날 35세에서 거의 90세에 이르는 인생 후반기는 무엇에 관한 것인가? 전반기의 각본과 기대를 반복하는 것이 아니라면 말이다.

이러한 질문을 의식하기 위해서는 먼저 두 가지 선행 조건이 필요하다. 첫째, 충분히 오래 살아야 한다. 잠시 뒤로 물러서서 자신의 역사를 돌아보고 우리에게 닥친 실망과 좌절된 기대를 기꺼이 다룰 수 있을 만큼 말이다. 젊고 의식적인 자아가 덜 형성될수록 이러한 탐구적 질문을 더 위협적이고 불안정하게 느끼기 마련이다. 젊은이들은 자아의 허약한 구조를 위협할 수 있는 이런 질문을 감당하기 어렵다. 하지만 인생의 중반에 이르면 마침내 마침내 이런 질문들을 진지하게 던질 만큼 강해지거나, 혹은 절박해진다. 아마도 생애 처음으로 말이다.

둘째, 우리가 삶에 만들어온 패턴을 간파할 수 있을 만큼은 오래 살아야 한다. 관계의 패턴, 일의 패턴 그리고 흔히 우리에게 있어 최선의 이익을 해치는 자기 파괴적인 패턴을 말이다. 우리는 인생이라고 부르는 이 긴 드라마의 모든 장면에 일관되게 등장하는 유일한 인물이 바로 우리 자신임을 인정해야 한다. 그렇다면 이 연극, 혹은 이 드라마가 어떻게 전개되고 있는지에 대해 우리에게 어느 정도 책임이 있다고 보는 것이 합리적이다. 우리는 분명 이 드라마의 주인공이다. 하지만 이 드라마의 작가일 수도 있지 않을까? 만약 우리가 작가가 아니라면, 누구 혹은 무엇이 작가일까?

영국의 극작가 톰 스토파드Tom Stoppard는 삶이라는 드라마의 작가가 누구인가 하는 문제를 주제로 「크젠크란츠와 길덴스턴은 죽었다Rosencrantz and Guildenstern Are Dead」라는 멋진 제목의 희곡을 썼다. 이 제목은 셰익스피어의 비극 『햄릿』의 어느 문장에서 따왔다. 우리는 모두 햄릿 이야기를 안다. 이 비극에서 로젠크란츠와 길덴스턴은 잠깐 무대에 등장했다가 죽임을 당하는 조연들이다. 하지만 우리가 햄릿이 아니라 로젠크란츠나 길덴스턴이라면 어떨까? 햄릿의 이야기는 고귀한 비극이지만, 우리 이야기는 진부하고 모호하다면 어떨까? 스토파드의 연극에서 두 주인공은 우리처럼 안개 속을 헤매며, 우리와 아주 비슷하게 무슨 일이 일어나고 있는지를 이해하려 애쓴다. 햄릿이라는 사람이 가끔 그들의 길을 지나가지만, 그는 다른 연극 속의 인물일 뿐이다.

로젠크란츠와 길덴스턴의 삶이 무엇에 관한 것인지는 끝까지 분명하게 드러나지 않는다. 결국 그들 자신도 모르는 알지 못하는 힘에 희생되어 원치 않는 결과를 맞고서야 비로소 그들의 삶이 드러난다. 연극을 보는 동안 불편한 듯 몸을 뒤척이게 되는 이유는 이 연극이 불편할 정도로 현실과 가깝게 느껴지기 때문이다. 우리는 자신의 드라마에서 어떤 역할을 하고 있는가? 주인공인가, 아니면 다른 이의 각본 속 조연에 불과한가? 만약 다른 사람의 각본에 나오는 단역이라면, 그 각본은 누가 썼고 또 어떤 이야기인가?

진정한 나를 발견하기 위한 모험의 시작

심리치료사로서 활동을 시작하고 겨우 몇 개월이 지나지 않은 시점에 나는 거의 모든 환자들의 삶에서 어떤 패턴을 발견했다. 그들은 각기 다른 역사와 가족 환경 그리고 다양한 외부 문제와 정서적 고통을 안고 있었다. 35세에서부터 70대까지 연령은 다양했지만, 모두가 자기 자신에 대한 이해와 세상을 대하는 전략에 일종의 방향 전환을 겪고 있다는 공통점이 있었다. 바로 이것이 그들을 내 상담실로 이끌었다. 의식적인 것이든 무의식적인 것이든, 그들 삶의 '계획'은 점점 제대로 작동하지 않는 듯 보였다.

누구도 처음부터 심리치료를 선택하지는 않았다. 삶에 무의식이 분출되어 나오자 그들이 보인 첫 반응은 부정否定이었다. 이는 가장 이해할 만한, 가장 원초적인 방어기제이지만 계속 지속되면 유일하게 진정한 병적 상태가 된다. 대체로, 두 번째 전략은 옛 계획에 더욱 매달리는 것이다. 세 번째는 새로운 뭔가를 전격적으로 추구하는 것이다. 이를테면 새로운 직장을 찾거나 더 나은(혹은 다른) 관계를 모색하거나, 매력적인 이념을 좇거나, 때로는 중독이나 외도 같은 무의식적인 '자가치료'에 빠지기도 했다. 환자들은 이 모든 것을 시도한 후에야 마지막으로, 무력함을 인정하고 마지못해 치료를 받으러 왔다. 그들은 좌절감, 때로는 분노와 패배감을 느꼈고, 늘 주눅 든 모습을 보였다. 이러한 불안정한 출발은 그들이 지금까지 한 번도 해보지 않은 깊은 탐구의 시작을 알리는 신호탄이었다. 그리고 자신이 진정으로 어떠한 존재인지를 알기 위한 위험한 모험의 시작이었다.

중년의 위기가 찾아오는 이유

전문가들 사이에는 소위 '중년의 위기midlife crisis'가 실제로 존재하는지에 대한 논쟁이 있다. 이 같은 전문가들의 논쟁과는 상관없이, 대중은 이 용어를 차용해 타인의 고통을 단순히 '일시적인 광기'로 치부하곤 한다. 그들은 이러한 위기가 그 사람의 전반적인 삶과 자신들의 삶에도 깊은 의미를 지닐 수 있다는 점을 간과한다. 어떤 사람은 이 용어를 다양한 일탈 행동을 설명하는 데 사용한다. 그러면서도 그런 행동이 지닐 수 있는 의미, 즉 왜 이런 혼란이 일어났으며 고통받는 사람의 삶에 어떤 의미가 있을지는 전혀 고려하지 않는다.

실체를 둘러싼 논쟁과 무관하게, 많은 이들이 30대 중반에서 40대 중반 사이에 다양한 동요와 혼란을 겪는다는 점은 분명하다. 물론 겉보기에 순탄하게 중년기를 지나 노년의 평온한 바다로 항해하는 듯 보이는 이들도 있다.

이러한 혼란이 흔히 '중년기'라고 불리는 시기에 나타나는 데는 몇 가지 이유가 있다. 이 시기의 사람은 혼자서 세상 속에 설 만큼 충분히 오랫동안 부모와 떨어져 지냈고, 많은 선택을 해야 했고, 어떤 선택은 제대로 먹히고 어떤 선택은 제대로 먹히지 않는 것을 경험했고, 자신의 계획이 붕괴하는 것을 경험하거나 아니면 적어도 계획이 축소되는 것을 목격했다. 이 나이가 되면 자기 성찰에 필요한 자아의 힘이 충분히 발달해, 자신을 돌아보고 비판하며 선택을 바꾸고 그에 따라 가치관이 바뀌는 데 따르는 위험을 감수할 수 있는 수준에 이른다. (물론 나는 심리치료 활동을 하며 이러한 핵심적인 힘이 부족한 사람도 많이 만났다. 그들은 자기 삶을 회복하라는 초대를 거부할 방법을 찾곤 한다. 좀처럼 치료를 시작하지 않으려 하고, 시작하더라도 지속하지 못한다.)

자신의 삶을 근본적으로 점검하는 일, 말하자면 영혼을 건드려야 하는 힘든 일은 일시적인 변덕으로 할 수 있는 일이 아니다. 또한 주말 워크숍을 통해 해낼 수 있는 일도 아니다. 영혼의 부름에 응하는 것은 새롭고 먼 해안에 도달할 수 있을지 확신조차 품지 못한 채, 아주 깊은 바닷속으로 뛰어드는 것과 같다. 그러나 우리가 떠나온 항구의 익숙한 불빛을 뒤로하고 헤엄을 치겠다고 결심하지 않는 한, 우리는 결코 새로운 해안에 닿지 못할 것이다. 어떤 이에게는 이 진입이 점진적으로 이루어진다. 반면 어느 순간 깊은 바닷속으로 끌려 들어가는 사람도 있다.

내 인생이 괜찮다는 느낌이 들지 않는다면

조지프는 심리치료가 마치 고속도로변에 있는 불법 정비소에 들어갔다 나오듯, 아주 신속하게 이루어지는 정비 작업 같을 거라고 확신하면서 첫 상담에 임했다. 그가 아내와 벌인 언쟁에 대한 이야기를 털어놓았을 때 내가 물었다. "결혼생활과 도박 중 하나를 선택해야 한다면 무엇을 선택하겠습니까?" 그는 웃으며 대답했다. "글쎄요, 결혼은 언제든 다시 할 수 있죠." 그때 나는 우리가 큰 곤란에 빠져 있다는 것을 알았다. 그는 치유를 위해 이곳을 찾은 게 아니었다. 아내의 최후통첩에 따르기 위해 왔을 뿐이었다.

전문직 종사자인 조지프는 평소에 사무실을 슬그머니 빠져나가서 도박판에서 한 번에 천 달러까지 잃고는 점심시간이 끝날 때쯤 마치 아무 일도 없었다는 듯 사무실로 돌아오곤 했다. 그의 첫 아이가 18세가 되어 대학 등록금으로 모은 돈이 사라졌다는 사실이 들통난 후에야 이러한 습관이 드러났다. 조지프는 이 습관과 그것이 가족에게 미치는 영향, 또는 그를 매일 이런 위험한 상황으로 몰아넣는 내면의 동기를 직면할 의도가 전혀 없었다. 중독을 다루는 사람이라면 누구나 알다시피, 이러한 사람들 내면에는 커다란 상처가 있음을 인정해야 한다. 그들은 점점 더 비용이 많이 드는 '약물'로 자신의 고통을 '치료'하려고 필사적으로 노력하고 있는 것이다.

내가 소속된 전문 분석 훈련 협회에서는 수련생들에게 특별한 과제를 부여한다. 그들은 광범위한 개인 분석과 여러 시험을 거친 후 다섯 가지 주요 사례를 작성해야 하는데, 이 중 두 가지는 반드시 '실패' 사례여야 한다. 이 실패 사례를 통해 수련생들은 자신의 부족한 점을 분석하고, 앞으로의 치료에서 무엇을 개선해야 할지를 배운다. 실패를 통해 성장하는 기회를 얻는 것이다. 조지프의 경우에는 불안이 문제였다. 그는 깊은 불안에 시달리고 있었으며, 그에 대한 반응으로 그는 의식적인 삶의 다리에서 재앙의 빙산을 향해 꾸준히 나아갔다. 자신이 무슨 말을 하는지 완전히 알지 못한 채, 자신의 깊은 불안을 달랠 수만 있다면 모든 것을 희생할 것임을 고백하고 있었다. 조지프 같은 사람은 다른 이들에게 견딜 수 없는 상황을 만들어내지만, 그들의 고통도 참으로 딱하다. 세 번째 치료 시간이 끝난 후, 마법 같은 해결책도 없고 양립할 수 없는 것을 손에 다 쥘 전략도 없다는 걸 알고서 그는 상담실을 떠났다. 나는 그를 다시 보지 못했다. 그가 자신의 슬픈 역사와 한 약속은 지켜지지 않았다. 나는 다만 그의 인생이라는 배가 얼마 지나지 않아 난파했을 것이라고 짐작할 뿐이다.

내 경험에 따르면, 이러한 중년의 고통은 내면의 동력에서 비롯되지만, 처음에는 친밀한 관계intimate relationship라는 외적인 맥락에서 먼저 의식에 나타나고, 그다음에는 직업에서 그리고 우울증과 같은 더 개인적인 증후로 나타날 때가 많다. 친밀한 관계는 가정家庭에 대한 우리의 가장 깊은 기대, 정체성 확인, 양육과 보호에 대한 기대를 담고 있기 때문에 특히 중요하다. 그런데 시간이 지나면서 우리 파트너는 우리와 마찬가지로 결함이 있고, 필멸의 존재임이 드러난다. 또한 우리가 예상한 각본이 약화되고 갈등으로 악화될 때 우리는 그들을 비난한다.

마찬가지로, 우리는 종종 직업이 삶에 만족을 선사하리라는 엄청난 기대를 품는다. 그러나 직업이 잘 작동하든 그렇지 않든, 인생 후반부에 우리는 목표를 달성하고, 급여를 받고, 퇴직연금에 착실히 투자하면서도 점점 만족도가 떨어지고, 그저 일을 위해 일을 하는 스스로를 발견한다. 만약 영혼이라는 것이 그렇게 쉽게 구입할 수 있는 것이라면, 우리 문화는 정말로 잘 돌아갈 것이다. 오직 무의식적으로 사는 사람만이 그렇다고 생각한다. 주변을 돌아보고,

자신의 내면을 들여다보라. 정직해지자. 물질적 풍요는 얼마나 잘 작동하는가? 그리고 그 대가는 무엇인가?

영혼은 언제나 말을 걸고 있다. 영혼의 충동은 처음에는 권태로, 그다음에는 더 의식적인 지루함으로, 또 그다음에는 우리의 의식적인 각본에 대한 내면의 저항으로 나타날 것이다. 그래도 계속해서 귀를 막으면 최종적으로 공격적인 감정과 행동의 분출로 이어진다. 수면 장애나 섭식 장애, 외도의 유혹, 악몽, 자가치료적인 중독 등이 그 예이다. 이렇게 다양한 삶에서 나타나는, 겉보기에는 서로 다른 이 현상들 모두에 공통적인 것은 그 사람이 표면적으로 선택하고 그에 대한 보상을 기대했던 각본의 소진이다. 우리는 이렇게 묻게 된다. '나는 나 자신과 세상에 대한 최선의 이해에 따라 기대되는 일을 해왔는데, 왜 내 삶이 괜찮다는 느낌이 들지 않는 걸까?' 고통스러운 질문이다. 그리고 우리 모두는 조만간 우리가 추구하고 봉사하고 성취한 것과, 개인적이고 정직한 순간에 느끼는 것 사이의 불일치를 경험하게 된다.

외부의 기대와 내적 현실 사이의 이러한 충돌은 종종 중년에 겉으로 드러나지만, 우리는 삶의 과정에서 한 번이 아니라 여러 번 영혼의 소환을 경험한다. 어쨌든, 타고난 자기와 획득한 '자기감sense of self' 사이에 피할 수 없는 충돌이 일어날 때마다, 상당한 정체성의 위기가 발생한다. 때로 이러한 충돌은 이혼을 겪은 후 새로운 사람을 만나서도 문제가 지속될 때 일어난다. 파트너를 잃은 뒤 그 충격에서 벗어나지 못할 때도 이런 충돌이 일어나, 외견상 독립적인 것처럼 보이는 그 사람의 행동 아래 숨겨졌던 의존성이 고스란히 드러나게 된다. 또한 그동안 우리의 계획과 우리가 살지 못한 삶을 상상 이상으로 훨씬 더 많이 짊어지고 있던 자녀의 독립으로 나타나기도 한다. 생명을 위협하는 질병이나 죽음을 생각하게 만드는 상황에서도 가끔 이런 충돌이 나타난다. (유방의 혹이나 높아진 전립선 특이항원PSA 수치만으로도 잘 계획된 삶의 밑바닥이 무너질 수 있다.) 또 그 충돌은 때로 햇볕 잘 드는 들판 위로 별안간 먹구름이 몰려오듯 갑작스러운 충격으로 다가온다. 그러면 우리는 자신이 누구인지, 또 인생을 사는 이유가 무엇인지 모르고 있다는 사실을 깨달으며 이 지구상에서 자신에게 주어진 한정된 시간을 어떻게 보내야 할지 모르겠다는 생각이 들기 시작하기도 한다.

이처럼 나는 나이와 상관없이 모든 내담자가 의식적 삶이 전혀 대비하지 못한 일종의 통과의 과정을 겪으며 혼란스럽고, 좌절하고, 방향감각을 잃는 모습을 보았다. 이러한 실질적인 통과의 과정은 보편적으로 관찰되어왔다. 전통문화에서는 이런 시기를 지나는 사람을 지원하기 위한 공동체 의식을 발전시켰고, 지난 것의 상실에 더 크고 초월적인 의미를 부여하기 위해 생생한 신화적 이미지를 제공했다. 그러나 우리 시대에는 이러한 지원과 통과의례가 대체로 사라졌거나 약화되어, 이 시기를 겪는 개인은 표류하고 방향을 잃고 고립된다.

전통문화에서 치러지는 통과의례는 언제나 초월적 이미지와 부족의 신성한 역사에 바탕을 두고 있었다. 사람들은 통과의례의 대상이 된 개인을 위해 이러한 기도를 올린다. "우리는 신들과 조상들이 처음 보여주고 정해주신 그대로 이 의식을 이해하고 실천하고 있나이다. 오늘 우리가 의식을 재현하는 것은 신들과 조상들의 의미 있는 패러다임을 우리를 위해 되살려내기 위함입니다."

자연적인 죽음과 재탄생이라는 더 큰 의미를 추구하던 옛 통과의례와 오늘날의 상황을 비교해보자. 현대에는 한 개인의 성격 구조가 해체될 때, 그는 수치심을 느끼거나 동료나 친구로부터 조롱이나 동정을 받고 거의 틀림없이 그들과 멀어질 것이다. 이런 식으로 고립된 사람들이 지지를 구할 수 있는 유일한 공동체는 아마 심리치료사들일 것이다.

우리 각자가 구현하는 이야기는 다르지만, 이런 종류의 통과의례에서 가장 흔하게 나타나는 특징은 '거짓 자기'의 해체다. 여기서 거짓 자기란, 우리가 가족과 문화의 역학과 메시지를 내면화하면서 얻은 가치관과 전략을 말한다. 이 거짓 자기가 해체되면 그는 새로운 정체성과 가치, 자아관, 세계관을 취하라는 초대를 받는다. 이는 종종 이전의 삶과 극명한 대조를 이룬다. 부족이 부재하는 상황에서, 매주 행하는 정신분석 의식은 일부 사람에게 지지적인 통과의례가 된다. 옛 삶과 기존의 가치관을 벗어나는 것은 두렵고 방향감각을 잃게 만드는 일일 수 있지만, 더 큰 무엇인가가 모습을 드러내길 간절히 바라고 있다는 사실을 깨닫는 것은 정말 감동적이고, 사람을 근본적으로 바꿔놓을 결과를 낳는다. 삶의 여정에서 이러한 시기를 맞은 사람은 고통을 통해 더 깊은 의미를 경험하라는 초대를 받은 것이나 마찬가지다. 또한 동시에 어두운 숲을 통과하는 이 인생 여정을 계속할 용기를 발휘할 때마다 옛 존재 방식을 초월하는 무엇인가가 온다는 사실을 배우게 된다.

이 대목에서 나는 줄리아를 떠올리지 않을 수 없다. 그녀는 평생을 타인을 돌보면서 분노나 우울증을 간신히 피해가며 살아왔다. 그녀는 장애가 있는 부모부터 자기애적인 남편 그리고 도움이 필요한 아이들에 이르기까지, 누구에게서도 자신 자체로 사랑을 받아본 적이 없다고 느꼈다. 치료사의 권유로 호기심에서 시작한 꿈 분석 작업은 그녀를 내면의 광대한 세계와 만나도록 이끌었다. 피할 수 없는 만남 말이다. 그녀의 꿈은 그녀의 역사, 일상의 딜레마 그리고 그녀가 살지 못한 삶에 대해 많은 것을 말해주었다. 이 지속적인 대화를 통해 그녀는 마침내 자기 내면의 어떤 원천에서 나오는 사랑을 경험했다. 그녀가 지금껏 한 번도 경험해보지 못한 방식으로 그녀를 무조건적으로 사랑하는 그런 사랑이었다.

물론, 스스로 소중한 존재라는 느낌을 받기 위해 다른 사람들을 돌보려 들던 옛 자아가 옛 의제를 내려놓기까지는 꽤 많은 시간이 걸렸다. 줄리아가 실제로 자아와 관계없는 어떤 깊은 곳으로부터 사랑을 받으려면, 그녀의 이전 자기감과 그것이 초래한 타인에 대한 헌신은 사라져야 했다. 이렇게 성격을 재조정하는 데에는 시간이 걸렸고 시행착오도 겪었지만, 결국 줄리아 자신의 욕구가 타인의 욕구만큼 가치 있게 여겨지는 더 큰 삶으로 이어졌다. 더 나은 방향으로의 변화라고 할지라도 그것이 뼈아픈 통과의례이자 오래된 이해 방식의 죽음이며, 보다 큰 무엇인가를 받아들이는 과정임을 결코 과소평가해서는 안 된다.

충분히 이해할 수 있듯이, 어떤 사람은 희망과 개인적 성장을 강조하는 메시지조차 듣고 싶어 하지 않는다. 그들은 옛 세계, 이전의 가정과 전략이 가능한 빨리 복구되기를 바란다. 우리는 이런 말을 필사적으로 듣고 싶어 한다. "맞아요, 당신의 결혼생활은 원래 상태로 돌아갈 수 있어요." "네, 왜 왔는지 이해하지 못하더라도 당신의 우울증은 마법처럼 사라질 거예요." "맞아요, 당신의 옛 가치관과 선호도는 여전히 통해요." '페르소나의 퇴행적 복원'이라고 불리는 이 이해할 만한 욕구는 단지 점점 더 커져가는 내면의 균열을 일시적으로 덮어두려는 노력에 지나지 않는다. 그런데도 사람들은 자신의 문제를 덜 심각하게 받아들이는 치료법에 의존하거나 증후를 완화시킬 치료법을 찾아 나선다. 이미 알려진 세계에 매달리고 미지의 세계를 두려워하는 것은 매우 자연스러운 일이다. 우리 모두가 그렇다. 거짓 자기와 진정한 자기 사이의 균열이 내면에서 점점 더 커지고, 그에 따라 옛 태도가 점점 더 효과가 없어짐에도 불구하고 말이다.

우리 대부분은 미래로 뒷걸음질 치며 살아간다. 새로운 순간의 선택을 옛 데이터와 의제에 의지해 내리고는 왜 반복적인 패턴이 자기 삶에 나타나는지 의아해한다. 이 딜레마는 19세기 덴마크 신학자 키르케고르Søren Kierkegaard가 그의 일기에서 가장 잘 설명했다. 인생은 뒤로 기억되지만 반드시 앞으로 살아야 한다는 역설을 그는 멋지게 짚어냈다. 그렇다면 똑같은 행동을 하면서 다른 결과를 기대하는 것은 자기기만이 아닐까?

변화가 요구되는 시련 앞에 기꺼이 서겠다고 나서는 이들에게, 인생 후반기는 본연의 자신을 되찾을 수 있는 기회를 제공한다. 그들은 여전히 옛 세계를 애정 어린 눈으로 바라보겠지만 더 크고,

더 복잡하며, 덜 안전하고, 더 도전적인 세계에 참여할 위험을 감수한다. 이는 이미 거부할 수 없이 그들을 향해 달려오고 있는 세계이다.

역설적으로, 이러한 소명은 우리에게 이전과는 다른 방식으로 자신을 더욱 진지하게 대하기 시작할 것을 요구한다. 이러한 자기 성찰은 극도의 정직함 없이는 진행될 수 없다. 대부분은 자기 자신에 대한 축소된 시각을 가지고 살아오다가 이 시점에 도달한다. 융이 한때 유머러스하게 말했듯이, 우리는 우리에게 너무 작은 신발을 신고 다닌다. 인생 여정에 대해 지나치게 좁은 관점을 가진 채 오래된 방어 전략을 그대로 고수하고 무의식적으로 과거의 역사에 얽매인 선택을 되풀이하면서 우리는 자신의 성장을, 말하자면 우리 영혼의 확장을 가로막는 적이 된다.

자신을 진지하게 받아들이는 과정은 외부 사람들에게는 분명해 보이지만, 일상생활을 영위하는 불안정한 자아에게는 위협이 되는 몇 가지 진실을 우리가 급진적으로 받아들이는 데에서 시작된다. 최근의 한 예가 떠오른다. 내가 아는 한 남자는 30회 고등학교 동창회에 참석했다가 집에 돌아와서 아내에게 어린 시절 첫사랑을 만났고 그녀와 나머지 인생을 함께 살고 싶다고 말했다. 그는 이방인이나 다름없는 첫사랑에 대한 강력한 투사에 사로잡혔고, 젊음과 과거의 희망, 활력을 되찾고 정서적 재생에 대한 환상을 채우려고 했다. 그 자체로는 그다지 나쁜 목표가 아니지만 옛 연인과의 로맨스가 이를 가져올 것이라는 환상은 터무니없는 망상이다. 그를 제외한 모든 이가 그것이 망상에 지나지 않는다는 것을 아는데, 정작 무의식적 소망에 사로잡힌 당사자는 그 여성이 실은 그의 내면의 삶, 즉 오랫동안 소홀히 해온 자기 삶을 상징하는 대리인이라는 사실을 보지 못한다.* 무의식의 문제는 그것이 무의식적이라는 데 있다. 자신이 충분히 알지 못한다는 사실을 파악할 만큼 충분히 아는 사람이 과연 얼마나 되겠는가?

인생 후반은 우리에게서 상당히 멀어진 진실, 대체로 그렇게 하도록 강요받기 전에는 의식으로 끌어올리기가 꽤 어려운 진실을 지속적으로 만나는 시기이다. 이러한 진실에는 내가 사는 삶이 다른 사람의 삶이 아니라 바로 나 자신의 삶이고, 서른 번째 생일 이후에는 오로지 자신만이 자기 삶에 책임을 질 수 있으며, 우리가 영원 속에서 한순간을 사는 것에 지나지 않으며, 우리 각자 안에서 영혼의 주권을 차지하려는 격렬한 투쟁이 벌어지고 있다는 것이 포함된다. 이러한 현실을 제대로 파악하고, 현실을 온전히 살려고 노력하고, 현실의 요구를 받아들인다는 것은 곧 자기 삶을 바라보는 준거 틀을 확장하는 것이다. 환경이 아무리 초라하더라도, 중요한 문제가 걸려 있고 신성한 드라마가 펼쳐지는 무대 가운데로 우리는 나아가야 한다. 융은 그의 회고록에서 이러한 내면의 투쟁에 대해 웅변적으로 말했다.

나는 사람들이 삶의 질문에 대해 부적절하거나 잘못된 대답을

---

* 결말을 궁금해할 독자를 위해 말하자면, 고등학교 시절의 첫사랑도 잠시 그와 비슷한 감정에 휩쓸렸다가 마음을 바꾸었다. 결혼생활을 끝낸 그 남자는 이제 어딘가에서 표류하고 있다.

해놓고 거기에 만족할 때 신경증에 빠지는 것을 자주 보았다. 그들은 지위, 결혼, 명성, 외적 성공 또는 돈을 추구하지만, 심지어 이러한 것을 성취한 때조차 여전히 불행해하며 신경증에 시달린다. 이들은 대개 너무 좁은 영적 지평 안에 갇혀 있다. 그들의 삶에는 충분한 내용, 충분한 의미가 없다. 만약 그들이 더 넓은 인격으로 성장할 수 있다면, 보통 신경증은 점차 사라진다.[6]

융은 분명 우리 시대에 가장 만연하면서도 유혹적인 망상에 대해 말하고 있다. 그러니까 '밖에서' 무엇인가를, 이를테면 사람, 사회적 지위, 이념적 명분, 외적 인정을 찾음으로써 우리 삶이 우리를 위해 작동하게 만들 수 있다는 망상 말이다. 만약 이 망상이 진리라면, 이를 뒷받침할 증거를 주변 곳곳에서 볼 수 있어야 할 것이다. 그러나 사회 전반에 걸쳐 만족이 확인되기는커녕, 대중문화의 광기, 게으른 자들의 정신착란, 소외된 이들의 분노만 들릴 뿐이다. 초월적 목적, 깊은 심리적 기반, 영적으로 확장된 삶의 감각을 품고 이 삶을 살아가는 사람은 드물다. 융의 적절한 표현을 빌리자면, 더 넓은 인격으로 성장한다는 말은 아주 멋지게 들린다. 하지만 옛 질서를 깊이 따져서 바로잡지 않고는 그 누구도 그런 성장을 이루지 못한다. 일반적으로 우리는 원치 않는 고통을 경험함으로써 더 크게 성장한다. 성찰 없는 삶이 더 편할 수는 있지만, 그것은 우리를 성장시키지 않는다.

더 진정한 존재로 나아가는 이 과정을 강화하기 위해서는 심리가 어떻게 작동하는지에 대해 더 많이 알 필요가 있다. 증후도 다른 시각으로 볼 수 있어야 한다. 증후가 나타나면 사람들은 가장 먼저 그것을 억누르려 한다. 이는 자연스러운 욕구이지만 우리는 그 증후를 영혼의 상처받은 소망의 단서로, 혹은 우리가 영혼을 잘못 다루는 데 대한 영혼의 항의로 읽는 법을 배워야 한다. 우리는 일상을 면밀히 점검할 줄 알아야 한다. '오늘 나는 무엇을 했는가? 그런 행동을 한 이유는 무엇인가? 그 행동은 나의 내면 어디에서 나왔는가?' 그러면 우리는 자연히 영혼을 건드리게 될 것이다. 원래 영혼을 건드리는 일은 겸허한 태도와 세심한 주의를 요구한다. 또 삶이 외적인 곤경으로 가득 차 있을 때조차도 우리 삶이 언제나 내면에서부터 전개되고 있다는 진리를 이해해야 한다. (융은 내면적으로 무시하거나 부정한 것이 결국 외부 세계에서 운명처럼 우리를 찾아올 가능성이 크다고 경고했다.) '그렇다면 이 같은 결과나 사건은 나의 내면 어디에서 비롯되었을까?'라는 질문이 가장 중요하고, 또 자신을 해방시킬 가능성이 크다. 이 질문을 끊임없이 던지려면, 날마다 훈련해야 하고 책임감도 더 커져야 하고 용기도 상당해야 한다. 이는 곧 불안한 마음이 아무리 클지라도 인생이라고 부르는 연극, 우리가 얻은 유일한 연극의 중심 무대로 나아가야 한다는 뜻이다.

이 책의 나머지 부분에서는 인생 후반에 우리 자신에 대해 배울 수 있는 몇 가지를 쉽게 설명할 것이다. 영혼이 어떤 식으로 작동하는지, 어떻게 하면 영혼과 협력할 수 있는지, 또 어떻게 하면 각자 삶의 여정을 확장하고 삶의 다양한 의미를 찾으며, 궁극적으로 세상을 더 나은 곳으로 만들기 위해 삶을 살아갈 수 있는지를 살펴볼 것이다. 당신이 이미 발을 깊이 들여놓은 이 과제는 나르시시즘이나 방종의 연습과는 거리가 멀다. 관계의 질과 자녀 양육의 질, 시민의식의 질, 삶의 여정의 질은 결코 우리가 달성한 개인적 발전의 수준보다 높아질 수 없다. 우리가 삶의 테이블에 무엇을 올려놓을지는 삶의 여정을 어느 정도나 의식화했는지, 또 실제 세계에서 그렇게 살아가기 위해 얼마나 용기를 냈는지에 따라 달라질 것이다.

영적·심리적 온전함을 요구하는 이 더욱 의식적인 여정만이 진정 가치 있는 여정이다. 어쨌든, 주의를 흩트리고 중독적인 대안들이 주변에 널려 있다. 이 대안이 슬픈 증거를 제시하고 있다는 사실에 비춰본다면, 변화를 위해 내면을 들여다보는 위험을 감수하는 편이 확실히 더 효과적일 것이다.

이 책 자체가 당신에게 일종의 통과의례가 될 수 있다. 오래된 가정을 버리고, 한동안 삶의 실제 모호함 속에서 살아가는 위험을 감수하며, 삶을 영위하는 일에 있어 예전보다 훨씬 더 큰 역할을 맡으라고 요구하니 말이다. 이 책을 읽는 동안 아주 오래되고, 아주 위협적이고, 그러면서도 아주 매력적인 바다, 즉 자신의 영혼을 가로지르는 여정을 경험하게 될 것이다.

2장

우리는 어쩌다
이런 사람이 되었을까

이제 나는 차분히 나 자신을 바라보고 내면적으로 행동하기 시작할 것이다. 왜냐하면 그래야만 아이가 처음으로 의식적으로 행하는 행위에서 자신을 '나'라고 지칭하듯이 나 역시 더 심오한 의미에서 나 자신을 '나'라고 부를 수 있을 것이기 때문이다.

쇠렌 키르케고르, 『메모와 일기』

우리는 어쩌다 지금 이런 특정한 모습으로 이 세상에 존재하게 되었을까? 주변 사람들이 우리라고 알고 있는, 혹은 적어도 그들이 우리라고 생각하는 그 모습으로 말이다. 그리고 우리 스스로는 우리가 누구라고 생각하는가? 자아는 무엇을 알고 무엇을 모르는가? 자아가 모르는 것이 일상생활에서 큰 역할을 하고 있지 않은가? 다시 말하지만, 무의식적인 것이 우리를 지배하면서 역사의 무게를 현재로 가져온다.

우리 삶은 항상 가느다란 실에 매달려 있다. 의식이 생기기 전, 그 실은 우리의 근원인 어머니와 연결된 탯줄이었다. 의식과 무의식의 범주가 우리에게 존재하기 전에 우리는 시공간을 떠돌며 안전한 보금자리에서 기본적인 욕구를 충족했다. 그러다 우리는 이 세상 속으로 강하게 내던져졌다. 그 이후로 이 세상은 어머니 자궁에 처럼 결코 안전하지 않았다. 모든 민족이 이 사건을 부족의 역사를 바탕으로 설명하며, 거의 예외 없이 이를 상실, 쇠퇴, '더 높은' 상태에서의 추락으로 묘사한다. 유대-기독교 전통의 에덴동산 이야기를 보면, 그곳에는 두 그루의 나무가 있다. 한 그루는 우리가 열매를 먹을 수 있는 나무고, 다른 한 그루는 열매를 먹어서는 안 되는 나무다. 생명의 나무를 취하는 것은 본능의 세계에 영원히 머무르는 것이다. 말하자면 의식 없이, 하나의 전체로 서로 연결된 온전한 상태에서 가장 깊은 리듬에 맞춰 사는 것을 말한다. 지식의 나무를 취하면 행복과 불행이 동시에 따르는 의식의 축복을 받는다.

의식은 상처를 주는 한편으로 위대한 선물이기도 하다. 이 상반된 성격은 영원히 동반자 사이로 남는다. 아이가 자궁으로부터 분리될 때, 항상 분열과 대립에 기반한 의식이 생겨난다. 이를테면 생명의 탄생은 신경증의 탄생이기도 하다. 왜냐하면 태어나는 순간부터 줄곧 우리는 두 가지 의제를 따르게 되기 때문이다. 발전하고 전진하려는 생물학적 및 영적 충동도 있지만, 본능적 생존의 우주적 잠 속에 안주하려는 고대의 갈망도 있다. 이 두 가지 동기는 우리가 의식적으로 주의를 기울이든 말든 항상 우리 내면에서 작용하고 있다. (10대 자녀를 둔 부모라면 아마 매일 아침 이 거대한 드라마를 목격할 것이다. 자신에게 솔직하고 충분히 주의 깊다면 아마 성인인 자신의 내면에서도 이 드라마를 확인할 수 있을 것이다.)

그러나 우리의 존재는 불가피하게 아늑하고 안전한 곳과의 거듭된 결별, 또한 성장을 위한 거듭된 출발에 크게 의존한다. 이로써 우리는 고대의 안전한 장소로부터 점점 더 멀어진다. 삶이라는 섬세한 춤을 추면서 이곳저곳을 떠돌아다니며, 우리는 향수에 휩싸인다. 향수를 뜻하는 영어 단어 'nostalgia'는 '집을 그리워하는 아픔'이라는 뜻의 그리스어에서 비롯되었다. 전진과 퇴행이라는 쌍둥이가 매일 우리 내면에서 전쟁을 벌이고 있다는 사실을 기억할 필요가 있다. '집으로 돌아가고 싶은' 욕구가 더 커질 때, 우리는 선택을 하지 않기를 선택하고, 편안하게 안주하며, 그것이 우리를 무디게 하고 영혼을 부정하더라도 익숙한 것들 속에 머물러 있을 것이다.

매일 아침 두려움과 무기력이라는 쌍둥이 요괴가 우리의 침대 발치에 앉아 히죽거린다. 더 나아가는 것에 대한 두려움, 미지에 대한 두려움, 더 크게 성장하는 도전에 대한 두려움이 우리를 편리한 의식, 관습적인 사고, 익숙한 환경으로 다시 몰아넣는다. 삶의 과제에 반복적으로 위축되는 것은 일종의 영적 소멸이다. 다른 한편으로 무기력은 나직한 목소리로 우리를 유혹한다. 서두르지 마, 쉬어, 마음 편히 먹어, 적당히 해…. 이렇게 때로는 오랫동안, 때로는 평생, 때로는 영적 망각에 빠지게 한다. 그러나 앞으로 나아가는 것은 일종의 죽음을 수반한다. 최소한 우리에게 익숙했던 것들의 죽음, 우리가 지금껏 알고 있던 자아의 죽음을 말이다.

이 근본적인 양가성은 D. H. 로런스D. H. Lawrence의 「뱀Snake」이라는 시에 잘 묘사되어 있다. 이 시에서 화자는 물을 길으러 마을의 샘으로 가다가 자신을 무시하는 듯 당당한 자세로 햇볕을 쬐고 있는 뱀을 만난다. 그들은 서로를 본다. 화자는 이 생물의 위엄을 존경하지만, 다른 한편으로는 두려워한다. 참을 수 없는 긴장이 고조되고 화자는 뱀에게 양동이를 내던진다. 화자를 행동으로 내몬 것은 뱀이 깊은 구멍으로 들어가는 쪽을 선택했다는 판단이었다. 화자가 아주 두려워하는 그 구멍 속으로 말이다.

그는 동물을 공격함으로써 자신의 두려움을 죽이려 한다. 마치 사람들이 자신의 성 정체성에 대한 무의식적 불안을 자극한다는 이유로 동성애자를 공격하거나, 단순히 자아의 좁은 시야에 들어오지 않는다는 이유로 소수자를 공격하는 것과 같다. 깊은 구멍에 대한 화자의 두려움은 이해할 만하지만, 가혹한 자기 평가 속에서 그는 자신이 삶의 주인 중 하나를 만났고, 더 큰 존재를 만나라는 명령에 겁을 먹었으며, 따라서 이제 초라한 영혼을 안고 영원히 살아야 한다고 믿는다.

두려움과 무기력이라는 요괴와의 일상적인 대면은 우리로 하여금 불안과 우울 가운데 하나를 선택하도록 강요한다. 이는 우리가 매일 마주하는 딜레마적인 선택 상황에서 비롯된다. 우리가 삶의 다음 단계를 감행한다면 불안이, 현재에 안주하기로 한다면 우울이 우리의 동반자가 될 것이다. 러시아 민담에는 갈림길에서 이리저리 고개를 끄덕이는 바바 야가Baba Yaga라는 존재가 있는데, 우리도 이 바바 야가처럼 원하든 원치 않든 선택을 해야 한다. (또는 미국의 유명한 철학자 요기 베라Yogi Berra가 했다는 말처럼 말이다. "갈림길에 도달했다면, 어느 길이든 택하라.")

의식적으로 길을 선택하지 않으면 우리의 영혼이 대신 선택할 것이고, 그러면 그 결과는 우울증이나 다른 형태의 질병으로 이어질 것이다. 그러나 낯선 영역으로 나아가면 불안이 우리의 변함없는 동반자로 작용할 것이다. 심리적 또는 영적 발달을 이루려면 불안과 모호함을 견딜 수 있는 능력이 반드시 필요하다. 이러한 고통스러운 상태를 받아들이고, 견디며, 삶에 전념할 수 있는 능력이 우리의 성숙을 말해주는 도덕적 척도이다.

이 원형적 드라마는 매일, 모든 세대에서, 모든 기관에서 그리고 개인 삶의 모든 결정적 순간에 갱신된다. 이러한 선택에 직면했다면 불안과 모호함을 선택하라. 왜냐하면 불안과 모호함은 언제나 우리의 발전을 꾀하지만, 우울은 퇴행적이기 때문이다. 불안은 특효약이고, 우울은 진정제다. 전자는 우리를 삶의 가장자리로 몰아붙이고, 우울은 어린 시절의 잠 속에 머물게 한다. 융은 우리 삶에서 위협적인 두려움이 하는 역할에 대해 아주 멋지게 설명했다.

> 악의 정신은 두려움, 부정, (…) 퇴행의 정신이다. 이는 우리를 어머니에 대한 속박으로, 또한 무의식 속에서의 해체와 소멸로 위협한다. (…) 두려움은 도전이자 과제다. 오직 대담함만이 두려움에서 우리를 구할 수 있기 때문이다. 그리고 만약 위험을 감수하지 않는다면, 삶의 의미는 어떤 식으로든 훼손을 면치 못한다.[7]

융이 언급한 '어머니'는 한때 아이에게는 글자 그대로 어머니였지만, 성인에게는 안전과 피난처를 제공하는 항구를 상징한다. 말하자면 옛 직업, 익숙하고 따뜻한 팔 그리고 도전받지 않고 무뎌진 가치체계 등이 어머니로 표현되고 있다. 개개인의 어머니와는 아무런 관련이 없는 '어머니 콤플렉스'에 지배당하고 있다는 것은 곧 우리가 삶의 과제가 아닌 잠을 선호하고, 발달이 아닌 안전을 택하고 있다는 뜻이다.

이 원형적 드라마는 우리가 인식하든 못하든 우리 삶의 모든 순간에 펼쳐진다. 이러한 선택이 우리의 패턴, 일상생활의 가치 그리고 다양한 미래를 엮어낸다. 우리 자신이 직접 선택하고 있다는 사실을 알든 모르든, 또한 그 선택이 영혼의 깊은 샘에서 나오든 아니면 반복되는 심리적 유산에서 나오든 관계없이 말이다. 성장을 위한 투쟁은 우리만을 위한 것이 아니며, 방종도 아니다. 우리는 주변 사람을 위해서도 그러한 안락함에서 벗어나야 할 의무와 책임이 있다. 왜냐하면 그럼으로써 그들에게 더 큰 선물을 안겨줄 수 있기 때문이다. 우리가 스스로에게 실패할 때, 우리는 그들에게도 실패하는 것이다. 프라하에서 태어난 시인 릴케는 그 역설을 다음과 같이 표현했다.

간혹 누군가는 저녁 식탁에서 일어선 길로
밖으로 나가서 걷고 걸어 영원히 가네. (…)
동쪽 어딘가에 성소가 있어서 그러리라.

그의 아이들은 마치 그가 죽은 듯 슬퍼하네.

그리고 또 다른 누군가는 집 안에서 죽어
거기 그대로, 접시와 잔들 사이에 그대로 남아
그래서 그의 아이들은 세상으로 나아가려 하네.
그가 망각한 그 성소를 찾아서.[8]

이 여정의 놀라운 모험에서 우리가 하지 않는 일들이 결국 우리 아이들이 해야 할 일이 된다니 얼마나 무서운 섭리인가? 아이들은 우리의 슬픈 본보기 때문에 자유에 제한을 받거나, 우리를 위해 그 일을 해야 한다는 부담에 압도될 것이기 때문이다.

　내가 만난 사람 가운데 가장 훌륭하고 온화하며 선한 사람인 아버지가 세상을 떠나려 할 때 그와 나눈 마지막 대화가 떠오른다. 나는 전혀 예상하지 않은 비이성적인 순간에 "아버지, 저는 당신을 위해 나가서 열심히 싸웠어요"라고 말했다. 이는 감사와 축복의 의미였다. 그런데 아버지는 묘한 시선으로 나를 바라보았다. 잠시 후 나는 아버지가 그 말의 뜻을 이해하고 아들을 자랑스러워하셨다고 생각했다. 하지만 그 즉흥적인 순간을 다시 생각해보면, 의구심이 든다. 나 자신의 한계를 극복하면서 미지의 영역을 여행하면서 했던 일 중 얼마나 많은 부분이 아버지의 살지 못한 삶에 대한 보상, 더 정확하게는 아버지의 억압된 삶을 구원하기 위한 과잉 보상이었을까?

　아버지는 선한 존재였지만, 나는 내 삶의 얼마나 많은 부분이 아버지로부터 파생된 허황된 의제가 아니라 진정한 나의 것이었는지 물어보지 않을 수 없다. 대학 시절 풋볼 경기를 하던 도중, 나를 막으려고 달려와서 두 다리를 내 정강이 쪽으로 깊이 찔러 넣은 선수의 무릎을 내가 고의로 찼던 때가 떠오른다. 그때 심판이 노란색 깃발을 던지며 비신사적인 행동을 했다는 이유로 우리 팀에게 15야드 이동이라는 벌칙을 가했을 때, 나는 그 순간이 자랑스러웠다. 그 왜곡된 자랑스러움 가운데 얼마나 많은 부분이 아버지의 수동적이고 살지 못한 삶에 대한 보상 때문이었을까? 성인이 된 이후의 내 삶이 교육, 글쓰기, 치료, 가르침을 통해 다른 사람들에게 힘을 실어주는 일로 채워졌다면, 그중 얼마나 많은 부분이 아버지 삶의 실현되지 않은 잠재력에 대한 과도한 보상일까? 어린 시절의 내가 환경을 치유하는 것이 자신의 생존에도 중요하다고 깊은 곳 어딘가에서 결론 내리지 않았다면, 그 자기가 다른 사람에게 힘을 실어주는 과제에 그토록 동일시된 이유는 무엇일까? 그 임무 중 어느 정도가 소명에 기여하는 타고난 재능에서 나온 것일까? 나는 여전히 이런 문제들에 대한 답을 구하려고 노력 중이다. 우리가 하는 모든 일에서 작용하는 영혼의 다양한 차원을 구별하는 데에는 시간과 인내 그리고 종종 용기가 필요하다. 이러한 질문은 우리 모두를 괴롭히지만 당신은 이 순간, 온전히 당신 것인 이 소중한 순간에 대한 자유를 얻기 위해 이런 물음을 스스로에게 던져야 한다.

삶의 비극적 감각을 환영하라

'비극적tragic'이라는 단어는 '신화myth'라는 단어와 마찬가지로 우리 시대에 와서 그 의미가 퇴색되었다. "오늘밤 웨스트 사이드 고속도로에서 택시와 SUV가 충돌해 다섯 명이 사망하는 비극이 벌어졌습니다"라는 뉴스 진행자의 말처럼, 비극은 끔찍하고 재앙적인 것을 의미하게 되었다. (그리스인은 이런 종류의 사고를 '재난catastrophe'이라고 불렀다.) 하지만 세기가 스물여섯 번이나 바뀌기 전에 살았던 조상들이 직관적으로 알았고 '비극적인 비전' 또는 '삶의 비극적 감각'으로 구현해낸 것을 떠올려보면 우리 삶에 대해 많은 것을 배울 수 있다. 인간의 딜레마, 운명과 숙명, 성격과 선택의 변증법적 상호

작용에 대한 고대 그리스인의 상상력 넘치는 해석은 여전히 이 유한한 세상에서 삶의 변화가 어떻게 펼쳐지는지에 대한 최고의 패러다임으로 남아 있다.

우리 선조들은 우리가 종종 어떤 결과를 의도하고 그것을 달성하기 위해 열심히 노력하지만, 결국 삶에서 예상과는 전혀 다른 곳에 도달하게 된다는 사실을 간파했다. 그리고 정말 당혹스러운 점은, 이렇게 엉뚱하게 바뀌는 인생 경로가 스스로 의식 있는 존재라고 여기는 우리 자신의 선택에서 비롯된다는 것이다. 어떻게 우리가 우리 자신의 적이 될 수 있을까? 고대 그리스인은 신들조차도 따라야 하는 우주의 힘이 있음을 이해했다. 이러한 힘을 그들은 모이라moira(운명), 소프로시네sophrosyne(자업자득), 디케dike(정의), 네메시스nemesis(필연적 보복), 프로에리스무스proerismus(숙명) 등으로 불렀다. 이러한 힘은 오늘날에는 조직하고, 균형을 맞추고, 구성하는 우주cosmos의 힘으로 해석될 수 있으며, 우주를 뜻하는 코스모스라는 단어 자체가 '질서order'를 의미하기도 한다.

쉬지 않고 작용하는 이 힘들을 무시할 때, 우리는 대개 우리 자신의 가장 깊은 본성의 원칙과 에너지에 반하는 선택을 하게 된다. 그리고 그 결과, 보상적이고 회복적인 활동으로 인해 고통을 겪는다. 더욱이 고대 그리스인은 인간이 종종 '신들을 거스른다'고 믿었는데, 이는 신들이 극적으로 인격화한 에너지 설계를 위반한다는 뜻이다. 신들이 자연의 힘을 상징하니, 말하자면 인간이 자연의 힘을 깨뜨리거나 무시한다는 뜻이다. 따라서 사랑의 여신 아프로디테가 상처를 입는다면 친밀한 관계에서의 상처로 나타날 것이다. 전쟁의 신 아레스에게 사로잡힌 사람은 비이성적인 분노에 휩싸여 무분별하게 행동하며 터무니없는 결과를 겪을 것이다. 그래서 그들은 자기 삶의 결을 '읽음으로써' 자신 안에서 무시되거나 억압된 원형적 힘, 즉 모욕당한 신을 알아볼 수 있으며 이들에게 경의를 표하고 보상적 행위를 함으로써 균형을 회복할 수 있다고 믿었다. (이 고대의 관행은 현대의 심리치료와 그 개념이 크게 다르지 않다. 현대의 심리치료도 영혼에 교정과 보상, 치료, 혹은 옳은 관계를 제시하기 위해 삶의 결을 읽고, 상처의 위치를 식별하며, 자아 의식이 순응해야 할 프로그램을 개략적으로 설명한다.)

여기에 더해, 우리 조상들은 개인의 성격이 그의 선택과 패턴 생성에 중요한 역할을 한다는 점을 인정했다. 그들이 '휴브리스hubris'라고 부른 것은 종종 '긍지pride'로 번역되지만, 더 실용적으로는 우리가 결정을 내릴 때 모든 사실을 알고 있다고 착각하는 경향, 특히 자기기만의 경향으로 정의될 수 있다. 고대 그리스인이 '하마르티아hamartia'라고 부른 것은 때때로 '비극적 결함the tragic flaw'으로 번역되지만 나는 이를 '상처 입은 비전the wounded vision'으로 옮긴다. 이는 우리의 심리가 형성된 역사 때문에 우리 선택이 어쩔 수 없이 편향되는 것을 의미한다.

그릇된 선택이나 뜻하지 않은 결과를 향한 우리의 경향은 두 가지 약점에 의해 촉진된다. 첫 번째는 우리가 믿고 싶은 것을 믿으려는 유혹, 즉 현명한 선택을 내리기 위해 우리 자신과 상황에 대해 알아야 할 모든 것을 알고 있다고 가정하는 것이다. (사실 우리는 자신이 충분히 알고 있지 않다는 사실조차 알지 못할 만큼 우둔하다. 40세나

50세가 되어서도 그전 수십 년 동안 자신이 한 선택에 대해 경악하지 않는다면, 그는 운이 좋거나 여전히 무의식적인 상태에 있거나 둘 중 하나다.) 두 번째 요소는 개인적이고 문화적인 역사의 영향으로 우리의 시각에 일어난 편향이다. 우리 경험은 우리가 세상을 바라보는 렌즈를 미묘하게 건드려놓고 심지어 왜곡하기도 한다. 그리고 우리는 이러한 뒤틀린 시각에 기반해 선택을 내린다. 태어날 때, 우리는 각자 렌즈를 하나씩 받는다. 가족, 문화, 시대정신이 만든 렌즈인데, 우리는 이 렌즈를 통해 세상을 바라본다. 그것이 우리가 아는 유일한 렌즈이기 때문에, 우리는 덧칠되고 왜곡된 상태로 세상을 보면서도 현실을 직접 보고 있다고 가정한다. 정보가 편향되고 심지어 부정확하기까지 한데, 어떻게 올바른 선택을 할 수 있을까? 오직 다른 사람으로부터 교정을 받거나 아니면 억압된 심리를 바로잡아야만 우리가 그동안 세상을 보고 이해했던 근본적인 방법이 어딘가 이상하다는 생각을 할 수 있게 된다.

어렸을 때 나는 올바른 선택을 내리기 위해 필요한 모든 것을 배울 수 있다고 생각했다. 그러나 지금은 생각이 완전히 달라졌다. 나는 나 자신이 결코 충분히 알 수 없다는 사실을, 언제나 무의식적인 요소가 작동하고 있다는 사실을, 오래된 힘, 말하자면 '정돈되지 않은 기억의 침대'의 영향력이 내가 생각했던 것보다 훨씬 더 강력하다는 것을 잘 안다. 한때 젊음의 혈기라고 생각했던 것이 실은 자기기만과 비극적 결함, 무의식의 결합에 지나지 않는다는 사실을 지금의 나는 잘 안다. 이처럼 한계를 마주하면서 겸손의 지혜가 찾아온다. 자신이 알지 못하는 것이 무엇인지도 모른다는 사실을 그리고 우리가 모르는 것이 종종 우리 대신 선택을 하리라는 것을 깨닫게 된다.

겸손한 지식의 고전적 원형으로 소포클레스Sophocles*의 오이디푸스를 들 수 있다. 그는 지능이 뛰어났지만 불길한 예언을 실현하는 방향으로 흘러갔다. 말하자면, 결정적인 선택의 순간에 이성을 무시하고 역사의 무의식적 전개 방향에 빠져들었다. 이는 코믹한 요소가 많은 영화 〈페기 수 결혼하다Peggy Sue Got Married〉와 어떻게 다른가? 이 영화는 성숙한 여성이 나중에 알게 된 지식을 그대로 가지고 과거로 돌아가 똑같은 바보와 결혼하고 처음과 똑같은 어리석은 선택을 반복하는 모습을 보여준다. 그 결과, 그녀는 다시 '정돈되지 않은 기억의 침대'에서 잠든다. 이 둘의 메시지는 매우 비슷하다. (영화 〈사랑의 블랙홀〉처럼 어느 하루를 무수히 되풀이하며 더 나은 선택을 할 수 있다면 좋겠지만, 그날 비효과적인 선택을 할 가능성은 거의 무한하다. 그러므로 처음 24시간조차 실수 없이 보내기 어려울 것이다.)

이런 겸손한 지혜는 가정假定에 대한 우리의 오만함에 비춰 볼 때 패배처럼 느껴질 수 있지만, 동시에 고귀하고 치유적이다. 이는 우리를 신들과의 올바른 관계로 되돌려놓기 때문이다. 심리학적 개념으로서 '신들과의 올바른 관계'란 우주를 지배하고 우리 영혼 속에 흐르는 힘들과 우리의 의식적 삶을 조화롭게 하는 것을 말한다. 이러한 조화로운 순간은 안녕감으로, 자신과 세상의 관계 회복으

---

* 고대 그리스 아테네의 비극 시인. 아이스킬로스, 에우리피데스Euripides와 함께 그리스 3대 비극 시인으로 꼽힌다. ─ 옮긴이

로, 인생의 여정 중에 '집'에 온 감정으로 경험된다. (사실 이 깊어진 영혼의 여정이 우리의 '집' 아닐까?)

따라서 삶의 비극적 감각은 병적이지 않고 오히려 영웅적이다. 왜냐하면 이는 자연과 우리 자신의 분열된 정신 앞에서 의식을 갖고 살아가고 변화를 추구하고 겸손으로 나아가라는 부름이기 때문이다. 이 부름을 무시하는 자는 신들의 분노와 우리가 신경증이라고 부르는 영혼의 분열을 겪게 될 것이다. 삶의 비극적 감각은 의식 쪽으로 나아가라는 지속적인 초대이며, 이를 받아들일 때 역설적으로 더 큰 틀에서 우리의 위치를 회복할 수 있다. 겸손한 자세로 걷고 신들을 두려워하라는 전통적인 경고는 여전히 우리 모두에게 의미가 있다.

생애 초기의 메시지가 자아 인식을 결정한다

우리 삶의 여정은 충격적인 분리, 즉 우리가 결코 완전히 회복할 수 없는 시스템에 대한 충격으로 시작된다는 사실을 기억해야 한다. 탄생이라고 부르는 이 사건의 핵심 메시지는 우리가 집에서 추방되어 수많은 위협적인 힘이 도사리고 있는 미지의 세계로 떠밀려 간다는 것이다. 우리 모두는 이런 메시지를 받았다. '세상은 크고 너는 작다.' '세상은 막강하지만 너는 연약하다.' '세상은 불가해하지만 살아남기 위해 너는 그 이치를 파악해야 한다.'

사랑하는 부모의 존재와 아이가 자라는 동안 받는 보호는 이 메시지의 심각성을 완화하고 우리 내면에 잠재된 자연스러운 힘을 일깨우는 데 도움이 된다. 운이 덜한 다른 아이들은 절망의 메시지를 경험하고 세상에 더욱 압도당한다고 느낀다. 우리는 정도의 차이는 있지만 이 같은 두 가지 범주의 실존적 상처를 경험한다.

자아에 대한 감각, '저 밖의 세상'에 대한 견해 그리고 세상과 관계를 맺는 방법을 프로그래밍하는 데 있어 이러한 원초적이고 발달에 중요한 경험이 미치는 영향력은 아무리 강조해도 지나치지 않다. 세상과 그 대안을 살펴보고, 서로 다른 것이 유사할 가능성을 배우고, 원인과 결과를 더 잘 구분하는 법을 배우는 자아의 발달이 뒷받침되지 않는 생애 초기에는 인류학자와 원형 심리학자들이 '마술적 사고magical thinking'라고 부르는 경험 양식에만 제한되어 있다. 마술적 사고란 자기와 세상을 구별하는 능력이 불충분한 데서 비롯된다. 아이는 '세상은 나에게 보내진 암호 메시지이며, 내가 어떻게 평가되고 있는지 그리고 어떻게 행동해야 하는지에 대해 말해주고 있어'라고 결론짓는다. 이는 다른 말로 이렇게 표현할 수 있다. '나라는 존재는 나에게 일어난, 또는 일어났던 일이다.'

수십 년 후에야 우리는 식별력을 꽤 발휘하기 시작한다. 어머니의 분노, 아버지의 냉담함, 또는 우리 부족을 괴롭혔던 상상력의 빈곤은 타자의 한계였지, 우리와는 아무런 관계가 없다는 것을 배운다. 하지만 이러한 인식은 인생의 후반에, 그것도 많은 고통스러운 전환과 회귀를 거친 후에야 온다. 그 전에 이미 삶은 세상이 정해놓은 각본대로 흐르기 마련이라는 생각, 요구사항이 많은 세상과 자신을 동일시하는 견해가 핵심적인 자아 인식의 패러다임으로 깊이 각인된다.

세상에 대한 다른 '해석'을 갖추지 못한 탓에, 아이가 '나는 내가 대우받는 대로이다'라고 결론짓는 것은 지극히 당연하다. 한 여성이 내게 이런 이야기를 들려주었다. 그녀의 부모는 딸의 요구에 아무런 관심이 없는 이들이었다. "나는 한 번도 사랑받은 적이 없어요. 나는 내가 사랑받을 가치가 없기 때문에 그렇다고 믿어왔어요." 그녀는 아이라면 다들 그렇듯이 자신이 주변 사람들에게 어떻게 보이는지, 어떤 대우를 받고 어떤 말을 들었는지를 자신에 대한 실질적인 진술로 내면화했다. 아이들은 부모의 심리적 분위기에 더해 외부 환경 조건도 내면화한다. 가족의 전반적인 역학관계와 사회경제적 자원 그리고 기타 문화적 조건은 자아와 세상에 대한 원초적인 메시지를 강화한다. 수십 년이 지난 후에야, 우리는 그 강력한 '타자'와 우리 자신을 구별할 수 있게 된다.

또한, 아이는 어른들이 세상에 적응하고 생존하기 위해 노력하는 행동을 관찰하면서 이를 이 세상에 대한 설명으로 받아들인다. 내 세상은 안전하고 성장을 돕고, 또 믿을 만한 곳인가? 아니면, 무관심하고 적대적이며 의심스러운 곳인가? (어릴 때 제2차 세계대전을 겪은 나는 개인적으로는 안전했지만 세상은 위험하고 불안한 곳이라고 결론을 내렸다. 내 주변에서 온통 그러한 근심의 분위기를 느꼈기 때문이다.) 근본적인 가치관은 이러한 원시적인 방식으로 형성되며, 수십 년 후 완전히 다른 환경에서도 사용되도록 내면화된다. 예를 들면, 신뢰와 불신, 접근과 회피, 친밀감과 거리감, 활력과 우울 등 이분법적으로 내면화되는 것이다.

이러한 인과적 사건들이 얼마나 우연한 것인지를 생각하자면 정신이 번쩍 든다. 운명의 수레바퀴에서 실처럼 풀어져 나오는 이 사건들은 아이의 본질과는 아무런 관련이 없다. 그럼에도 그 사건들은 아이에게 자신과 타자에 대한 일련의 진술로 너무나 자주 내면화되고, 성인이 된 이후에 세상과 맺는 관계를 지배한다. 그렇다, '자기'는 적극적이어서 그러한 운명에 굴복하는 데 대해 증후로써 항의를 표하지만, 어릴 때 받아들인 메시지의 힘을 직면하기란 지극히 어려운 일이다. 특히 메시지의 힘이 무의식적으로 작용할 때는 더욱 그렇다. 우리가 알지 못하는 것은 실제로 우리 자신과 다른 이들을 해치며, 영혼이 원하는 방향과는 매우 다른 방향으로 우리의 선택을 몰고 갈 잠재력을 가지고 있다.

이제부터 실존적 트라우마의 전반적인 범주를 살펴보고, 정신이 그 상처에 반응하는 방식을 알아보도록 하자. 우리 각자는 살면서 이러한 무의식적 전략을 삶의 어느 단계에서 실제로 사용해봤을 것이다. 물론 그중 한두 가지가 다른 것보다 더 익숙할 수도 있다. 만약 이러한 전략을 삶에 동원하는 것이 우리 눈에 보이지 않는다면, 아마도 우리는 이 전략이 우리의 역사를 엮어왔고 지금도 엮고 있는 다양한 방식을 아직 의식하지 못하고 있는 것일 수 있다. 인생을 살아가며 행하는 많은 선택과 그에 따른 결과가 이처럼 대단히 원초적인 무엇인가를 기반으로 할 가능성이 있다는 데까지 생각이 미치면, 정말 숙연해진다.

압도의 경험에 대응하는 3가지 방식

어린 시절의 피할 수 없는 실존적 상처의 첫 번째 카테고리는 '압도overwhelmment'라고 부를 수 있다. 이는 환경 앞에서 우리 존재가 무력하다는 사실을 경험하는 것이다. 이 압도적인 환경은 사사건건 참견하는 부모, 사회경제적 압박, 생물학적 장애, 굵직한 세계적 사건 등으로 구성될 수 있다. 이런 압도적인 환경 앞에서 우리가 받는 중심 메시지는 최초의 메시지와 같다. 외부 세계의 흐름을 바꾸기에는 우리가 너무나 무력하다는 것 말이다. 이 메시지가 각 개인에게 내면화되어 생존 전략에 담기는 길은 거의 무한하다. 그래도 반사적인 반응은 세 개의 주요 범주로 나누어 살펴볼 수 있다.

성인으로서 우리가 하는 모든 행동은, 그 출발점이 되는 무의식적 심리적 전제를 이해한다면 전부 '논리적'이라는 사실을 기억하는 것이 중요하다. 반사적인 행동이나 태도는 전의식前意識적이고 파생적인 상태의 표현이며, 우리 반응의 원인이다. 따라서 우리는 절대로 '미치광이처럼' 행동하지 않는다. 비록 전의식의 전제가 결함을 안고 있고 부정확하고 다른 시대와 장소에서 유래했고, 성인이 되어 진리로 알게 된 것을 깡그리 무시하고 있을지라도 우리는 은연중에 자신의 내적 경험의 논리를 표현하고 있는 것이다.

그렇다면 압도에 따른 실존적 상처에 대한 세 가지 반사적 반응은 무엇일까? 우리는 모두 이러한 논리적 전략을 삶에서 탐구해봤고, 오늘도 여전히 채택하고 있을지 모른다.

첫째, 이 세상이 더 크고 강력하다는 메시지를 받았기 때문에 우리는 논리적으로 그 잠재적인 처벌 효과를 피하기 위해 뒷걸음질 치거나 회피하거나, 미루고 숨거나, 부정하고 멀리하려고 할 수 있다. 누가 아프거나 무서워 보이는 것을 피하지 않겠는가? 누가 잊거나 미루거나 분리하거나 억누르거나 그냥 달아나지 않겠는가? 우리 모두 그런 경험을 해봤다. 그리고 일부 사람에게 이런 원시적인 방어는 하나의 패턴으로 깊이 입력되어 있다. 이들은 삶의 요구사항이 크다 싶으면 무턱대고 피하려는 태도를 보인다. 세상의 압도를 깊이 경험하고 또 정신적으로 그 영향을 무섭게 경험한 아이는 훗날 세상사를 회피하려는 동기에 지배될 수 있다. 소위 '회피성 성격avoidant personality'이라는 성격 장애가 삶을 지배하는 것이다.

회피, 분리, 억압은 자신의 취약한 상태를 방어할 자원이 부족한 사람에게 제1의 방어선이 된다. 그러나 이런 반사적 반응이 우리 대신 결정을 내리고 의식을 빼앗으면 문제가 발생한다. 사랑하는 사람에게는 가까이 다가설 수 없다고 느껴서 사랑하지도 않는 사람과 결혼한 사람들도 있다. 그들은 상대방에게 강력함을 부여해놓고 두려워서 접근하지 못한다. 너무 힘들 것 같다는 판단에 아예 대학 진학을 피하거나, 더 도전적인 직업을 찾지 않거나, 재능 발휘를 피하는 사람도 있다.

압도에 대한 두 번째 논리적 반응은 상황을 통제하려는 노력에서 발견된다. 이러한 반응이 가장 원시적인 형태로 나타나는 예를 들자면, 심하게 학대를 받은 아이가 자신이 내면화한 핵심 메시지에 따라 사회병리학적인 성격으로 발전하는 경우이다. 이 아이는 내면에 이런 생각을 품는다. '세상은 해롭고 내게 해를 입힌다. 그

러니 내가 먼저 공격하고 상처 입혀야 한다. 그러지 않으면 내가 공격을 받고 상처 입을 것이다.'

우리 대부분은 이보다 덜 극단적인 대처 메커니즘을 배운다. 세상을 이해하기 위해 교육을 추구할 수 있는데, 이는 이해하는 것이 곧 통제하는 것일 수도 있기 때문이다. 예를 들어, 일부 정신분석 전문가들은 죽음과 죽어감에 대한 두려움을 보통 사람보다 의료 종사자들이 더 강하게 느낀다고 주장했다. 만약 그렇다면, 의사들의 행동은 다음과 같이 해석할 수 있다. 의사들은 위험한 상황에 뛰어들어서 '영웅적 조치'를 시도하고, 죽음을 마치 자연의 과정이 아닌 싸워서 이겨야 할 적처럼 대한다. 이러한 행동은 사실 어린 시절부터 느껴온 무력감에 대한 반응, 즉 자신을 압도하는 세상에 대해 통제력을 얻으려는 시도로 볼 수 있다. 어쨌든 우리는 환경이 우리를 통제하지 못하도록 하기 위해 환경을 통제하려고 노력한다.

비열한 독재자부터 불안정하고 폭력적인 배우자에 이르기까지, 삶에서 노골적으로 권력을 추구하는 사람들이 많다. 그런데 그들의 권력욕은 내면의 무력함을 드러내 보여줄 뿐이다. 그런 사람들은 자신의 행동이 사실은 자신이 두려움을 안고 있다는 사실을 고백한다는 점을 까맣게 모르고 있다. 나의 내담자 중 한 명은 총과 배지가 아동기 동안 성적으로 학대했던 어머니 앞에서 전혀 갖지 못했던 권위를 부여해주리라는 이유로 경찰관의 길을 선택했다고 털어놨다. 그는 몇 차례의 결혼생활을 하며 배우자에게 언어적이고 신체적인 학대를 가했다.

또 어떤 사람들은 권력을 노골적으로 추구하는 것을 포기하고 대신 심리학자들이 '수동-공격적' 행동이라고 부르는 방식에 기댄다. 이들은 협조하는 것처럼 보이고 심지어 친절하지만, 은밀하게 방해하고 늦게 나타나며 차갑고 비판적인 발언을 끼워 넣고, 일을 완수하지 않는다. 이런 무기력한 행동을 통해 그들은 힘을 얻는다. 서머싯 몸Somerset Maugham의 단편 「루이즈」는 타인을 통제하기 위해 스스로 무력하게 구는 여성을 극적으로 묘사한다. 타인이 독립적으로 행동할 때마다 그녀는 심장발작을 일으켜 그들을 제어한다. 연약한 영혼의 소유자였던 그녀의 두 남편은 그녀보다 먼저 죽었고, 결국 딸마저 오랜 인내에 마침표를 찍고 결혼해서 집을 나가기로 결정하자 루이즈는 죽음을 맞는다. 우리는 그 딸의 삶이 이 수동-공격적인 통제의 유령에게 심리적으로 계속 지배될 것임을 상상할 수 있을 뿐이다. 어린 시절의 초기에 일반화한 결론에 바탕을 둔, 논리적인 통제 행동은 본인의 삶을 지배할 뿐만 아니라 주변 사람에게도 상처를 준다.

과도하게 짓누르는 것 같은 세상의 힘에 대한 논리적 반응의 범주가 하나 더 있다. 바로 '그들이 원하는 것을 줘라!'라는 식의 반응이다. 대부분의 아이는 엄마와 아빠를 시작으로 하여 타인이 원하거나 기대하거나 그저 암시하는 것을 제공함으로써 사랑을 얻는 방법을 배운다. '순응'은 학습된 반응이며, 가끔 문명의 존속에는 필요하기까지 하다. 그러나 거듭된 순응이 우리 내면의 욕구를 초월하고 개인적 정체성을 침해하면 끔찍한 결과가 초래된다. 순응하기 위해 배운 예의 바른 표현이 얼마나 많은지에 주목해야 한다. 우리는 곧잘 누군가를 두고 '상냥하다', '인간미가 있다', '정감 있다',

'온화하다'라고 말한다. 그리고 가장 흔하게는 "좋은 사람이야"라는 말을 한다. 이러한 꼬리표가 누군가의 행동에 반복적으로 적용될 때 그의 내면적 삶에는 실제로 끔찍한 영향이 일어날 수 있다. 예를 들어 친절하다는 소리를 자주 들으면 반사적으로 친절한 행동을 할 수도 있다. 이렇게 되면, 설령 그저 반사적인 행동일 뿐이라도 조건적 반응 때문에 정체성을 상실하게 될 뿐만 아니라 자기 삶을 능동적으로 이끌 힘까지 잃어버린다. (이런 찬사에 따른 위험은 이보다 더 심각할 수 있다. 전체주의 체제나 집단의 압력이 강한 사회에 대한 연구에 따르면, 위협을 동원할 경우 대부분의 시민은 '좋은 사람'으로, 즉 유순하고 협조적으로 변하고, 궁극적으로 악에 동조하게 된다.)

이러한 순응 반응은 최근 몇 년간 너무 흔해져서 '공동의존codependence'이라는 병리학적 이름까지 얻었다. 정신 장애와 그 진단에 관한 책을 펴내는 미국정신의학회American Psychiatric Association는 최근 공동의존을 진단의 범주에 포함시키는 것을 심각하게 고려했다. 결국 이 진단이 포함되지는 않았는데, 이는 이 순응 행동이 너무나 널리 퍼져 있어서 보험회사에 보험금을 청구하는 서류가 넘쳐날 것이라는 이유에서였다. 또한 이러한 행동이 너무나 흔하고 평범해져서 그것이 과연 정신적 장애가 될 수 있는가 하는 의문을 일으켰기 때문이다.

공동의존은 자기 자신에 대해서는 무력한 존재라고 생각하면서도 타인은 터무니없이 강한 존재라고 생각하는, 반사적인 가정에 기초한다. 이와 같은 역사의 렌즈가 우리 눈앞에 드리워질 때마다 지금의 현실이 과거의 역학에 의해 전복되고, 우리는 다시 한번 운명의 포로가 된다. 자신의 진실을 찾고 그것을 고수하며, 그 진실을 바탕으로 타인과 협상한다는 것이 말로는 아주 쉬워 보인다. 하지만 실제로 이는 반사적 행동이 일어나려 할 때마다 그 행동을 멈추고, 더 의식적으로 정직하게 행동하면서 불안감을 견뎌내고, 불안이 일으키는 '죄책감'의 공격을 버텨낸다는 의미이다. (이 죄책감은 진짜가 아니다. 이는 타인이 부정적 반응을 하리라는 예상에 따른 일종의 불안이다. 타인의 부정적인 반응은 아이에게 엄청난 고통을 주고 성인이 되어서도 여전히 심신을 지치게 만든다. 어떤 남자는 전화 응답기가 일반적으로 사용되기 시작했을 때 24시간 동안 어떤 요청에도 응답하지 않을 수 있다는 사실을 발견하고 큰 안도를 얻었다. 24시간이면 동조적이었던 자신의 오래된 패턴에 대해 반성하고 자신이 진정으로 원하는 쪽으로 결정을 내릴 수 있을 만큼 긴 시간이다.)

심리적으로 반사적 행동이 일어나는 와중에 그것을 알아차리기란 매우 어렵다. 그렇기 때문에 무력함이라는 옛 패턴이 다시 한번 강화될 가능성이 크다. 세월이 흐르면서 우리는 이런 오래되고 익숙한 시스템이 진정한 나라고 믿게 된다. 또한 세상을 향해 그러한 시스템을 자주 드러내면서 다른 사람도 대체로 우리를 그러한 방식으로 보게 된다. 그러나 착하게 구는 행동은 더 이상 착하지 않다.

결핍의 상처에 반응하는 3가지 방식

결핍의 상처는 세상이 우리의 필요를 충족시켜주리라고 믿어서는 안 된다는 이야기를 우리에게 계속해서 들려준다. 우리가 부모를 필요로 할 때 부모는 몇 번이고 그 자리에 존재하지 않을 수 있다. 아마 그들은 관계에 어려움을 겪고 있거나 우울증이나 주의산만, 중독 또는 현실적인 압박에 사로잡혀서 자식을 제대로 돌보지 못할 수 있다. 빈곤처럼 부모의 영향력 밖에 있는 결핍도 결핍의 느낌을 키운다. 최악의 경우, 문자 그대로 버림받는 경험을 하는 아이들도 있다. 부모로부터 버림받은 아이들은 보통 '의존우울증anaclitic depression'이라고 불리는 생리적·정서적·정신적·심리적 문제를 겪으며, 이는 기회감염opportunistic diseases*에 취약하거나 일찍 사망하는 등의 다양한 증상으로 나타날 수 있다.

'성장 부전failure to thrive'의 패러다임은 우리가 태어날 때 유전적으로 물려받는 자원을 발달시키려면 미러링mirroring**을 통한 긍정적 강화가 필요하다는 사실에 기반한다. 영양을 제대로 공급받지 못하는 자원은 굶주릴 것이다. 육체적으로나 심리적으로 부재를 경험한 아이는 다른 사람들에게 사랑받고 위로받고 연결되고 싶은 충족되지 않은 욕구 속에서 뒤틀리거나, 아니면 목말라 죽게 될 것이다. 양육을 제대로 받았다 해도 오래된 영가靈歌의 가사처럼 '엄마 없는 아이' 같은 느낌을 받아본 적 없는 사람이 있을까?

다시 한번 이러한 전의식적 경험으로부터 상처 입고 편향된 메시지가 전달되고, 우리는 연약한 우리 마음을 보호하기 위해서 적

---

* 정상적인 상황에서는 질병을 일으키지 않지만 여러 이유로 면역체계가 약화된 사람에게 발생하는 감염. — 옮긴이
** 다른 사람의 행동을 그대로 따라 하는 것. — 옮긴이

어도 세 가지 범주의 반응을 발달시킨다.

양육의 결핍에 대한 첫 번째 범주의 반응은 아이의 마술적 사고('나는 다른 사람에게 대우받는 대로의 사람이다')에서 비롯된다. 일부 사람들에게는 자신을 부양할 타인이 없다는 사실이 '내가 무가치해서 다른 사람의 환영을 받지 못하는 것이다'라는 식으로 내면화된다. 이런 사람은 삶으로부터 숨어 지내고, 개인적 가능성을 축소하고, 위험을 피하고, 심지어 자기 파괴적인 선택을 하는 경향이 있다. 그들은 자신의 가치가 명백하게 확인되는 더 작은 기회를 선택한다. 일에서든 관계에서든 도전적이거나 새로운 가능성을 열어주는 쪽을 선택하지 않고 안전한 쪽을 택한다. 이 내부 프로그램의 힘 때문에 그들은 거듭해서 자기 파괴적인 선택을 한다. 그러면서 매번 그 선택이 외부에서 왔으며, 손상된 자존감을 다시 한번 확인하는 과정일 뿐이라고 믿는다.

자기 파괴적인 선택을 반복하는 현상은 내면적으로 부정된 것이 외부의 운명을 통해 우리에게 오는 것처럼 보인다는 융의 불편한 통찰을 뒷받침한다. 우리는 계속해서 운명을 저주하면서 어린 시절 이후부터는 우리가 선택을 하고 있으며 기존에 입력된 오래된 프로그램을 따르는 것이 우리 자신이라는 사실을 깨닫지 못할 수 있다.

그레고리라는 환자의 예를 보자. 절망적인 빈곤과 무관심 속에 성장한 그는 자신의 재능을 계속 썩혀왔다. 그가 현명하지 못한 투자로 몇 번이고 대부분의 저축을 잃었을 때 그는 '그건 단지 돈일 뿐이고, 나는 돈을 쥘 팔자가 아니야. 나도 잘 알아'라는 식으로 반응했다. 몇 명 되지는 않지만 그래도 신중하게 선택한 그의 친구들은 그런 그의 자아상을 확인해주었고, 그는 끊임없이 오래되고 축소된 상태 안에 머무는 선택을 했다. 어렸을 때 그는 가족의 열악한 사회적 조건에서 삶을 옥죄는 굴레를 볼 수밖에 없었고, 그러는 가운데 그 같은 한계와 자신을 동일시했다. 한때의 무심한 운명이 그에게 결핍을 가져왔지만, 어른이 된 이후에 해온 그의 선택들은 미묘하게 그의 축소된 상태를 지속적인 존재 방식으로, 실제 그의 인생 '스토리'로 더욱더 강화했다.

이 현상의 더욱 불길한 예는 편견에 찬 비하를 당한 사람에게서 발견된다. 그런 모욕을 받은 사람은 타인에 대한 증오와 그에 대한 과도한 보상 강박을 강하게 품게 되거나, 비하와 자신을 동일시하며 자신을 혐오하고 자기 파괴적인 삶을 살 것이다. 차별을 겪는 사람들이 받는 상처의 슬픈 목록에는 원래의 상처에 더해 자신에 대한 그릇된 정의定義와 무의식적인 공모도 포함된다. 다시 말하지만, 무의식의 방정식은 이렇게 말한다. '나라는 존재는 다른 사람에게 대우받는 그대로이다.'

최근에 나는 한 환자에게서 다음과 같은 내용의 꿈 이야기를 들었다. 해롤드는 수십 년 전 아칸소주에서 극심한 물질적·정서적 빈곤에 시달리며 자랐다. 10대 때 그는 상선의 선원이 됨으로써 그 황량함에서 벗어날 수 있었다. 배를 타고 세계를 돌아다니며 그는 독학을 했다. 마침내 그는 휴스턴에서 배에서 내려 자신의 사업을 시작했으며, 어느 정도 물질적 풍요를 얻었다. 대학을 졸업하지 않았음에도 그는 뜻밖에 하버드대학 대학원 과정의 경영 프로그램에 지원해 합격했으며 그 과정을 무사히 끝내고 졸업했다. 이런 많은 성취에도 불구하고, 그는 여전히 결핍감에 시달렸다. 그가 들려준 꿈은 이러했다.

나는 식사를 하기 위해 하버드 클럽에 있었어요. 그런데 이상하게도 거기 있는 사람들 모두가 음식을 먹지 못하고 있더라고요. 그들의 넥타이가 이상한 매듭으로 묶여 있었거든요. 나는 내 매듭을 잡고 풀 수 있었어요. 그러자 모두가 음식을 먹을 수 있게 되더군요. 나는 그 클럽이 산 중턱에 자리 잡고 있다는 것을 알았어요. 나는 산의 나머지를 올라가 정상을 넘었어요. 그런 다음에는 신이 나서 풀쩍풀쩍 뛰면서 산 반대쪽 아래까지 내달렸어요. 거기서 수레를 끄는 농부를 만났는데, 수레가 텅 비었더라고요.

이 꿈에서 하버드 클럽은 그의 소외감을 나타내는 동시에 평생 동안 이어져온 '닿고자 했던' 욕구를 드러낸다. 그는 실제 삶에서 그랬던 것처럼 클럽에 가 있지만, 어떤 매듭을 풀 때까지는 음식을 먹을 수가 없다. 그럼에도 마음은 이 억압적인 과거의 역사로부터 벗어날 준비가 되어 있다. 그는 자신이 오랫동안 이 산을 오르고 있었다는 사실을 깨달았고, 그 매듭을 풀 수 있는 능력도 가지고 있었다. 그의 마음은 그에게 그 고비를 넘었다고 일러준다. 그러자 그는 애쓰지 않고도 즐거운 마음으로 산을 내려갈 수 있었다.

농부와의 연관성은 그가 농촌 출신이라는 사실과 관련이 있지만, 지금 농부의 수레에는 '짐'이 없다. 해롤드는 평생 결핍과 박탈감을 자신과 동일시했고, 그것에 굴복하거나 획득을 통해 보상해야 한다는 필요성 때문에 심신이 고갈되었을 것이다. 70대에 들어서 그는 종종 고통스러웠지만 그를 여러 흥미로운 장소로 데려간 여정을 가치 있게 여기는 방법을 배웠고, 그 여정의 여행자로서 자신을 소중히 여기는 방법을 배웠다. 그렇게 해서 그는 역사의 고비를 넘을 수 있었다. 그제야 그는 가진 게 하나도 없었던 자신의 뿌리를 처음으로 제대로 평가하고 가치 있게 여길 수 있게 되었다. 다시 말하지만, 누가 이런 내용의 꿈을 의식적으로 꿀 수 있겠는가? 그러나 우리 안의 무엇인가는 꿈을 통해 보다 큰 자기감을 구현하는 모험에 나서라는 내용의 초대장을 의식에 보낸다.

초기 환경의 결핍에 대한 반응으로 선택할 수 있는 두 번째 패턴은 과잉 보상을 꾀하면서 권력, 부, 괜찮은 파트너, 명성 또는 타인에 대한 지배를 추구하는 것이다. 이 패턴에서는 내면에서 부족한 것을 외부 세계에서 찾으려고 한다.

권력 콤플렉스는 우리 모두에게서 찾을 수 있다. 이는 어쩌면 다른 사람에게 해를 입혀가면서까지 높은 곳을 추구하라고 강요할 것이다. 또한 권력 콤플렉스는 그 사람이 오래된 결핍을 복원시킬 조건을 재구성하도록 이끌 수도 있다.

리처드 닉슨Richard Nixon의 삶과 시대를 생각해보라. 캘리포니아주 휘티어에서 박탈감에 시달리며 지낸 어린 시절부터 세계에서 가장 강력한 직위에 오르기까지, 그는 계속해서 남을 이기려는 의지의 영향을 점점 더 강하게 받았다. 그러나 압도적인 승리를 거둔 후에도, 그는 자신감이 부족한 불안정한 사람들을 자기 주변으로 불러모았다. 닉슨은 이들과 함께 보상적 선택을 해나갔으며, 이 선택은 결국 그의 강제 사임을 초래했다. 백악관 이스트룸에서 눈물을 흘리며 고별 연설을 할 때, 닉슨이 버림받은 어머니와 먼 과거의 어려웠던 시절을 언급한 것은 결코 우연이 아니었다. 다른 시대의 인물이었다면 닉슨은 아마 소포클레스 같은 비극 작가의 소재가 되었을 것이다. 재능 있고 추진력 있고 편집증적인 그는 권력의 최고봉에 올랐지만, 결국 예전의 최악의 장소, 결핍의 위치로 다시 추락했다.

권력 콤플렉스는 대부분의 인간 교류에서 발견된다. 얼마나 많은 결혼이 둘 중 심리적으로 덜 발달한 사람의 숨겨진 의제에 봉사하고 있는가? 이러한 권력 전략 중 무척 슬프고 파괴적인 것 중 하나는 나르시시스트가 채택하는 전략이다. 나르시시스트들은 다른 사람들이 자신의 내적 빈곤을 눈치 채지 못하게 하기 위해 무척 노력한다. 그들은 자랑하고, 자신의 평판을 부풀리고, 으스대며 다른 사람을 얕잡아본다. 아니면, 약간의 무시와 비판에도 무너져내리는 약한 모습을 보이면서 다른 사람들이 자신에게 상처를 입힌 데 대해 죄의식을 만들어낸다. 이러한 모든 행동은 우리가 핵심적 진실, 즉 그들의 자아감이 공허함에 기반하고 있으며 초기 아동기의 무관심한 방치나 불충분한 미러링에서 비롯되었다는 사실을 보지 못하도록 막기 위해 설계된 것이다.

나르시시스트의 권력에 대한 의지는 두려워할 만하다. 특히 협력과 조화가 요구되는 직장에서 나르시시스트가 권력욕을 휘두르면 심각한 문제가 발생한다. 또한 나르시시스트가 자식들을 심리적으로 지배할 때도 그 못지않게 심각한 해를 끼친다. 나르시시스트들의 삶은 상대방과 스스로를 우롱하고 속여서 자신이 진정으로 중요한 인물이라고 믿게 만드는 데 집중된다. 그들의 자아의 힘이 손상되었다는 점을 고려한다면, 그들과의 언쟁이나 그들에 대한 실망은 언제나 상대방의 잘못으로 여겨지지 그들의 책임으로 밝혀지지는 않을 것이다.

나는 자기 부모의 나르시시즘을 강화할 유형의 사람과 결혼하라는 압박과 자신이 스스로 선택한 사람과 함께하고 싶은 소망 사이에서 갈등을 겪는 덜 자란 어른들을 많이 보아왔다. 그런 중대한 선택조차 자기 힘으로 내리지 못한다면 결혼할 준비가 되어 있지 않은 사람이라는 식으로 잘라 말하기는 너무 쉽다. 분명히 맞는 말이지만 이 말은 핵심을 놓치고 있다. 이런 자명한 말은 그 사람이 어린 시절을 나르시시즘이 흐르는 에너지장場에서 보냈다는 사실을 무시한다. 이 에너지장의 핵심 메시지는 자식의 행복은 손상된 부모를 섬기는 데 달려 있다는 것이다. 따라서 자유로운 선택의 행위는 종종 어린애 같은 성인에게 무력화의 불안을 일으킨다. (성경에서조차 결혼이 어머니와 아버지를 떠나는 것으로 묘사되는 것을 보면, 이 딜레마는 항상 문제가 되어왔음이 분명하다.)

이런 어린애 같은 어른들은 보통 집을 뛰쳐나가 자신이 사랑하는 사람과 결혼을 함으로써 부모의 승인 상실과 죄책감으로 고통을 받거나, 부모의 요구에 굴복해 우울하고 분노에 찬 결혼생활을 하거나 둘 중 하나를 택한다. 일부는 심지어 부모가 죽을 때까지 기다린다는 망상을 품기도 한다. 이럴 경우에는 내적 불안이 엄청나게 커진다. 나르시시스트 부모가 자식에게 끼치는 해악은 실로 엄청나며, 대체로 그 영향력은 손주들에게까지 이어진다.

결핍의 경험에 대한 세 번째이자 가장 흔한 반응 패턴은 타인의 인정과 확신을 끊임없이 추구하는 불안하고 강박적인 욕구로 나타난다. 이는 특히 사랑에 상처받은 사람들의 반복되는 실연의 고통에서 두드러진다. 그들은 자신의 충족감을 위해 상대방에게 과도한 기대를 하고, 결국 상대를 멀어지게 만들고는 사랑의 대상에게 영원히 실망감을 느끼며 살아간다. 역설적이게도, 이런 사람들은 종종 마찬가지로 인간관계를 맺는 능력이 부족한 사람에게 끌려서 익숙한 불행의 패턴을 반복한다. 그는 어쩌면 파트너의 불행에서 위안을 얻을지도 모른다. 우리는 무의식적으로 기대하는 것을 현실에서 마주치는 경향이 있으며, 때로는 그것을 실현하기 위해 무의식적으로 노력하기도 한다. 더욱 큰 의식이 치유와 새로운 삶의 선택에 결정적으로 중요한 이유도 바로 여기에 있다.

많은 심리치료사가 관계에 대해 불평을 토로하는 내담자들을 만난다. 이들은 좋은 남자는 이미 다 사라졌다거나 문제없는 여자는 하나도 없다는 식으로 생각한다. 그들은 누군가를 만나 관계를 시작하지만, 곧 상대방을 괴롭히고 끊임없이 확신을 요구한다. 시간이 지나 그들은 상대방에게 지치게 되는데, 이는 상대방이 그들 내면의 거대한 공허함을 절대로 채울 수 없기 때문이다. 그들은 쉽게 상대방의 결점을 찾아내고 또 충분치 않다면서 상대방을 비난한다. 정상적인 결혼생활에서도 이런 실망은 자주 생기는데, 이는 우리가 모두 평생 다른 사람이 완전히 충족시켜줄 수 없는, 일생을 두고 성취하고 싶어 하는 욕망을 품고 있기 때문이다. 더 성숙한 사람이라면, 이러한 불충분함을 삶의 본질로 받아들이고 파트너의 잘못으로 여기지 않는다. 그러나 결핍으로 가득 찬 역사를 가진 이들에게 이 해결하기 어려운 상처는 의식보다 더 크며, 익숙하고도 가슴 아픈 일련의 과정을 반복한다. 실망, 좌절, 분노, 환멸을 되풀이해 겪고 어딘가에 있을 '마법 같은 타자'를 통해 더 나은 결과를 얻을 수 있으리라는 희망을 품고 새로운 방향으로 떠나고 싶어 한다.

수잔은 사랑받는 교사로, 활기차고 생기 넘치며 항상 학생들에게 열심이다. 그러나 주말이면 코카인을 하고 여러 파트너와 섹스를 즐긴다. 그녀의 많은 재능은 다른 이들을 즐겁게 하는 데 동원되지만, 내면은 고통스럽다. 나르시시스트 부모 밑에서 자란 그녀는 자신이 소중한 존재로 인정받는다고 느껴본 적이 없다. 그녀는 남자친구를 만나면 처음에는 이상형이라고 치켜세우다가 금방 비하한다. 그 누구도 그녀의 욕구를 충족시키지 못하기 때문이다. 그녀의 오래된 결핍은 결코 채워질 수 없는 것으로 보인다. 그녀는 남자친구처럼 심리치료사도 연거푸 바꿨다. "지난번 치료사와 달리 선생님은 저를 이해하시는 것 같군요"라고 말하지만, 마법 같은 해결책이 없다는 것을 알고 나면 다음 치료사로 넘어간다. 남자친구는 치료사보다 두 배로 빨리 바꾸는데, 그 역학은 똑같다. 그녀가 어린 시절 의존했던 '타자'는 이제 그녀를 보살피는 책임이라는 터무니없는 짐까지 떠안아야 한다. 어떤 관계도 이 같은 급박한 요구를 견딜 수 없다. 수잔의 비극적인 드라마가 반복되는 것을 지켜보는 것은 그녀를 걱정하는 모든 이에게 고통스러운 일이다. 운명이 미래를 지배하고, 역사가 미래를 결정하며, 프로이트가 말한 '반복 강박 repetition compulsion'이 그녀를 지배하고 있다. 안타깝게도 수잔은 내면의 황폐함 때문에 치료에서 얻은 통찰을 제대로 받아들이지 못하고 있으며, 따라서 아무것도 변하지 않는다.

더욱이 이 같은 결핍 상황에서 정신 역학적으로 중독적 행동이 일어나는 것이 확인된다. 수잔이 보여주듯이, 대부분의 중독적 희망은 관계에서 표출된다. 관계는 더 많은 것을 제공할 수 있고 무의식적 수준에서 원래의 부모 역학을 더 충실하게 재활성화하기 때문이다. 하지만 다른 영역에서도 이러한 연결에 대한 갈망이 나타난다. 예를 들어, 음식은 특히 인지된 상실과 획득의 투사를 받기 쉽다. 우리는 매일 먹어야 한다. 음식이 영양을 제공하지 않는다고 주장할 수 있는 사람은 아무도 없다. 그럼에도 음식에 부과된 정서적인 측면은 전혀 다른 문제이다. 미국이 세계에서 가장 비만한 국가인 것은 단순히 음식을 쉽게 접할 수 있고 운동이 부족해서만은 아니다. 이는 더 깊은 무엇인가를 암시한다. 말하자면 심리적 굶주림은 풍요 속에서도 줄어들지 않는다.

수잔은 그녀를 돌볼 수 있는 사람들에게 둘러싸여 있지만, 늘 굶주려 있다. 예측할 수 있듯이, 그녀는 청소년기에 폭식증을 앓았다. 다른 패턴들, 이를테면 일, 사랑을 재확인하여 권력을 획득하려는 행태, 강박적 반복, 개인적인 의식(강박적 기도와 뉴스 중독, TV 시청을 통한 현실 도피) 등도 내면의 결핍을 채우기 위한 중독적 전략이다.

거의 모든 사람이 어떤 형태의 중독 패턴을 보인다. 스트레스와 불안에 대한 반사적 반응은 의식적이든 아니든, 예외 없이 일종의 중독이다. 물론 모든 중독의 주요 동기는 이미 느끼고 있는 것을 느끼지 않도록 만드는 것이다. 중독의 횡포를 끊으려면 중독이 방어

하고 있는 그 고통을 느껴야 한다. 그러니 중독 패턴이 원초적 상처에 대한 허약하고 불안정한 방어책으로서 그토록 강한 지속력을 갖는 것은 전혀 놀라운 일이 아니다.

압도와 결핍에 대한 여섯 가지 반응 패턴은 우리 모두에게서 발견될 수 있음을 기억하라. 다만 그 정도와 자율성은 우리 삶에서 크게 다를 수 있으며, 각 패턴은 서로 다른 외부 자극에 의해 번갈아 작동한다. 어떤 패턴은 과거에 더 두드러졌으나 지금은 표면 아래에 조용히 남아 있을 수 있다. 피곤하거나 스트레스를 받을 때, 또는 의식적 통제가 느슨해질 때마다 오래된 패턴은 아주 쉽게 재활성화된다. (만약 당신이 막강한 세상에 이런 식으로 적응한 예를 찾지 못한다면, 당신에게는 맹점이 있는 것이며 이는 곧 당신 외부의 삶에서 모습을 드러낼 것이다.)

정서적 역사의 다양한 단계에서 우리는 이 여섯 가지 패턴을 모두 발견할 수 있을 뿐만 아니라, 그중 한두 개는 현재 우리의 일상생활을 지배하고 있을 가능성이 높다. 예를 들어, 우리는 항상 협조적이고 순응적인 '좋은 사람'일 수 있으며, 이 전략으로 인해 또 다른 위원회에서 활동해달라는 부탁을 추가로 받는 것으로 '보상'받을 수 있다. 그러나 이런 식으로 일을 해달라는 부탁을 거듭 받음으로써 되풀이되는 침범에 대해, 말하자면 우리 자신이 공모자가 된 그 침범에 대해 우리의 영혼은 뭐라고 말할까? 아마 삶의 상당 부분을 권력 욕구나 다른 사람의 인정을 받으려는 욕구를 추구하는 데 쏟으며, 자신이 원한 것을 얻고 나서도 여전히 공허감과 지속적인 가치의 결여를 느낄 수 있다. 또는 보다 큰 삶을 추구하라는 초대장을 받지 않기를 바라면서 그저 안전하다는 이유로 작은 세상에서 살겠다는 희망으로 세상을 회피하며 살기 쉽다. 이 작은 세상에서 영혼은 자신이 부당하게 대우받고 있다는 것을 잘 안다.

우리의 의도는 우리가 개발한 이러한 전략들을 판단하려는 것이 아니다. 비록 그 전략이 우리 자신과 타인들에게 끼치는 영향에 대한 책임은 우리에게 있지만 말이다. 특히 인생의 후반에는 더욱더 그러하다. 우리 모두는 피할 수 없는 '과도한 일반화의 오류fallacy of overgeneralization'로 고통받는다. 한때 강력하게 경험된 것은 내면화되고, 잠정적으로 해석되며, 내면에서 제도화된다. 또한 운명적으로 주어진 초기 환경의 역학은 그 후에도 거듭해서 재창조된다. 이러한 무의식적 프로그램, 이 케케묵은 과도한 일반화가 작용하지 않는다면 우리의 패턴, 자기 파괴적인 행동이 똑같이 되풀이되고 있다는 감각을 어떻게 설명할 수 있겠는가? 우리는 이 순간에, 늘 변화하는 새로운 현실에 과거의 간섭을 전혀 받지 않고 온전히 존재하지 못한다. 역사의 이러한 침습적 힘을 부인하는 사람은 무의식적으로 살아가고 있으며, 여전히 '정돈되지 않은 기억의 침대'에서 꼼짝없이 잠을 자고 있을 것이다. 과거의 침습적 힘을 인정하는 사람은 겸손해지며, 진정한 변화의 가능성에 문을 연다.

결국, 이러한 적응 전략은 우리의 생존을 돕기 위해 실험적으로 진화한 것이며, 이것 없이 우리는 어린 시절에서 벗어나지 못했을 수도 있다. 그러나 이제 이런 전략의 존재를 알고서도 우리 삶을 이런 조건화된 반사작용에 내맡길 수 있을까? 어린 시절의 오래된 자아와 세상에 품었던 관점을 지키고 보호해야 한다는 이유로 어른으로서의 삶을 포기해도 될까? 그 아이는 마땅히 보호해야겠지만, 성인의 삶에서 선택의 권한을 그에게 넘기지는 마라. 이 모든 패턴은 트라우마적 과거, 무력했던 아이의 세계, 그 세계의 제한된 선택과 가치 범위에서 비롯되었다는 것을 기억하라. 이러한 가치, 역할, 각본의 내면화가 한때는 예측 가능하고 안전한 삶을 살기 위한 반사적 방법으로서 의미가 있었지만, 이제는 바퀴처럼 거듭해서 나타나 우리의 성장을 방해하고 있다.

이 역사를 판단하지 마라. 그때는 그런 식으로 전개될 수밖에 없었으니. 하지만 현재의 가능성도 포기하지 마라. 반사적 패턴을 배우고, 그것들이 어디서 나타나는지, 무엇이 그것을 활성화하는지, 그 패턴이 우리 자신이나 타인에게 어떤 해를 끼치는지 살펴라. 그리고 어른은 아이보다 훨씬 더 많은 것을 관리할 수 있다는 것을 새롭게 배워라. 과거의 횡포는 우리가 과거를 기억하지 않을 때 가장 포악해지는 법이다. 포크너 William Faulkner 는 한때 과거는 결코 죽지 않으며, 과거는 심지어 과거도 아니라고 말했다. 과거가 현재에도 존재한다는 사실을 망각하면, 우리는 여전히 셰익스피어가 말한 무의식의 감옥에 살 수도 있다.

'어떻게 우리가 지금과 같은 모습이 되었을까?'라는 질문에 대한 답은 상당 부분 각자가 태어난 가족과 환경의 의식적이고 학습된 영향에서 찾을 수 있다. 하지만 우리 삶의 훨씬 더 많은 부분은 우리가 더 큰 세상에서 생존하기 위해 채택한 강력한 패턴의 지배를 강하게 받고 있을 것이다. 이 적응의 도구들 덕분에 우리가 생존할 수 있었다. 그 점에 대해서는 감사하지만, 이 적응 도구들이 우리 삶에서 무의식적으로 작용하고 있는 탓에 우리를 무력한 과거와 반복의 순환에 묶어둔다. 인생 후반에 들어선 지금 우리는 그와 같은 과거와 반복의 고리로부터 벗어나라는 명령을 받고 있다. 또 예측 가능한 과거의 안전을 초월하려는 노력에 수반되는 불안을 견뎌내라는 부름도 받고 있다.

의식이 부족한 곳에서는 자유도, 진정한 선택도 불가능하다. 역설적이게도, 의식은 대개 고통의 경험에서만 온다. 우리는 고통으로부터 도피하기 위해 꽉 조이긴 하지만 익숙한 옛날의 신발을 고집한다. 그러나 마음은 결코 침묵하지 않으며, 고통은 무엇인가가 우리의 주의를 끌기를 간절히 원하고 있고 또 치유되기를 바라고 있다는 사실을 말해주는 첫 번째 단서이다.

3장

진정한 나를 만날 시간

그는 아직 살아보지 않았기 때문에 죽음을 끔찍이 두려워한다. (…) 인생에서 중요한 것은 안주하는 것을 포기하고, 집에 감탄하고 화환을 걸어두는 대신 그 안에 들어가 사는 것뿐이다. (…) 하지만 왜 그런 밤에는 항상 '살 수 있었지만 살지 못했다'는 말을 후렴구처럼 반복하게 될까?

프란츠 카프카Franz kafka,
『친구와 가족, 편집자에게 보낸 편지Letters to Friends, Family and Editors』 중에서

자신의 진정한 모습을 알고 싶다고들 말하지만, 우리는 되도록 결정적 만남을 피하고자 한다. 영혼이 기대하고 요구하는 큰 신발을 신기보다 작은 신발을 계속 신고 걷는 편이 훨씬 쉽다. 우리는 이 모든 모순, 자아가 품은 이상에 부합하지 않는 에너지와 의제를 두루 가진 우리가 진정 누구인지 알 수 있을까?

　내가 만난 사람 중 누구도 진지한 대화가 요구되는 치료 과정을 단지 낯선 사람과 좋은 대화를 나누기 위해 시작하지 않았다. 그들은 하나같이 지금까지 효과가 있었거나 효과가 있다고 믿었던 전략이 분명한 한계에 다다랐기 때문에 나를 찾았다. 이렇듯 대부분은 무릎을 꿇고 항복했거나 방향감각을 잃은 혼란스러운 상태에서 심리치료를 받기 시작한다. 옛날의 지도, 추정에 근거한 지침 그리고 명확한 판단 기준은 어떤 이유에서인지 더는 작동하지 않는다.

　이 점에서 예외였던 한 환자가 생각난다. 20대 후반의 한 젊은 남성이었는데, 그는 자기 자신을 '더 완전히 알기 위해' 일찌감치 심리치료사를 찾기로 결심했다. 치료를 시작하며 그가 말한 첫 번째 꿈에서 그는 사악하고 조작에 능한 사기꾼과 한편이었다. 두 사람은 함께 남을 속여 돈을 빼앗는 계략을 꾸미고 실행하고 있었다. 이 꿈을 놓고 나는 그가 의식적으로는 그런 부정적인 가치관을 거부하지만, 이 꿈을 꾸게 만든 어떤 큰 존재는 그가 그 동업의 그림자에, 즉 부정적인 측면에 주의를 기울일 것을 요구하고 있다고 분석했다. 그러자 그는 그날 이후의 모든 치료 스케줄을 취소해버렸다. 그의 젊은 자아는 자신을 '알고' 싶어 한다고 주장했지만, 사실이는 다른 사람들을 더 잘 통제하기 위해서였다. 우리 모두의 성격에는 그런 그림자 차원이 있다. 하지만 그 그림자 측면을 의식 차원으로 끌어올리고 또 타인과의 관계에 있어서도 그림자에 대한 책임을 지겠다고 나설 수 있는 사람이 과연 몇이나 될까? 그러나 그런 노력도 하지 않고 책임도 받아들이지 않는다면 삶에서 뭔가가 개선될 것이라고 어떻게 기대할 수 있을까?

공식적이고 헌신적인 심리치료 관계에서는 자기 자신과 보다 깊고 보다 객관적이며, 더 정보에 입각한 대화를 할 기회가 주어진다. 이것은 물론 우리의 이익을 중요하게 여기는 심리치료사의 개입을 통해서 이루어진다. 그러나 많은 사람이 심리치료가 요구하는 책임을 두려워하며 혼자서 향상을 추구할 길을 모색하거나, 아니면 분별의 길에 오르는 것 자체를 피한다. 그러면 그들 자신이나 주변 사람들에게 끼치는 피해는 계속 이어질 것이다.

어느 쪽이든, 자신을 만나라는 영혼의 초대에 고분고분 응하는 경우는 드물다. 내가 누구인지, 내가 어떤 가치를 추구하고 있는지를 알기 위해 자기 자신을 만나는 일은 흔히 외부 혹은 내부의 사건을 겪으며 반강제적으로 이루어진다. 가족의 죽음, 관계의 상실, 직장에서의 해고, 심각한 질병, 혹은 이른바 늑대의 시간이라 불리는 새벽 3시에 잠에서 깨어나는 공포…. 이런 것들 가운데 어느 하나라도 우리를 거울 속 낯선 사람과 처음으로 만나게 할 수 있다.

처음에 우리가 거울에서 보는 것은 자신이 보기를 원하는 것, 즉 가면을 쓴 인격인 페르소나persona이다. 그것은 간혹 '잠정적 인격 provisional personality'이라고 불리는데, 이는 우리가 세상을 최대한 잘 헤쳐나가기 위해 배운 행동, 태도, 반사적 전략 등이 어우러진 것이다. 적응의 씨줄과 날줄로 얽힌 직물인 잠정적 인격은 고유한 '자기'와는 거리가 꽤 멀 수 있지만 '좋든 나쁘든 우리를 여기까지 데리고 왔기 때문에' 우리는 그것을 놓아버리기를 두려워한다. 그러나 삶은 이 잠정적 인격에 의문을 제기하게 되어 있다. 우리 대부분에게 자신의 진짜 모습과의 운명적 조우는 충격적이고 혼란스러운 약속으로 다가온다.

60대 초반의 한 여성은 심한 교통 체증과 폭우로 인해 남편의 퇴근 시간이 늦어졌을 때 생애 첫 공황 발작을 경험했고, 집을 팔고 알 수 없는 곳으로 이사 갈 생각을 했으며, 그 두 시간 동안 버림받을지도 모른다는 비밀스러운 두려움을 직시했다. 그녀는 더 정직하게 자신의 의존성과 비밀스러운 공포를 탐구하기 시작했다. 그런가 하면 여전히 직장을 다니고 있는 한 남자는 대부분의 남성을 괴롭히는 관념, 즉 자신의 가치가 성과에 비례한다는 고정관념을 가지고 있었다. 그러던 어느 날 그는 자신이 이 회사에서 이미 정점에 도달했고, 더 이상은 '상승'이 없다는 사실을 깨달았다. 그 순간 그는 곤두박질치듯 깊은 우울증에 빠졌다. 두 사람은 모두 예기치 않게 자기 자신과 만났고, 전에는 잘 돌아갔던 삶이 실제로는 매우 취약하며 그들의 잠정적 인격은 의심과 불안의 심연 위에 놓인 얇은 널빤지에 지나지 않는다는 사실을 깨달았다.

한 사람의 예가 더 있다. 이 남자는 아버지의 그릇된 행동 때문에 생긴 수치심을 극복하기 위해 노력하면서 실현 불가능할 정도로 높은 도덕적 및 직업적 기준을 채택했다. 그러면서도 그는 그런 자신의 태도가 다른 누군가의 삶에 대한 보상이라거나 자신이 반발적으로 떠안은 부담이라는 생각은 전혀 하지 않았다. 그러나 그의 아들들이 자신과 왜 소원해졌는지를 파고들기 시작하자, 생각이 완전히 달라졌다. 아버지의 행동으로 인해 '갖게 된 수치심'으로부터 자신의 삶을 구원하려 했던 그는 실현 불가능한 똑같은 기대를 자식들에게 전가하면서 그들을 멀어지게 만들었다.

예로 든 이들 선한 사람들은 모두 자기 자신에게도 낯선 이방인처럼 살고 있었고, 어린 시절에 입은 상처의 힘과 공모하고 있었으며, 여전히 적응 전략에 사로잡혀 있었다.

이 진실, 즉 인생 여정의 취약성과 이 취약성에 대한 적응 전략이 발휘하는 힘에 관한 진실을 발견하지 못한 사람은 예외 없이 일종의 자기기만 속에서 살아간다. 그런데 마음이나 운명, 혹은 우리 행동의 결과는 조만간 이 자기기만을 겉으로 드러낼 것이다. 그때 어떤 식으로 대처하느냐가 우리 인생의 역사를 다시 쓰는 데 있어 모든 차이를 만들어낸다. 우리 중 그 누구도 자신이 만들어낸 거짓 자아를 마주하고 싶어 하지 않는다. 그 허구를 오랫동안 필사적으로 믿어왔지만 결국에는 우리조차 더는 그것을 믿을 수 없게 되기 때문이다. 당연히 우리는 되도록 오랫동안 이 불쾌한 진실을 피할 것이며, 오직 탈진이나 실패 또는 방향감각의 상실을 더 이상 부인할 수 없는 상황에 이른 뒤에야 자신과의 더 깊은 대화에 돌입할 것이다. 하지만 오랫동안 지체된 만큼 영혼과의 약속은 더욱 진지하게, 또한 더욱 소중하게 여겨져야 한다. 왜냐하면 그런 순간에 의식의 수준을 어느 정도까지 끌어올리느냐에 따라 나머지 우리 인생과 우리 자신 그리고 우리가 사랑하는 존재들에게 끼치는 영향력이 엄청나게 달라질 것이기 때문이다.

지난 장에서 언급했듯이, 우리는 운명이 처음 우리 앞에 제시하는 세상에 대해 잠정적인 해석을 한다. 이때 우리는 불가피하게 세상을 잘못 읽고, 과도하게 개인화하며, 과도한 일반화의 오류를 저지른다. 이 '잘못된 해석'은 물론 아이나 젊은 시절의 제한적인 경험, 제한된 상상력이 만들어내는 대안 그리고 가족이나 부족의 영역 밖에서 제대로 실험을 하지 못하는 제한적인 능력 때문에 일어난다. 그렇기에 아이는 빈곤이나 약물 남용, 사회적 차별 등으로 인해 상처를 받을 수 있다. 상처를 유발하는 이러한 힘은 그 영혼의 고유한 잠재력과는 아무런 상관이 없으며, 오히려 우리 영혼과 주변 세계를 분리하는 그 얇은 막과 관련이 있다.

우리가 나중에 이러한 힘이 우리와 아무 관련이 없고, 우리 안에 있는 무한하고 귀중한 영혼과도 아무 관련이 없다는 것을 깨달을지라도, 피해는 이미 일어났고 우리는 자아와 세계에 대한 잘못된 해석과 함께 잠정적 인격이라고 불리는 가치체계에 빠져든다. 그리고 우리 모두는 이러한 과도한 일반화의 오류로 고통받는다. 일부 핵심적인 경험은 곧장 교훈, 태도, 자아와 세계에 대한 이해로 바뀐다. 그리고 이 경험은 반복과 강화를 통해 시간이 흐르면서 내면에 '제도화'되어 우리가 세상에 반사적으로 반응하는 방식을 지배하기 시작한다. 여기서 핵심은 '반사적'이라는 단어이다. 아마도 우리의 일상적 기능의 95퍼센트가 반사적으로 일어날 것이다. 외부 자극이나 내면의 촉구가 세상에 대한 그 오래된 '해석'을 활성화하고 우리는 익숙한 방식으로 반응한다. 그런 식이 아니라면 어떻게 패턴이 생겨날 수 있겠는가? 우리 중 누구도 아침에 잠자리에서 일어나면서 '오늘? 그래, 오늘도 지금까지 했던 것처럼 똑같이 어리석은 짓을 반복할 거야'라고 말하지 않는다. 하지만 우리가 하는 행동이 꼭 그런 식이다. 너무 많은 것이 자동적으로 일어나기 때문이다. 이는 자신의 최대 적은 바로 자기 자신이라는 오래된 격언을 그대로 확인해준다.

다시 말하지만, 그리스 비극에 담긴 지혜는 아무리 강조해도 지나치지 않다. 고대 그리스의 비극은 예외 없이 다음과 같은 보편적인 고백을 극화한다. '나의 인생은 나의 창조물이야. 이 선택도 모두 내가 한 거야. 그리고 정말 놀랍게도, 예상치 않은 결과의 홍수도 내 선택의 산물이야.' 이러한 겸손한 인식에서 마침내 지혜가 찾아온다. 유진 오닐Eugene O'Neill의 자전적 희곡 『밤으로의 긴 여로』에서 어머니 메리는 이렇게 말한다.

인생이 우리에게 가한 일들은 우리로서는 어떻게 손을 써볼 수가 없어. 그것들은 네가 깨닫기도 전에 일어나버리거든. 그리고 일단 그렇게 되면, 그것들은 너로 하여금 다른 일을 하도록 만들지. 결국엔 모든 것이 네가 되고 싶은 모습과 너 사이에 끼어들어서, 너는 영원히 자기를 잃어버리고 마는 거야.[9]

메리는 무의식적인 힘들이 작용하도록 내버려둠으로써 자신도 모르는 사이에 만들어낸 세상을 직면하게 되는 많은 사람의 후회를 대변하고 있다. 안타깝게도, 때로는 삶의 끝에 이르러서야 이러한 무의식적 선택의 결과를 깨닫게 된다. 가장 의미 있는 예 중 하나는 톨스토이Leo Tolstoy가 19세기에 쓴 중편 『이반 일리치의 죽음』에서 찾을 수 있다. 이반 일리치는 영어로 치면 존 존슨처럼 지극히 평범한 이름이다.

이반은 자기 시대의 규범을 엄격히 따르며 살아간다. 그는 자신만의 가치를 찾기보다는 세상의 가치에 적응하는 법을 배웠다. 그러면서 그런 식으로 살면 인생이 물 흐르듯 순탄하고 즐거울 것이라고 기대한다. 그러다가 그만 불치병에 걸리고 만다. 그는 부정과 분노, 타협, 우울 그리고 마지막에 수용으로 이어지는 익숙한 과정을 거친다. 하지만 자신의 전체 삶의 의미에 대한 회의는 끝내 버리지 못한다. 겨우 마지막 며칠을 남겨두고서야, 그는 고통과 회한 속에서 자신을 들여다보는 의식적인 존재로 자기 삶을 살기 시작한다. 그는 죽어가고 있었지만 불치병이라는 불행을 통해서라도 큰 질문과 큰 문제를 안고 살아가는 쪽으로 방향을 전환했고, 이것이 그의 인생에 신비와 의미 있는 만남을 가져다줌으로써 구원을 얻는다. 이러한 문제를 의식하지 않으면서 자기 삶을 창조하기란 거의 불가능하다. 그러나 우리 중 누구도 정말로 기꺼이 겸손해지는 상태에 이르지 않는다. 대부분은 우리의 형제 이반 일리치처럼 끝까지 미적거리며 끌려다니다 인생 말년에 이르러서야 이 진리에 눈을 뜬다.

우리 중 누구도 그것이 우리를 확실히 사로잡기 전까지는 절대로 이해하지 못하는 깊은 신비가 있다. 그 신비란 바로 우리 안에서 우리의 자아를 전복시키기 위해 작용하는, 일상적인 의식을 초월하는 어떤 힘이다. 그것은 악의를 품은 악마 같은 것이 절대로 아니다. 비록 좀처럼 포착되지 않는 영혼을 종종 우리의 파트너나 고용주, 심지어 자식들에게까지 투사해 찾으려고 시도하긴 하지만 말이다. 역설적이게도, 우리를 움켜잡는 그 힘은 바로 '자기'이다. 상투적인 의식보다 더 큰 관점에서 작동하는, 전일성을 추구하려고 노력하는 그 건축가 말이다. 자아는 그 전복이 우리 존재의 이익을 생각하는 초월적인 지혜에 의해 설계되었다는 사실을 좀처럼 이해하고 받아들이지 않을 것이다. 내부에서 일어나는 이 초월적 지혜는 우리가 가장 어려운 시기에도 진정한 성장과 발전을 위해 작용한다. 이 유익한 전복이라는 개념은 자아에게는 터무니없는 것이다. 왜냐하면 전복은 자아에게 있어 지배권의 상실을 의미하는 동시에, 적응과 생존을 추구하던 어린 시절의 계획보다 훨씬 더 크고 훨씬 더 힘든 계획에 따라 살라는 명령을 의미하기 때문에 너무나 위협적이다. "너희가 죽지 아니하면 살지 못하리라"는 성경의 가르침이 의식 있는 모든 존재에게 내면의 공포를 일으키면서도 더 큰 길을 제시한다는 사실은 전혀 놀랍지 않다.

우리 내면에는 두 개의 힘이 경쟁하고 있다. 하나는 반복적인 전략을 동반하는 의식적 삶의 힘이고, 다른 하나는 전일성을 목표로 하는 자기의 자연스러운 성향이다. 자아는 편안함, 안전, 만족을 갈망하지만, 영혼은 의미, 투쟁, 생성을 요구한다. 이 두 목소리의 대립은 때때로 우리를 갈기갈기 찢어놓는다. 일반적인 자아 의식은 이러한 양극성에 몹시 괴로워한다. 여기서 다시 한번, 고통과 증후 속에 영혼이 요구하는 투쟁의 의미를 말해주는 심오한 단서가 들어 있다는 역설이 드러난다. 그러나 불안해하는 자아가 받아들이기에 치유의 길은 너무나 힘들다. 왜냐하면 자신보다 더 큰 무엇인가에 문을 열라는 요구를 받게 될 것이기 때문이다.

따라서 강한 영혼만이 치료를 추구할 수 있다. 반면 상처를 많이 받은 사람일수록 비난할 누군가를 찾는다. 결혼생활로 힘들어하던 앨런이라는 남자는 내 사무실의 티슈 갑을 보고 히죽 웃어 보였다. 그는 눈물이 터져 나올지도 모른다는 가능성에 너무나 불안했고 위협을 느꼈던 것이다. 첫 번째 심리치료를 마친 뒤의 예후가 좋지 않았다. 그는 자신의 정서적 삶과 너무 동떨어져 있었다. 사실 나는 감정 자체를 무시하려고 노력해야 할 정도로 감정을 대단히 깊이 느끼는 사람에게 공감할 수 있다. 하지만 조만간 우리는 기꺼이 자신의 삶을 직시해야 한다. 앨런은 자신을 들여다보기 위해서가 아니라 아내에 대해 불평하기 위해 나를 찾아왔다. 그 결과 그는 곧 치료를 중단했고, 자기 자신과 진정한 대화를 할 기회를 날려버렸다. 이러한 대화를 피한다면, 우리는 아마 다른 누구와도 깊이 있는 대화를 나눌 수 없을 것이다.

한 40대 여성은 남편이 갑자기 세상을 떠나자 내게 이제 누가 자신을 돌봐야 하느냐고 물었다. 그래서 나는 부드러운 말투로 '그녀'가 그녀를 돌봐야 한다고, 또한 이 충격적인 상실이 전혀 예상하지 못한 일이기 때문에 지금이야말로 그녀가 진정한 여행을 시작해야 할 때라고 대답했다. 그러자 그녀는 자리를 박차고 일어나서 나가버렸다. 아마도 그녀는 자신을 돌봐줄 누군가를 오랫동안 찾았을 것이다. 결혼생활이 깨져서 슬퍼하던 다른 여성도 내게 똑같은 질문을 했다. 나는 그녀가 잃은 것은 결혼이지 인생이 아니라고 대답했다. 그녀는 그 말 뜻을 바로 이해했고, 자신의 능력을 개발하기 시작했으며, 그 후 인생에서 영혼을 가장 크게 만족시키는 시기를 맞이했다.

이것들은 꾸며낸 예가 아니다. 상처받은 마음을 안고 현실을 살던 실제 사람들의 이야기이다. 그들은 당연히 보호를 원했고, 아마도 좋은 대리 부모가 찾아오거나 어떤 마법이 펼쳐지기를 바랐을 것이다. 하지만 그들은 진정으로 필요한 것은 자신의 여정에 관한 더 깊은 대화라는 진실을 마주해야 했다. 어떤 이는 이 대화를 받아들일 것이고, 어떤 이는 그러지 않을 것이다. 그리고 어떤 이는 몇년 뒤 더 큰 질문을 던질 만큼 강해지고 더 큰 삶을 살 용기가 생겼을 때 돌아올 것이다.

우울증에는 치료의 잠재력이 담겨 있다

우리가 이런 종류의 소환을 당하고 있다는 사실을 알려주는 증후는 무엇일까? 아마 가장 흔하고 또 가장 확실한 증후는 우울증일 것이다. 우울증에도 여러 종류가 있다. 먼저 생물학적 기반의 우울증이 있는데, 이는 전형적으로 가족력 때문에 생겼다가 누그러진다. 거의 모든 연구가 이런 종류의 우울증은 항우울제로 가장 잘 치료된다고 지적하며, 특히 단기 심리치료와 병행하면 더 잘 치료된다. 또한 반응성 우울증이 있는데, 이 우울증은 우리 삶에서 의미 있는 상실을 겪을 때 일어나며 그 강도는 우리가 상실한 대상이나 상황에 쏟은 에너지의 양에 비례하는 경향이 있다. 대학에 진학한 자식, 관계의 종식, 일의 축소나 은퇴 등은 반응성 우울증을 일으킬 수 있다. 한때 외부로 쏟아졌던 심리적 에너지가 그 대상을 잃고 거꾸로 본인의 마음으로 돌아오기 때문이다. 이런 종류의 우울은 아주 오랫동안(몇 주일 혹은 몇 개월 이상) 이어지거나 일상생활에서 그 사람의 기능을 실질적으로 간섭할 때에만 병리적인 것으로 인정된다. 애도는 원래 투자한 에너지의 가치를 정직하게 확인하는 과정이나 다름없다. 애도가 없다면 진정한 투자도 없었던 셈이다.

그러나 슬픔에 잠겨 반응성 우울증을 겪고 있을 때조차도 거기에는 언제나 우리를 기다리는 어떤 과제가 있다. 말하자면 우리가 상실한 대상에 과도하게 투자하지는 않았는지, 아니면 그 대상이 우리에게 지나치게 큰 비중을 차지했던 것은 아닌지를 검토해볼 필요가 있다. 에너지가 우리에게로 돌아올 때, 그것을 다시 간직하는 것도 우리 몫이고, 그것을 영혼이 바라는 대로 성장을 도모하는 쪽으로 다시 투자하는 것도 우리 몫이다. 관계가 깨어지고 자신만 덩그러니 남았을 때, 우리는 그 상실을 애도할 수 있지만 동시에 그 관계의 유지에 필요한 인격적인 측면을 갖추지 못한 것은 어디까지나 우리의 책임이다.

예를 들어, 자식이 집을 떠날 때, 그러니까 그 유명한 빈둥지 증후군을 앓을 때, 우리는 자신에게 '자식 교육을 잘해냈어'라고 말할 필요가 있다. 자식은 떠나야 한다. 자식이 둥지를 떠나지 않는다면 그건 자식에게 힘을 실어주지 못했거나 우리 없이 살아갈 수 있는 능력을 키우라고 충분히 요구하지 않았다는 뜻이다. 자식이 그리울 수는 있지만 자식에게 집착한다면, 그건 사랑이 아니라 단지 의존성일 뿐이다. 자식을 사랑한다는 것은 곧 그들이 우리 없이도 살 수 있도록 힘을 실어주는 것이다. 그것도 어떠한 상황에서도 살아갈 수 있도록 확실히 힘을 키워주는 것이다.

친밀한 관계의 상실을 슬퍼하는 것은 그 관계가 우리에게 준 선물을 축복하는 과정이지만, 동시에 나 <u>스스로</u> 해야 할 일을 상대방에게 요구하지는 않았는지 의문을 제기해볼 필요도 있다. 만약 우리가 잭 스플랫과 그의 배우자*처럼 자신이 성가시거나 힘들다고 생각하는 일의 일부를 상대방이 맡아줄 것이라고 기대하고 있다면, 그럴 때 그 일은 진정으로 누구의 일인가? 설령 부부가 함께 접시를 깨끗하게 핥았다 할지라도, 각 파트너는 더 넓은 범위의 삶의 과제를 직접 다루는 법을 배우지 않으면 언젠가 어려운 상황에 처할 것이다. 애도 중에도 반응성 우울증은 언제나 우리에게 성장을 도모할 수 있는 과제를 가져다준다. 우리의 슬픔을 직시하고, 또 거기

---

* 영국 동요에 나오는 인물들로 스플랫은 지방을 먹지 못하고 그의 아내는 살코기를 먹지 못한다. — 옮긴이

서 비롯된 개인적 과제를 책임지려면 심리적으로 상당히 큰 정직성이 필요하다.

그러나 우리가 '우울증'이라는 단어를 사용할 때 일반적으로 가장 먼저 떠오르는 것은 생화학적 요인이나 외적 상실에 대한 반응으로 일어나는 에너지의 철수가 아니다. 우리는 가장 먼저 심리치료 측면에서 큰 의미를 지니는 '정신내 역학intrapsychic dynamics'의 한 현상을 떠올린다. (실제로 이런 종류의 흔한 우울증은 오늘날 정신의학 매뉴얼에서 '기분저하장애dysthymic disorder'로 불린다. 즉 삶을 영위하는 데 있어 강한 애착을 보이지 않거나 애착에 기복이 있는 경우를 말한다.) 이런 형태의 우울은 마음의 자율적 표현으로 볼 수 있다. 자아, 즉 우리가 누구인지에 대한 '의식적 감각'은 특정 방향, 아마도 경제적 목표를 위해 에너지를 투자하고 싶어 하지만, 영혼의 의제는 그와 다르다. 영혼은 투자된 에너지를 제 멋대로 거둬들이고, 그것을 내면으로 전환시킨다. 이때 에너지가 정신 쪽으로 물러나면서 종종 자아까지 함께 그 뒤로 끌어당긴다.

우리는 수시로 이런 종류의 우울을 경험한다. 왜냐하면 에너지에도 밀물과 썰물처럼 공통된 흐름이 있기 때문이다. 실제로 이러한 형태의 우울증과 가까운 사촌 관계에는 권태, 또는 무기력이 있다. 이는 지금까지 우리의 심리적 에너지 투사를 담당해온 대상이나 목표가 더는 영혼의 의제를 지탱하지 못한다는 것을 의미한다. 한때 좋은 선택이었더라도 이제는 그 역할을 다했고, 과제는 소진되었다. 마음은 다른 가치에 대한 투자를 통한 갱신이나 혹은 더 큰 균형을 요구한다.

이 상실의 경험은 지배를 노리는 자아로서는 당연히 패배처럼 느껴질 것이다. 이때 기존의 투자를 강화하는 것을 멈추고 '여기서 대체 무슨 일이 일어나고 있는 거야, 왜 마음이 협력하지 않는 거지? 내 마음은 뭘 원하는 거야?'라고 물을 수 있는 자아는 분명 형명하고 강하다. 심리치료를 받는 많은 사람은 우울증에서 벗어나려면 그것을 통과해야 하며, 자아 의식인 내가 원하는 것이 아니라 영혼이 원하는 것을 물어야 한다는 것을 배운다. 다른 가치에 봉사하는 의식적 에너지의 방향을 전환해야만 우울증을 해소할 수 있다.

삶을 살아가는 동안에, 우리 모두는 어떤 규범을 지키고 또 자신의 기대나 가족의 기대, 혹은 문화의 기대를 실현시킨다. 게다가 우리는 매일 '저게 아니고 이거야!'라는 식으로 선택해야 하기 때문에 현실적으로 영혼의 욕구를 100퍼센트 충족시키지는 못한다. 이런 이유로 인해, 우리의 선택은 필연적으로 자신의 안전 욕구를 채우는 쪽으로 편향되게 마련이다. 또 우리 삶의 역사 중 어느 시점에서는 선택이 제한적일 수밖에 없다. 이 편향, 이 부분성, 이 제한은 의도하지 않게 자주 영혼에 상처를 입힌다.

정신과 의사를 부모로 둔 여인의 예가 떠오른다. 그녀는 부모로부터 인정을 받기 위해 자신의 영혼이 다른 계획을 원한다는 사실을 무시하고 정신과 의사가 되었다. 그녀의 진정한 재능과 소명은 예술에 있었고, 유능하고 배려심 있는 정신과 의사였음에도 불구하고 그녀는 해가 갈수록 중년의 우울을 더 심하게 앓았다. 해가 갈수록 그녀의 영혼은 그녀가 구축한 세계에서 더욱 멀리 추방되었고, 그녀의 우울증은 마음이 내놓는 항의의 표시로 점점 더 깊어졌다.

우리 대부분이 그렇듯 그녀는 더 큰 재능의 부름을 따르지 않고 부모의 뜻에 따라 사느라 위축되는 느낌을 받고 있다. 그런 그녀가 우울증에 걸리지 않는다면 그게 오히려 더 이상하지 않을까? 그녀는 생화학적 우울증으로 고통받는 사람들에게 약을 처방하는 데 매우 능숙했지만, 자신의 문제와는 너무 가까웠기 때문에 오히려 정신내 우울을 뻔히 보면서도 그것을 알아차리지 못했다.

때때로 이러한 우울증은 우리를 완전히 사로잡아 무력하게 만든다. 우울증이라는 샘에는 반드시 바닥이 있기 마련인데, 이 샘의 바닥에서 우리는 어떤 명확한 과제와 소환장을 마주한다. 그 과제란 영혼이 원하는 것이 무엇인지를 우리에게 묻는 것이다. '부모가 원하는 것이 아니라, 부모 콤플렉스가 원하는 것이 아니라, 문화가 원하는 것이 아니라, 자아가 원하는 것이 아니라 나의 영혼은 무엇을 원하는가?' 그 소환장에는 우리 존재의 깊은 곳에서 우러나는 응답과 영혼이 언제나 원하는 것, 즉 더 큰 여정을 떠나는 위험을 감수하라는 내용이 담겨 있다.

우리 대부분은 이 여정을 그렇게 진지하게 떠날 허가를 받지 못했다. 과거로 돌아가 그 허가를 받기란 거의 불가능하다. 우리는 오늘 절망과 회의의 깊은 곳에서 허가를 빼앗아내야 한다. 그렇게 할 때 우울증은 사라진다.

우리 모두는 심지어 매우 높은 수준의 능력을 발휘하고 있을 때조차도 우울의 주머니를 안고 살아간다. 왜냐하면 우리의 심리적 본질의 일부가 좌절되고, 채워지지 않고, 인정받지 못하고, 사랑을 받지 못한 채로 남아 있기 때문이다. 물론 이 모든 주머니들은 우리의 지속적인 과제의 일부가 될 것이다. 또 다양한 차원의 외적 혹은 내적 현실이 이 주머니들을 활성화시킬 것이기 때문에, 이것들은 서로 다른 시간에 다른 방식으로 표면화될 것이다. 이 주머니들이 표면에 나타날 때마다, 거기에는 또한 치료와 성장의 기회가 있다. 우리가 뒤에 남겨뒀거나 억압했거나 에너지를 투자하지 않았던 것들을 의식화할 수 있기 때문이다.

우리가 이 우울의 주머니들을 의식으로 끌어올릴 때조차도, 앞으로 나아가는 길에는 종종 불안이 따른다. 그 길이 우리를 새로운 영토로 데려가고, 우리에게 그 전보다 더 많은 것을 요구하고, 삶의 결과에 대해 전적으로 책임질 것을 요구함으로써 우리를 성장시킨다. 하지만 앞서 언급했듯이, 우울보다 불안을 선택해야 한다. 불안은 발전적이고 우울은 퇴행적이기 때문이다. 불안은 삶의 티켓 값이다. 정신내 우울은 그 길에 오르기를 거부한 데 따른 결과물이다.

이로써 우리는 우울증에 담겨 있는 거대한 치료의 잠재력을 확인할 수 있다. 우리는 종종 우울증을 우리 안에서 무엇인가가 죽어가고, 종말에 도달했으며, 소진되었다고 말하는 음울한 표정의 전령으로 경험한다. 그러나 실제로 그것은 새로운 것, 더 큰 것, 우리 삶에서 더 큰 역할을 하고 싶어 하는 발전적인 무엇인가를 선언하고 있다. 우리는 종종 심리치료사의 도움을 받아서 우울증의 형태를 구별해야 한다. 다시 말해 우울증이 생물학적 기반에서 비롯되었는지, 상실에 대한 반응인지, 아니면 의식화되면 우리 여정의 다음 단계에 관한 중대한 정보를 제공할 수 있는 정신내적 갈등인지를 구별해야 한다. 모든 우울증 아래에서는 더 낮은 단계가 우리를 기다리고 있다. 그곳은 우리의 성장을 도울 의제가 숨어 있는 장소이다. 고통을 부정하거나 약물에 과도하게 의존하거나, 우리에게 주어진 성장의 도전을 피하는 대신, 자아의 모든 자원이 바닥난 이후에도 우리의 영혼이 향하고자 하는 곳을 발견해야 한다.

내면의 혼란은 친밀한 관계를 전쟁터로 만든다

마음이 동요할 때, 친밀한 관계의 영역도 거의 항상 혼란을 겪는다. 친밀한 관계는 아주 많은 사람에게 대단히 소중히 여겨지지만, 상처투성이에 어수선한 모습을 보인다. 사람들이 관계에 지나치게 많은 것을 기대하기 때문에 관계는 당사자를 실망시키는 경향이 있다. 우리는 파트너가 우리에게 지운 짐이 어느 정도인지, 혹은 우리가 파트너에게 지운 짐이 어느 정도인지를 거의 인식하지 못한다. 우리 역사의 수많은 의제 가운데 옛 상처를 치유하거나 혹은 그것을 반복하거나, 타자의 내면에서 좋은 부모를 찾고자 하는 욕망이 최우선순위로 떠오른다. 물론 어느 누구도 파트너에게서 의식적으로 부모를 발견하려 들지는 않는다. 그러나 우리가 파트너에게 하는 말이나 행동에는 각자가 최초로 맺은 중요한 관계인 부모와의 관계의 역학이 항상 작용한다.

프로이트는 부부가 잠자리에 들 때 침실에는 여섯 명이 존재한다고 지적했는데, 심리적으로 부부가 자기 부모까지 그 자리에 데려오기 때문이다. 어쩌면 부부의 침실에 총 열네 명이 있다고 하는 것이 더 정확할지도 모른다. 부부의 부모도 자신의 부모를 내면화했을 것이고, 이런 식으로 내면화한 것이 심리적으로 부부에게로 이어졌을 것이기 때문이다. 이렇게 좁은 공간에 너무 많은 사람이 모이고 금세 복잡해진다.

인간관계의 역학에 대해서는 나중에 더 논의하겠지만, 우리 내면이 혼란스러울 때는 당연히 외적 관계의 영역에 어려움이 나타나게 마련이다. 직장에서는 그럭저럭 버틸 수 있을지 몰라도 매일 그 외 시간에 누가 그렇게 할 수 있겠는가? 친밀한 관계는 많은 가능성을 제공하기 때문에 우리 안에서 무의식적으로 작용하는 것들에 특히 취약하다. 내면에서 직면하지 않은 것은 외부 세계에서 표출될 것이고, 내면의 짐은 조만간 외부로 드러날 것이다.

관계가 이러한 부담을 견뎌내고 이어지려면 운, 사랑과 인내 그리고 개인적 성장을 추구하려는 욕구와 헌신이 필요하다. 중년기에 관계에서 일어나는 갈등과 고통은 어떤 의제, 의존성, 기대 그리고 자기 파괴적 콤플렉스가 작용하고 있는지 살펴보라는 초대장이나 다름없다. 매우 성가신 이 책임을 받아들이느니, 차라리 파트너를 비난하거나 그들을 고치려 하거나, 파트너와 헤어지는 것이 훨씬 쉽게 느껴질 것이다.

실패한 투사가 성장을 돕는다

외도, 외부의 관심사를 빈번하게 바꾸는 행태, 감정을 마비시키기 위한 약물 복용, 과로, 우울, 관계의 불화와 같은 다양한 증상적 패턴에는 한 가지 공통분모가 있다. 바로 투사의 붕괴는 아니더라도 투사의 침식이 보인다는 점이다. 투사는 무시되고 있지만 역동적으로 작용하는 우리 안의 가치에서 비롯된다. 보통 투사는 본질적으로 무의식적이지만, 특정한 에너지를 가지고 있다. 그래서 우리가 의식적으로 주의를 기울이지 않으면 억압에서 탈출하여 희망, 계획, 의제, 환상, 또는 기대의 갱신 등을 통해 세상에 들어간다.

아무도 아침에 일어나 '오늘 나는 투사를 할 것이다'라고 말하지 않지만, 우리는 예외 없이 그렇게 한다. 무의식적이고, 의미로 가득 차 있으며, 특정한 역동적 자율성을 가지고 있으면서도 내적으로 부정당한 것은 우리 외부 환경에 어떤 형태로든 나타날 것이다. 따라서 우리는 우리의 비전, 또는 부모의 비전, 또는 좋은 삶에 대한 우리 문화의 비전을 우리 직업, 파트너, 자녀, 집 그리고 소유물에 투사한다. 우리가 이런 대상이나 사람에게 이토록 많은 것을 요구하는 줄도 모른 채 그렇게 한다.

우리는 그들이 우리를 행복하게 해주고, 성공과 성취, 의미를 안겨주고, 심지어 우리가 조금 더 오래 순진한 아이로 남을 수 있게 해줄 것이라고 기대한다. 외부의 어떤 것도 그런 기대에 따른 부담을 오랫동안 짊어질 수 없다. 우리가 자신을 희생하면서 열심히 해온 직업은 힘들고 반복적이며 지루하다는 것이 증명된다. 파트너는 까다롭고 통제적이며 다루기 힘들고 제한적이며, 무엇보다 언젠가는 죽는다. 우리 자녀는 우리의 가치를 복제하고 지지함으로써 우리를 행복하게 해주려고 노력하지 않고 자기 길을 고집하고 열중한다.

투사는 아직 의식화하지 못한 문제, 가치, 과제에서 생겨나므로, 자연스럽게 무의식에서 떠올라 아주 매력적인 모습으로 세상에 들어간다. 따라서 우리는 승진, 새로운 지위, 새로운 시작이 해결책이 될 것이라고 믿으며 이 직장에서 저 직장으로 뛰어다닌다. 또는 헬스장에서 함께 운동하는 사람이 갑자기 멋진 아우라를 두르고는 오랫동안 마음에 담아뒀던 우리의 어떤 소원을 성취해줄 것처럼 보인다. 그런 한편 실제 파트너는 결함이 많고 제한적이며, 요구사항이 많은 사람으로 확인된다. 또는 우리의 내면 아이가 우리가 낳은 외부의 아이, 즉 이 세상에 태어나 우리 삶에 들어왔지만 단지 우리를 거쳐 지나갈 뿐인 '타자'와 혼동되어 우리가 살지 못한 삶을 아이에게 짊어지게 하고, 우리가 이루지 못한 꿈을 성취하도록 압박하고, 우리를 위해 나르시시즘적인 의제를 계속 수행하도록 추가적인 부담을 강요한다.

투사는 항상 뚜렷이 식별되는 다섯 단계를 거친다. 시작 단계에서 투사는 마법처럼 느껴진다. 투사는 문자 그대로 우리의 현실 감각을 바꿔놓고 우리에게 강력한 영향력을 행사한다. 이 강력한 영향력은 한참 뒤에야 우리의 무의식 속 어떤 결정적인 에너지나 가치가 우리에게 발휘하는 힘으로 이해된다. 이 같은 시간적 차이 때문에 우리는 항상 우리에게 중요하고 의미 있는 어떤 측면을 타인에게 거듭 투사한다. 여기서 '타인'이란 직업이 될 수도 있고, 파트너일 수도 있고, 자녀일 수도 있다. 다시 말해, 우리는 외부 세계에서 자신이 알지 못하는 자기 모습을 보고 있는 것이다. 그러니 그것이 그토록 강력한 영향력을 갖는 것도 당연하다. (내 책을 읽고 나서 융 분석가가 되고 싶다는 내용의 편지를 보내는 사람들이 있다. 그들은 몇 년은커녕 단 한 시간도 개인 분석을 받아본 적이 없다. 이러한 욕구는 이해할 만하다. 그들은 영혼과 더 깊은 관계를 원하고 있기 때문이다. 하지만 이 욕망이 특정 직업에 투사된 것뿐이고, 그 직업은 다른 직업과 마찬가지로 장단점이 있고 매우 힘든 훈련 과정이 필요하다. 개인의 영혼과 아주 솔직하게 깊은 대화를 나눌 수 있는 길은 정신분석 외에도 많다.)

투사의 번뜩이는 힘이 휩쓸고 지나가면, 그다음 두 번째 단계에서는 환멸이 찾아온다. 타인이나 대상은 우리가 기대했던 대로 행동하지 않는다. 타인은 우리가 선호하는 대로 행동하거나 결과를 내지 않는다. 그리고 나면 세 번째 단계가 시작된다. 우리는 투사를 강화하고 투사가 원래 지녔던 매력을 회복시키기 위해 무슨 일이든 하기 시작한다. 직장에서 노력을 배가하고, 더 높은 자리까지 올라가기를 추구한다. 파트너나 자녀가 우리의 투사된 기대에 부응하도록 구슬리거나 잔소리하거나 통제하거나, 그들을 향한 애착을 거둬들인다. 이 전략은 반드시 실패할 수밖에 없다. 타인은 결코 우리의 투사 내용 및 의제와 같지 않기 때문이다. 이 단계는 불가피하게 더 많은 갈등과 혼란, 소외 그리고 종종 상처를 주는 행동으로 이어진다.

네 번째 단계는 투사의 철회로 인한 고통이다. 이 단계는 절대로 자발적으로 일어나지 않는다. 우리가 투사를 하고 있다는 사실 자체를 인식하지 못하기 때문이다. 투사를 거둬들인다면 그럴 수밖에 없기 때문이다. 타인의 현실은 절대로 우리의 공상이 품고 있는 계획에 충분히 부합하지 않을 것이다. 종국에는 그 불일치가 너무나도 명백해지고 더 이상 부인할 수 없게 된다. 타인은 결국 그리고 항상 타인일 뿐이며 우리 내면의 심리적 내용물이 아니다. (종종 이러한 깨달음은 외도 후, 이직 후, 성형수술 후, 또는 다른 무모한 선택 후에 일어난다.)

투사의 다섯 번째 단계는, 만약 우리가 그 지점에 도달한다면, 투사가 일어났다는 것을 의식하는 것이다. 이는 보통 생각보다 어렵다. 대개 우리는 그 투사를 다시 일으키기 쉽다. 이러한 의제가 우리 내면에 너무 깊이 뿌리박혀 있고 또 많은 에너지를 싣고 있기 때문이다. 투사의 의도와 타인의 현실 사이의 불일치, 혼란이나 불협화음, 실망이나 분노, 더 큰 노력 그리고 실패의 경험이라는 예측 가능한 '궤적'을 따른 뒤에야 투사의 침식이 나타난다. 이런 순간에 우리는 언제나 더욱 의식적인 존재가 되라는 초대를 받는다. 만약 목표를 달성하거나 달성하지 못한 후에 우울해졌다면 이런 질문을 던져야 한다. 자아가 내 주변 세계에 무엇을 투사했기에 이럴까? 내 영혼은 내가 어디로 가기를 원하는 걸까? 내 파트너가 나를 실망시킨다면, 나는 나 자신에 대한 실망을 바라보고 현실적으로 회복하기 위해 노력할 수 있는가? 나 자신이 나의 부모로부터 자유로워지기를 바랐듯이, 나의 자식들이 내가 살지 못한 삶의 짐으로부터 자유로워지도록 할 수 있는가?

모든 실패한 투사는 특정 양의 에너지이고, 성장이나 치유를 도울 하나의 의제이며, 우리에게 돌아온 과제이다. 우리는 투사를 소유하고, 그 의제가 현실적이지 않을 수 있고, 유치할 수 있으며, 숨겨진 곳에서 드러났을 때 정당성이 없을 수 있다는 것을 확인하고, 그런 다음 우리의 삶을 더 충실하게, 더 책임감 있게 재조정하는 단계를 감당할 수 있을까?

말은 쉽다. 그러나 우리는 이 과제를 지속적으로 추구할 수 있을 만큼 자기 자신을 충분히 알지 못하고, 충분히 강하지 않으며, 충분히 의식적이지 않다. 우리 각자의 정신에는 과대화, 치유, 강화를 추구하거나 심지어 프로이트가 '반복 강박'이라고 부른 것을 만족시키려 하는 부분이 너무나 많다. 반복 강박이란 우리 삶에 생긴 옛 상처의 강력한 호출 명령으로, 너무나 많은 에너지와 익숙한 각본 그리고 예측 가능한 결과가 딸려 있어서 우리는 옛 상처를 다시 살려내거나 자식들에게 물려줘야 한다고 느낀다. 그래서 우리는 자신에 대한 의심을 확인해주는 직업을 찾고, 우리의 자기비하에 동조하는 파트너를 찾는 등 이성과 상식에 반하는 행동을 한다. 이는 분리된 에너지의 힘이 강력하기 때문이다.

그럼에도 모든 투사는 우리 안의 중요하고 강력한 무엇인가가 우리에게 돌아온 것이다. 그렇다면 그 투사를 어떻게 해야 하는가? 침식된 투사가 제기한 이슈와 내용을 다루자면 처음에는 패배감이 느껴질 것이다. 하지만 이는 우리 문제에 책임을 지고 인생의 경로에 진정한 변화를 모색하는 주요한 방법이다.

침식된 투사에 담긴 내용과 이슈에 대해 책임을 지는 것이 아마도 우리가 직업, 파트너, 자녀에게 할 수 있는 최고의 봉사일 것이다. 우리가 무의식적으로 타인에게 지운 짐을 덜어낼 때, 그들은 우리의 간섭 없이 되고자 하는 모습 그대로 자유롭게 존재할 수 있다. 우리 자신의 뒷마당을 말끔하게 청소한다는 이 원칙은 개인 간 갈등뿐 아니라 종교 간, 국가 간, 사회체제 간의 갈등에도 적용될 수 있다. 그렇다면 얼마나 많은 국가, 민족 집단, 종교 단체의 지도자들이 투사의 문제를 직시하면서 추종자들에게 개인적 책임을 지라고 요구하고, 또 그렇게 함으로써 두려움을 품고 있을 타자를 그들의 무의식적 역학에서 벗어나게 할 만큼 현명하고 용감할까? 우리가 스스로 직면하지 않으려는 것의 힘으로 인해 얼마나 많은 전쟁이 일어나는가? 그리고 우리 중 누가 바로 우리 자신이 문제라고 말할 수 있을 만큼 충분히 강하거나 도덕적일까?

순종하면 보상받으리라는 환상은 깨졌다

26세기 전, 어느 히브리 시인이 고대 근동에 꽤 널리 퍼져 있던 이야기를 가져와 자신만의 버전으로 다듬었다. 이 버전은 당시 그의 민족의 정통적 이해에 도전했다. 그의 노력은 오늘날 우리가 욥의 이야기로 알고 있는 그 원형적 드라마를 만들어냈다.

욥은 선한 사람으로, 다른 이들에게 해를 끼치지 않았음에도 엄청난 고통이 그의 머리 위로 떨어진다. 당연히 그는 왜 그런 일이 벌어지는지, 어떻게 하면 그가 인식하는 정의와 그가 원하는 이전의 평안을 되찾을 수 있는지 묻는다. 그는 인습적인 전통을 대표하는 이른바 '위로자들'의 방문을 받는다. 그들은 인간이 신과 계약 또는 언약을 맺고 있다고 주장한다. 그들은 인간이 올바르게 행동하면 신이 축복할 것이라고 단언한다. 욥이 그토록 심한 고난을 겪었다면, 신과의 계약이 존재한다는 전제 하에 욥이 심각하게 잘못을 저질렀거나 죄를 지었다고 결론짓는 것이 논리적이라는 것이다. 욥이 이러한 비난에 맞서 자신의 무죄를 선언하자, 위로자들은 그를 무지하거나 부정직하다고 비난한다. 욥은 심지어 신을 자신의 주요 증인으로 소환하여 자신이 잘못을 저지르지 않았으며, 따라서 그러한 고난을 '받을 만하지 않다'고 주장한다. 그러자 신이 회오리바람 속에서 목소리로 나타나, 욥에게 그들 사이의 약속에 대한 욥의 생각에는 대답할 필요가 없다고 말한다. 우주의 신은 어떤 계약에도 얽매이지 않는 것 같다. 적어도 인간이 맺은 계약에는 말이다.

이때 욥은 계시를 경험하고 관점의 변화를 겪으며, 널리 알려진 자신의 신앙심은 순종적으로 행동하면 신이 자신을 잘 대우해줄 거라는 오만한 가정에 기반하고 있었다고 선언한다. 욥은 그런 거래란 없다는 것을 깨닫는다. 그러한 거래는 자아의 추정일 뿐이며, 말하자면 이는 자신의 안전과 만족과 지속을 증진시키는 익숙한 의제를 위해 만들어낸 자아의 짐작에 지나지 않는다는 것을 깨닫는다.

이로써 욥은 엄격하지만 예측 가능한 신성 앞에서 존재의 핵심까지 뒤흔들리는 경험을 하면서 착한 어린 소년에서 벗어나 한 사람의 남자로 성장한다. 그는 세상 속에서 자아에 대한 급진적인 재해석을 경험하며, 이는 우리 모두가 다양한 상황에서 직면하게 되는 가정의 위기이다. 우리는 어린 시절부터 욥과 비슷한 마술적 사고에 빠져서 세상의 신들과 거래할 수 있다고 믿는다. 그런데 이 '거래'는 전능하고 종종 불가해한 우주 안에서 우리의 취약한 자아를 보호하려는 시도의 일부에 지나지 않는다. (젊었을 때 나도 올바른 행동, 올바른 의도 그리고 많은 배움이 삶에 통제력을 가져다줄 것이라고 믿었다. 하지만 영혼은 다른 계획을 가지고 있었다. 영혼 앞에 겸손해지는 것이 지식과 지혜의 차이를 분별하기 시작한 계기였다.) 하지만 그러한 우주와의 거래는 우리의 환상일 뿐이며, 현실과는 거의 또는 전혀 관련이 없다. 우리가 안전감을 더 많이 얻기 위해 작은 허구 속에 머물려 하는 것처럼, 우리가 만든 '거래'라는 관념은 실제로 세상과 주변 사람들의 자율성을 제한한다. 이는 우리도 모르는 사이에 세상의 복잡성과 타인의 독립성을 축소하는 결과를 낳는다.

우리가 우주와 맺고 있다고 추정하는 이 계약에는 많은 현대적 버전이 있다. 어떤 이들에게는 이 추정이 부모와의 순응적 상호작용에서 시작되어, 나중에는 사회제도로 확장된다. 사회제도는 규칙에 따라 처신하는 사람에게 보상을 약속하는 규약을 공개적으로 제시한다. (따라서 모든 것을 바쳐서 일하면 회사가 구조조정을 하더라도 우리는 내보내지 않을 것이라고 기대한다.) 또 다른 이들에게 이런 계약은 선의로 행동하면 항상 선의로 보답을 받을 것이라는 가정으로 나타난다. 그 외 또 다른 이들에게는 적절한 운동, 적절한 영성, 적절한 식단, 적절한 진단 등이 암으로부터 자신을 지켜줄 것이라는 기대의 형태로 나타난다. 그럼에도 조만간 인생은 우리 각자에게 실망뿐만 아니라 더 나쁜 것, 말하자면 우리가 암묵적으로 추정하고 최선을 다해 섬겼던 '계약'에 대한 깊은 환멸을 가져다준다.

비록 그 '배신'의 근원을 딱 꼬집어 제시하지는 못할지라도, 이따금 우주로부터 배신당했다는 느낌을 받지 않는 사람이 있을까? 자신 있다고 생각한 계획이나 현실적인 지도, 삶의 방식에 대한 지침, 생산적인 결과에 대한 기대 등이 전부 폐기된 것처럼 보일 때 방향감각을 잃지 않을 사람이 있을까? 외부 세계에서 겪는 우리의 고통이 제아무리 깊을지라도, 내면의 영적 고통과 세상과 세상이 돌아가는 이치에 대한 근본적인 이해의 상실은 믿음의 바탕을 그보다 훨씬 더 세차게 흔들어놓는다.

주기적으로 우리는 세상에 대한 이해, 대처 수단, 승리를 위한 계획을 잃는다. 이러한 것들을 잃을 때마다 생겨나는 옹이는 각각 위기로 경험될 것이다. 그것은 믿음 체계의 위기다. 이러한 위기는 실존적 상처이자 영적 상처이기도 하다. 이럴 때 우리는 외부 세계의 어려움으로 인한 고통뿐만 아니라 삶의 의미와 세상의 신비에 대한 깊은 이해가 흔들리면서 내면의 고통도 겪게 된다. 이는 우리 존재 자체와 세상과의 연결에 대한 근본적인 의문을 불러일으킨다. 우리가 의지했던 우정, 영원하리라 가정했던 보호, 우리가 넘어졌을 때 누군가가 우리를 일으켜 세우고 모든 것을 바로잡아줄 것이라는 위안 등 모든 가정은 현실 세계의 땅바닥으로 추락한다. 로버트 프로스트Robert Frost는 이러한 사태 전개에 대한 우리의 집단적 실망을 냉소적으로 두 행의 시에 표현했다.

오, 주여, 당신에 대한 내 작은 농담을 용서하소서.
그러면 저도 저에 대한 당신의 큰 농담을 용서하리이다.

타자, 즉 신이나 연인, 친구, 회사 등의 배신은 세상을 관리할 수 있고 예측할 수 있으리라는 우리의 희망에 대한 배신이다. 나이 들어가면서 우리는 자아감각, 결과에 대한 통제력, 전능함에 대한 추정이 거듭해서 모욕을 당하는 것을 본다. 한때 아이가 자신의 소원이 세상을 지배한다고 환상을 가졌고, 청년이 영웅주의가 모든 것을 해낼 수 있다고 환상을 가졌듯이, 인생의 절반쯤에 선 사람들은 개인적인 한계와 세상의 불가해성에 대한 겸손한 감각을 바탕으로 더 냉철한 지혜에 도달해야 한다. 이런 자세를 갖는다면 혹시 사람들이 의미 있는 일에 인생을 걸려는 모험을 너무 쉽게 포기하거나, 곧잘 냉소주의에 빠져 희망을 버리거나, 환상을 하나 더 상실하는 데 따를 고통을 피하기 위해 쉽게 무감각해지지는 않을까?

다시 말하지만, 고통의 경험은 초대장이다. 우리 형제 욥이 배웠듯이 우리가 가정했던 계약은 자아가 통제권을 갖기 위한 망상적 노력일 뿐이다. 우리는 삶이 우리가 생각했던 것보다 훨씬 더 위험하고, 더 막강하고, 훨씬 더 신비롭다는 것을 배운다. 이 깨달음으로 인해 우리는 더 불편해지지만, 이로써 영적 가능성을 더욱 깊게 할 겸손이 생길 것이다. 세상은 우리가 젊었을 때 상상했던 것보다 더 신비롭고, 더 예측하기 어렵고, 더 자율적이고, 더 통제하기 어렵고, 더 다양하고, 덜 단순하며, 더 무한하고, 더 알기 어렵고, 더 힘들면서도 더 큰 경외감을 불러일으킨다.

본능적인 자기와 잠정적 인격의 충돌

검푸른 바다를 가로질러 집으로 돌아가는 그 전설적인 여정에서 오디세우스는 극복해야 할 장애물을 수없이 많이 만났다. 그중 하나가 심플레가데스, 즉 그의 연약한 배를 부수려고 위협하는 충돌하는 바위였다. 우리도 마찬가지로 충돌하는 힘 사이에, 대립하는 가치관 사이에 종종 갇힌다. 그럴 때면 이 힘들이 우리의 연약한 영혼을 침몰시켜버릴 것 같다는 두려움에 사로잡힌다. 삶의 기본적인 단계조차도 우리에게 서로 충돌하는 의제를 제시한다.

인생 전반부에는 주로 사회적인 의제가 등장한다. '어떻게 하면 이 세상 속으로 들어가고, 부모로부터 독립하고, 또 관계와 경력, 사회적 정체성을 확보할 수 있을까?' 아니면 이런 식으로 요약할 수도 있다. '세상은 내게 무엇을 요구하며, 나는 그 요구를 충족시키기 위해 어떤 자원을 동원할 수 있는가?' 하지만 인생 후반부에 상황은 크게 바뀐다. 우리의 개인적 경험을 보다 큰 질서 속에서 다시 구성해야 한다. 스스로에게 던지는 질문도 바뀐다. '영혼은 나에게 무엇을 요구하는가?' '내가 여기 있다는 것은 무엇을 의미하는가?' '나의 역할과 역사를 떠나 나는 누구인가?' 이러한 질문들은 필연적으로 다른 의제를 제기하고, 우리로 하여금 의미에 대한 질문을 하도록 만든다. 인생 전반부의 의제가 우리 환경이 요구하는 사항이나 기대를 충족하는 사회적인 것이라면, 인생 후반부의 질문은 영적이며 더 큰 의미를 이슈로 삼는다.

인생 전반부의 심리는 획득의 환상에 의해 좌우된다. 독립을 꾀할 만큼 충분한 자아를 얻고, 부모의 공개적인 지배로부터 벗어나고, 재산이나 관계 혹은 사회적 역할을 통해서 세상에서 자리를 확보하는 등 획득의 공상이 인생 전반에는 아주 중요하다. 그러나 인생 후반부는 우리에게 재산, 역할, 지위, 잠정적 정체성과의 동일시를 내려놓고, 그 대신 내적으로 확인된 다른 가치들을 껴안을 것을 요구한다.

잭 니콜슨Jack Nicholson 주연의 영화 〈어바웃 슈미트〉는 자신의 자아감을 받쳐주던 모든 역할과 사람들이 사라졌을 때 벽에 부딪히는 평범한 사람의 곤경을 파고든다. 그는 회사에서 강제로 퇴직을 당하고, 아내는 죽고, 딸은 결혼해서 독립적인 삶을 시작한다. 완전히 홀로 남은 그는 마치 좀비처럼 몸부림을 친다. 영화의 끝에서, 그는 자신에게 남은 유일한 영적 또는 관계적 연결이 자신이 후원하고 있는 아프리카 고아와의 미약한 끈이라는 사실을 깨닫는다. 이 연결은 매우 약하지만, 그가 자신의 영혼을 표현할 새로운 방법을 찾아야 한다는 것을 암시한다. 그렇게 하지 않으면 그는 우울증에 빠져 허우적거리거나 일찍 죽음에 굴복하고 말 것이다. 이 영화의 제작자들은 할리우드 영화의 전형적인 결말을 택하지 않았다. 오히려 그들은 슈미트의 이전 삶이 끝났고 새로운 삶을 형성하는 과제가 막 시작되었음을 분명히 한다. 그가 수십 년간 구축해온 지지 구조를 제외하면, 슈미트는 과연 진정으로 이 세상에 존재했던 것일까? 그 구조가 그로 하여금 근본적이고 필요한 질문을 피하도록 돕지 않았던가? 그는 이제 정말 홀로 서서 이 세상에서 무엇을 해야 하고 어떤 존재가 되어야 할지 찾을 수 있을까? 이 같은 질문은 이 영화가 아닌 다른 영화의 주제이다. 〈어바웃 슈미트〉가 매우 잘 그려내고 있듯, 우리가 다루기를 미루고 있는 문제는 조만간 뒤쪽에서 우리를 물어뜯을 것이다.

이러한 전환은 인생 후반부에 들어선 우리 모두에게 일어난다.

이는 증후 아래서, 다양한 우리의 이야기 아래에서 벌어진다. 오래된 자아감각은 흐려지고, 새로운 자아감은 아직 드러나지 않았다. 이러한 위기의 순간은 대체로 매우 고통스럽다. 하지만 그 위기는 자아가 우선순위를 재조정하도록 권하는 초대이며, 자아는 다른 방법을 강요받을 때까지 이 초대에 저항할 것이다.

초대에 적극적으로 응하지 않고 버티다가 마침내 자아가 막다른 코너에 몰리면 마침내 다른 종류의 질문 쪽으로 눈을 돌리는 때가 온다. 자아는 충분히 의식적으로 변하거나 충분히 강해지거나, 또는 충분히 타격을 받으면, 이렇게 묻기 시작할 것이다. '이 세상에서 나 자신에 대해 어떤 것을 새로 배워야 하는가?' '이전의 이해력으로는 이런 혼란을 더 이상 관리할 수 없는데 이러한 전복에 직면해서 영혼은 내게 무엇을 하라고 요구하는가?' 자아는 좀처럼 질문을 이렇게 의식적인 방식으로 제기하지 않지만 그럼에도 고통, 좌절, 패배를 겪으면서 이러한 질문이 절실해지는 상황으로 몰린다. 만약 우리가 앞만 보고 달리는 태도를 잠시 접고 이 질문으로 고개를 돌린다면, 패배가 아닌 소생이 일어나고 종종 뜻밖의 큰 성장도 이루어진다. 결국 누가 또는 무엇이 이러한 질문을 하는가? 만약 이런 질문을 자아도 던지지 않고 우리 문화도 제시하지 않는다면, 영혼이 물어야 한다.

우리가 주기적으로 경험하는 이러한 '충돌'은 사실 자연스럽고 본능적인 자기와 적응에 필요한 전략과 태도를 갖춘 잠정적 인격 사이의 충돌이다. 우리는 자신을 잠정적 인격과 동일시해왔기 때문에 본능적인 자기와의 만남은 불필요하다고 생각하고, 혹시라도 만나게 되면 대개 패배감과 굴욕감을 느낀다. 이러한 충돌은 중년기만이 아니라 우리 삶의 과정 전반에 걸쳐 거듭해서 일어난다. 우리가 이를 인정할 수 있다면, 이러한 충돌은 우리가 좋아하든 말든 영혼이 주도권을 잡고 그 일을 하고 있으며 항상 우리를 더 큰 삶으로 이끌고 있음을 나타낸다. 이전에 세상을 이해하는 기준이었던 것이 이제 더는 적용되지 않거나 새로운 수준의 대립을 담아내기에 부적절한 것으로 밝혀지는 경우가 자주 있다. 그러나 다양한 정체성 사이에서 이루어지는 대화에서는 반드시 확장이 일어나게 되어 있다. 우리는 진정으로 성장을 원하지 않을 수 있지만, 그래도 어쩔 수 없이 성장해야 한다. 그러지 않으면 퇴보하고 죽고 말 것이다. 왜냐하면 영혼, 필멸적인 우리 삶의 영원한 차원이 성장을 요구하기 때문이다.

자아가 우세할 때, 변화는 지연되고 조만간 영적 정체, 심지어 퇴보가 일어난다. 우리가 의식적으로 변화에 저항하고 익숙한 것에 매달린다 할지라도 영혼이 작용하고 있다면, 우리는 우리의 의식적 욕구와는 별개로 변화할 것이다. '12단계 그룹'*이 말하듯이 '우리가 저항하는 그것은 지속될 것'이며 나중에는 우리나 주변 사람들에게 영향을 끼칠 것이다. 우주에는 우리가 거의 알지 못하는 다른 것, 어떤 더 큰 에너지가 작용하고 있으며 욥이 깨달았듯이 그것은 우리의 신중한 계획이나 의식적 이해에는 거의 관심이 없다.

---

* 1939년에 발표된 『익명의 알코올 중독자들Alcoholics Anonymous』이라는 책에 소개된 12단계를 바탕으로 중독을 치료하는 집단. — 옮긴이

4장

무엇이 변화를 가로막는가

우리는 변화하기보다 차라리 파멸되기를 원한다.
현재의 십자가를 지고
우리의 망상을 죽이느니
차라리 두려움 속에서 죽기를 원한다.

W. H. 오든 W. H. Auden, 『불안의 시대 The Age of Anxiety』 중에서

만약 우리의 정신이 성장을 추구하도록 프로그래밍되어 있다면, 정신의 성숙을 꾀하며 살기가 왜 이토록 어려운 것일까? 왜 우리는 스스로 걸려 넘어지고, 삶의 형태를 반복하고, 우리가 도망쳤다고 생각했던 부모의 패턴을 재창조하는 것일까? 왜 우리는 우리 각자를 관통하는 초월적인 존재의 소망을 무시하려 드는 것일까?

　우선, 세상이 아이에게 전하는 중심적이고 보편적인 메시지가 '나는 크고 너는 작다. 나는 힘이 세고 너는 그렇지 않으니 이제 세상을 다룰 방법을 찾아라'라는 것임을 상기해야 한다. 우리가 발달시키는 전략, 예를 들어 접근/회피, 신뢰/불신, 싸움/도망, 통제/달래기 전략은 예외 없이 자신과 세상의 관계를 말해주는 하나의 핵심적인 패러다임으로서, 또 생존을 위한 반사적 전략으로서 그리고 자신의 욕구를 충족시키는 수단으로서 고착되는 경향이 있다. 자신에 대한 이러한 해석이 의식적이지 않을수록 전략은 더 자율적이 되고, 그래서 우리는 스스로를 되풀이하고, 패턴을 만들어내고, 끊임없이 새로운 형태로 오래된 설정을 복제한다.

　인생 후반에, 우리가 성인기 내내 이러한 적응적인 패턴에 예속

되어 있었다는 것을 깨닫는 것은 종종 우리 자아의 자존심에 충격적일 만큼 큰 상처를 입힌다. 사회복지사들을 대상으로 한 어느 워크숍에서 갑자기 울음보를 터뜨렸던 간호사가 생각난다. 그녀는 워크숍에서 연습문제를 끝낸 후 이렇게 외쳤다. "맙소사, 나는 인생 전체를 낭비했어!" 아마도 그녀의 반응은 틀림없이 순간적으로 일어난 과잉 반응이었을 것이다. 그녀의 삶은 선행으로 가득 차 있었기 때문이다. 그러나 가족을 치유하고 싶다는 욕구가 계속 이어져서 성인이 된 뒤에도 그 역할을 계속 수행하는 것이 자신의 숙명이라고 생각한 것 또한 분명한 사실이었다. 그녀가 자신에게 닥친 일과 자신이라는 존재를 혼동한 것처럼, 우리 모두는 운명과 숙명, 즉 인생이 우리에게 제시하는 것과 우리가 되어야 할 것을 혼동하는 경향이 있다.

우리는 자신을 판단하지 말아야 한다. 왜냐하면 우리가 아이였을 때 내린 선택 때문에 비판을 받아서는 안 되기 때문이다. 그러나 저절로 작동하는 핵심적인 관념의 포로로 남지 않기 위해서는 그 관념이 작동하고 있다는 사실을 아는 것이 아주 중요하다. 중년 이후 우리는 진정으로 우리 자신이 되어야 하고, 인생 여정에 대해 도덕적으로나 심리적으로 책임을 져야 한다. 외부 세계만이 아니라 정신까지도 우리에게 책임을 물을 것이다. 외부 세계에서 우리는 우리 선택에 따른 결과를 다뤄야 하고, 아마도 혼란을 말끔히 정리해야 할 것이다. 또한 내면세계에서는 영혼의 의제를 위반함으로써 일어나는 폐해로 인해 고통을 겪게 될 것이다.

역사는 우리에게 직접 메시지를 쓰기도 하고, 우리를 통해 메시지를 새기기도 한다. 이 메시지는 우리의 신경학, 행동 패턴, 반복적인 선택, 가치체계에서 발견될 수 있다. 우리는 우리의 역사이지만, 동시에 그 이상의 무엇이기도 하다. 우리 조상들이 인식했듯이, 우리 내면에서 그리고 우리를 통해 작동하는 역사의 영향력은 아무리 강조해도 지나치지 않다. 고대 그리스인의 비극적 상상력은 다시 한번 유익하다. 그들은 특정한 선택과 결과의 패턴이 세대를 이어져 내려가면서 무시무시한 영향을 미친다는 사실을 관찰했다. 이를 어떻게 설명할 수 있을까? 그리스인은 은유적으로 이런 식의 결론을 내렸다. 어떤 신이 여러 세대 전에 모욕을 당해 그 가족에게 저주를 내렸고, 그 저주는 세대를 거쳐 작용하다가 누군가가 고통을 겪은 끝에 인과 요인을 인식하고 무시된 가치에 대해 보상적 경의를 표하며 그 연쇄적인 저주의 고리를 끊을 때까지 계속된다고 말이다.

오늘날 일부 심리치료사는 내담자와 함께 치료 작업을 하면서 가계도를 활용해 낯익은 패턴의 윤곽을 최대한 멀리까지 거슬러 올라가며 찾는다. 가계도가 정확하고 완전할수록, 유전적 소인과 반복되는 중독, 의학적 문제, 결혼 패턴 그리고 그 외 반복이 더 선명하게 드러난다. 자율성, 자수성가한 삶, 선택의 자유를 자랑스럽게 여기는 우리는 고대의 패턴이 자신을 통해 되풀이되고 있다는 인식 앞에서 겸손해진다. 만약 우리의 삶을 이끄는 사람이 우리 자신이 아니라면, 도대체 누가 우리 삶을 책임지고 있단 말인가? 왜 이런 자기 패배적인 반복이 일어나는가?

콤플렉스가 선택하고 만들어온 역사

우리는 모두 '콤플렉스'라는 단어를 들어보았다. 그러나 융이 환기시킨 이 개념의 중요성과 일상적 유용성을 제대로 이해하는 사람은 거의 없다. 콤플렉스는 무의식 속의 에너지 집합체로, 역사적 사건들에 의해 충전되고 반복을 통해 강화되며, 우리 성격의 한 단편을 구현하고, 프로그래밍된 반응과 암묵적 기대 세트를 생성한다. (융은 콤플렉스를 심지어 '분열된 인격splinter personality'이라고 불렀다.)

우리는 모두 역사적으로 프로그래밍된 존재이기 때문에 콤플렉스를 가지고 있다. 이러한 프로그래밍된 반사적 반응 중 일부는 우리를 보호하고 심리적 영역을 지켜주기 때문에 이로울 수 있다. 만약 긍정적으로 충전된 관계 경험의 집합체가 우리 내면에 남아 있지 않다면, 우리는 타인을 신뢰할 수 없고 사랑할 수도 없으며 언약도 하지 못할 것이다. 한마디로 타인을 불신하고 그들에게 거리를 두지 않고는 세상사를 처리하지 못할 것이다. 우리가 음악을 사랑하고 정의를 존중하며 우리의 가치를 소중히 여기는 것은 그것들에 대해 깊은 긍정적 경험을 했기 때문이다.

한편, 이 분열된 인격은 자아의 권력을 휘두르는 그림자 정부이자 찬탈자이며, 우리로 하여금 자주 오래된 패턴을 답습하게 하고, 그렇게 함으로써 우리를 역사의 포로로 만든다. 콤플렉스를 의식화하더라도 우리는 여전히 그 콤플렉스의 축적된 힘에 사로잡혀 포로로 남을 수 있다. 어떤 사람이 침울한 기분에 그렇게 쉽게 빠지는 이유는 무엇인가? 콤플렉스가 건드려지고, 이어서 검증되지 않고 또 처리되지 않은 콤플렉스의 내용이 그의 의식적 삶에 범람하기 때문이다. 왜 술 취한 사람은 화를 내거나, 감상적이 되거나, 유쾌해지는 걸까? 평소에 작용하던 자아의 정상적인 억제력이 화학작용으로 인해 느슨하게 풀리고, 표면 아래에 눌려 있던 살지 못한 삶이 현재라는 들판에 과거의 의제를 마구 풀어놓기 때문이다.

콤플렉스가 작용하는 극단적인 예는 반사회적 인격 장애에서 찾을 수 있다. 이 장애를 앓는 이들은 대부분 삶의 초기에 지속적인 학대를 겪었다. 이 압도적인 고통은 그들이 타인을 바라보는 렌즈가 된다. 이 반사적인 필터는 다음과 같은 메시지를 전달한다. '당신은 나를 해치러 왔다. 그러니 내가 먼저 권력이나 속임수로 당신을 통제해야 한다.' 이 메시지가 더 일찍, 더 강력하게 반복될수록 의식적인 노력으로 메시지를 바로잡기가 더욱 어려워진다. 따라서 이 케케묵은 메시지는 모든 새로운 관계를 오염시키고 우울한 결과의 지루한 반복만을 낳는다.

많은 격언에서도 콤플렉스의 존재와 그 힘을 뒷받침하는 내용이 확인된다. '말을 하기 전에 스물까지 헤아려라'라거나 '편지를 쓴 다음에 꼭 일주일 정도 묵혔다가 부쳐라'라는 격언이 대표적인 예이다. 사람들이 이상한 짓을 하고, 사랑에 빠지고, 순간적으로 격분하고, 자기 경멸의 수렁에 빠졌다가는 금방 그 반대의 감정을 겪거나 행동을 한다는 사실은 오래전부터 잘 알려져왔다. 그렇다면 이처럼 이상한 짓을 하는 동안에 우리는 진정 누구인가? 만약 나 자신이 나의 자아 상태가 아니라면, 그렇다면 나는 누구인가?

불행히도 콤플렉스에 사로잡혀 있을 때는 그것을 거의 알아차리지 못한다. 콤플렉스를 통해 소비되는 에너지는 항상 과도하지만, 콤플렉스에 사로잡힌 사람은 대체로 그 순간 생성된 에너지가 상황에 적절하다고 느낀다. (도로 위에서 운전자가 터트리는 분노는 예전의 불평이 되살아나는 예이다. '당신이 나를 가로막았단 말이지. 과거에도 다른 사람들이 나를 무시했으니, 내가 당신에게 분노를 느끼는 것은 정당해.' 사실, 감정의 분출은 '전이된 분노'이고 부적절하지만 그 결과는 지금 여기에서 나타난다.)

더욱이 콤플렉스가 작용할 때는 항상 신체의 어느 부분이 긴장된다. 목구멍이 조이거나 위에 약한 경련이 일거나 손바닥에 땀이 난다. 하지만 이런 신호는 시간이 어느 정도 지나서 기분이 가라앉는 단계에서야 확인된다. 감정의 격동과 신체의 긴장 속에서 이러한 신호를 포착하는 방법을 배우면 역사의 폭정을 어느 정도 피할 수 있지만, 역사가 펼쳐지고 있는 동안에 반성적이 되는 법을 배우기란 참으로 어렵다. 니체Friedrich Nietzsche는 한때 '적에 대항해 행진할 때' 형편없는 음악과 그릇된 이유가 왜 그렇게 훌륭하게 들리는지, 그 이유를 궁금해했다. 개인뿐 아니라 전체 국가도 콤플렉스에 사로잡혀 다음 세대에게 파멸을 안겨줄 짓을 할 수 있다.

콤플렉스는 무의식적 자극이 수신될 때 발생한다. 예를 들어보자. 당신은 직장으로 자동차를 몰면서 라디오에서 흘러나오는 노래를 무심히 듣고 있다. 사무실에 도착했는데 어째선지 기분이 착 가라앉았다. 그런데도 당신은 라디오의 어떤 노래가 옛날의 기억을 건드렸다는 사실을 모르고 있다. 당신은 뚜렷한 외적인 이유 없이 우울해지거나, 쾌활해지거나, 짜증이 나거나, 마음이 산만할 수 있다. 이때 그 노래의 자극이 당신의 무의식을 활성화하고 현재의 순간으로 흘러들어와 당신의 의식을 지배하기에 충분한 양의 에너지를 생산했다는 것을 당신은 알지 못한다. (인플루엔자influenza라는 단어는 루나Luna, 즉 달의 해로운 영향 아래에 놓일 때 병에 걸린다는 인식에서 비롯되었다. 어떤 콤플렉스에 압도당할 때 우리는 자주 정신적 인플루엔자에 사로잡힌다. 이 정신적 인플루엔자는 우리를 일시적으로 '광인lunatic'으로 만들기도 한다.)

일단 자극이 발생하면, 우리가 역사적 유기체이기 때문에 정신은 반사적으로 질문한다. '전에 언젠가 여기 오지 않았어?' '이 느낌은 무엇과 비슷하지?' '내 옛날 테이프를 재생하면 지금 상황과 비슷할 것 같은데 어떤 거였지?' 우리가 의식적으로 알아차리지 못하더라도, 이 역사적 필터는 실제 자극을 변경하고 역사에 유리한 쪽으로 왜곡한다.

우리 모두는 이따금 뒤돌아보면서 콤플렉스에 사로잡혔던 상태를 식별할 수 있지만 당시에는 이 '점유' 상태를 인식하지 못한다. 예를 들어, 당신은 회의에 참석해서 자기 생각을 말하지 않고 나오는 것에 대해 자주 자책한다. 무엇이 당신을 막았는가? 당신이 알아차리지 못하는 가운데, 다른 때 다른 장소에서 있었던 판단이나 평가절하, 심지어 처벌에 대한 오래된 두려움이 올라와 당신이 할 말을 못 하도록 가로막았을 것이다. (내 내담자 중에는 감정이 실린 말이 나오려 할 때면 언제나 자기도 모르게 손으로 입을 막는 여성이 있었다.)

또는 당신은 완전한 낯선 사람에게 강하게 끌릴 수도 있다. 이때 그의 은빛 머리칼은 더 이상 존재하지 않는 아버지를 떠올리게 하는데, 당신이 이를 알아차릴 가능성은 그다지 크지 않다. 결혼생활이 이러한 분열된 역사의 파편이 날아다니는 전쟁터가 되지 않도록 막을 수 있는 부부가 얼마나 될까? 이 역사는 순간적으로 활성화되어 과거의 질투, 상처, 갈망을 현재로 가져와 의식적으로 대처해야 할 일을 그만 역사 드라마로 대체해버린다. 성숙해지고 의식화를 추구함에 따라, 우리는 가장 흔히 반복되는 콤플렉스를 식별하고 심지어 콤플렉스의 지배에 맞서기 위해 무엇을 해야 하는지 찾아내기도 한다. 그래도 많은 콤플렉스, 아마도 내면 가장 깊은 곳의 콤플렉스는 우리에게 알려지지 않은 채로 남을 것이다.

콤플렉스가 활성화되면 이 자극은 그 문제와 연관된 저장된 정서를 촉발하는 데 그치지 않고 그 정서를 더 넓은 범위의 경험 속으로, 특히 앞서 언급한 압도와 결핍의 영역으로까지 두루 퍼트린다. 이러한 영향이 확장되는 가운데 우리 개인적 역사의 구체적인 내용이 무의식적으로나마 이 순간에 존재하게 될 뿐만 아니라, 신뢰/불신, 접근/회피 등 더 넓은 가치로의 일반화도 이루어진다. 이 처리되지 않은 정서의 양이 의식의 영역에 범람하기 시작하면서 행동, 신체, 또는 태도의 반응으로 표면화된다. 이 '회로'가 활성화된 후 주기를 완성하기까지 걸리는 시간은 그야말로 순간이다.

이런 핵심적인 관념의 자율적인 활동, 자아와 세계에 대한 충전된 지각, 한때 정확했거나 과도하게 일반화되었거나 잘못된 해석으로부터 패턴이 생겨난다. 우리가 의식적으로 이러한 반복을 꾀하는 것은 아니지만, 좋든 나쁘든 패턴은 자체적인 생명력을 가지고 있으며, 광활한 미래보다는 우리 역사의 협소함에 우리를 묶어둔다.

특히 우리가 그들의 존재와 영향을 의식하지 못하고 있기 때문에, 이 같은 현상은 더욱 두드러진다. 말하자면 우리가 알아차리지 못하는 것이 우리를 소유하는 셈이다.

콤플렉스를 의식화하더라도, 우리는 오래된 옛 역사가 마치 하위인격subpersonality처럼 형성되어 있음을 확인할 수 있다. 이 분열된 정체성은 종종 우리 의지나 이익에 반하여 행동하는 경향이 있다. 자신의 의식적 자율성을 소중히 여기는 사람은 우리 내면에서 그림자 정부가 작동하고 있다는 사실을 깨닫고는 크게 당황한다. 우리는 자신이 '나'라는 기업의 CEO라고 생각하지만, 우리가 그들의 존재를 인정하든 말든 항상 존재하고 표결에 참여하는 집행위원회 구성원들, 말하자면 눈에 보이지 않는 다양한 파트너들이 있다.

이처럼 세월 속에서 만들어졌지만 보이지 않는 에너지 집합체들이 반복적으로 활성화되기 때문에 우리 삶에 패턴이 형성된다. 이 패턴들은 마치 자체적인 생명력을 가진 것처럼 보이며 의식적으로 선택되는 경우는 좀처럼 없다. 그렇기 때문에, 우리 선조들은 화가 난 신의 손길이 작동하고 있는 것은 아닌가 하고 추측했다. 신들을 배제한 현대인은 이러한 반복을 우연, 합리화된 인과관계, 또는 자신의 선택이 아닌 다른 무엇인가로 볼 가능성이 아주 크다. 하지만 이 대목에서 이런 질문을 던질 수 있어야 하지 않을까? '우리가 우리 인생을 선택하고 있지 않다면, 누가 선택하고 있는가?'

지금까지 어떤 콤플렉스를 획득했는지, 어떤 분열된 인격이 자아의식과 상관없이 선택을 하고 있는지에 대한 감각이 조금도 없다면 누구도 진정으로 의식적인 삶을 시작할 수 없다. 분명히 말하건대,

우리가 한때 원했던 것과 달리 아동기과 성인기의 중간에 위치한 청소년기로의 이행은 우리를 심리적으로 아동기의 속박에서 해방시키지 않는다. 인생의 전반부에 있는 사람은 이러한 무의식적 힘에 완전히 포위되어 있기 때문에, 물리적으로 가족과 떨어져 살더라도 그 영향력에 머물러 있는 경향이 있다. (선불교의 격언처럼, '어디를 가든 당신은 거기 있다.')

이 비밀스러운 역사의 통치가 그토록 오랫동안 이어진다면, 왜 인생의 후반부가 다를 것이라고 기대해야 할까? 내가 다른 어딘가에서 '중간 항로middle passage'라고 부른 그 과정은 오직 그 사람이 자신의 반복과 보상 그리고 인생 계획이 의식적인 삶이 아니라 무의식적 역사에 기원한다는 것을 깨닫기 시작할 때만 일어난다. 이러한 발견은 항상 우리에게 본인이 미천하다는 인상을 안겨준다. 이는 우리가 '자유'라는 환상에 깊이 빠져 있기 때문에 나타나는 현상이다. 우리는 스스로가 자율적이고 자력으로 성공했다고 생각한다. 그런데 엉뚱하게도 우리가 자신이 기대하지 않은 존재가 되고 있다는 사실이 점점 더 분명해진다. 우리가 우리 삶을 통제하고 있다고 생각했는데 말이다.

자신만의 생명력을 가진 이러한 분열된 인격의 부분이 있다는 것을 인식할 때, 거기서 지혜가 시작된다. 이 분열된 부분은 우리의 의식적인 삶으로부터 에너지를 강탈하고, 우리로 하여금 모든 선택이 열려 있는 현재에 있기보다는 역사적 패턴을 따르도록 강요하며, 신화 속 익시온처럼 우리를 반복의 수레바퀴에 묶는다. 우리가 이러한 충전된 역사의 파편들을 의식으로 가져와 그 파편들과 대화하고 우리 삶에서 그것들이 작용하는 모습을 관찰할 때까지, 우리는 절대로 우리가 원하는 대로 삶을 창조할 수 없다.

우리는 결코 이러한 분열된 인격, 말하자면 나름의 의지와 역사를 가진 이 하위 집단의 힘을 과소평가할 수 없다. 그들은 계속해서 새로운 형태로, 위장한 모습으로, 변화하는 환경 속에서 자신들을 다시금 주장할 것이기 때문이다. 이것이 우리가 부모의 결혼생활을 그대로 되풀이하거나, 반대로 하려고 하면서도 거기에 붙들리곤 하는 이유이다. 또한 종종 우리가 자신의 가치체계가 제시하는 것과 다른 모습이 되고 다른 행동을 하는 이유이다. 이따금 우리는 자신의 모습이 싫다고 생각한다. 누가 이 배를 조종하고 있었는가? 그런 결정적인 선택의 순간에 운전대를 잡고 있던 사람은 누구였는가? (성 바울이 관찰했듯이, 선한 의도가 선한 결과를 낳는 경우는 무척 드물다.) 오직 통찰력을 통해서만 인생의 후반부에 이러한 완강한 역사의 힘을 넘어서는 진정한 선택과 발전의 능력을 발휘할 수 있다.

그러나 의식은 상당한 고통을 겪은 후에야 무의식의 거대한 힘으로부터 떨어져나올 수 있다. 사람이 언제나 의식적일 수는 없다. 유감스럽게도, 매우 많은 것을 의식하지도 못한다. 의식의 핵심을 이루는 자아는 오직 일시적으로만, 그것도 주의를 요하는 것에만 좁게 초점을 맞출 수 있을 뿐이다. 그사이에도 우리의 인생은 입력된 프로그램에 따라 반사적으로 계속 앞으로 나아간다. 아침에 일어나 샤워를 하기 위해 수도꼭지를 틀고 첫 물줄기에 몸을 부르르 떨 때, 바로 그때 우리는 잠시 의식적이 되어 그 순간에 완전히 존재한다. 하지만 대부분의 시간을 보내며 우리는 선택의 영역이 이런 오래된 주관적인 에너지의 집합으로 가득 넘쳐나는 동안에도 단지 그 순간의 객관적 특성에 희미하게 집중할 뿐이다.

솔직히 말해, 우리는 콤플렉스의 결과로 인해 고통받거나 우리 주변 사람들이 힘들어하며 우리에게 책임을 물을 때에야 비로소 콤플렉스와 그것의 파괴적 효과를 인식하기 시작한다. 또 우리의 정신이라는 집에 우리만 사는 것이 아니라는 사실도 깨닫기 시작한다. 패배나 반복의 순간에 우리는 이런 식으로 묻기 시작한다. '옛날에 언제 이걸 경험했지?' '이것과 비슷한 기분을 느낀 적이 있지 않았나?' '이것이 내 역사, 내 패턴과 어떤 식으로 연결되어 있지?' 이 단계에 이르면, 우리는 조금 더 의식적인 선택의 가능성을 향해 큰 걸음을 내딛게 된다. 그러나 이는 어디까지나 이런 무의식적 파트너들의 존재를 인정한 뒤에나 가능하다. 우리가 내면에서 그들의 존재를 무시할 때, 그들은 우리의 외적 삶에 아주 분명하게 나타난다.

두려움은 우리를 어떻게 지배하는가

우리는 잘못된 일이 있으면 그에 대해 책임을 지려 하지 않고 운이 나빴다느니, 운명이라느니, 다른 누군가가 잘못했다는 식으로 책임을 떠넘기면서 의식의 요구를 계속 묵살한다. 앞에서 나는 두려움과 무기력이라는 요괴가 침대 발치에서 웃고 있다고 말했다. 이 두려움은 우리 삶의 아주 많은 부분을 지배하면서 온갖 종류의 방어 전략을 만들어낸다. 두려움에 맞서겠다는 결정은 아마 인생 후반에 영혼의 의제를 회복하고 삶을 다스리는 데 가장 중요한 결정일 것이다. 두려움이 우리를 지배하는 그 교묘한 방법을 보면 놀랍다. 두려움의 영향은 우리 삶에서 아주 흔한 회피 패턴에서만이 아니라, 부정이나 이분법적 사고 혹은 타자에게 투사하는 데서도 발견된다.

두려움이 우리 삶을 지배하는 가장 흔한 방식 중 하나는 우리가 개인적 책임으로부터 도피하는 현상에서 발견된다. 우리는 권위를 다른 사람이나 특정 직책, 기관, 전통, 이데올로기에 넘기면서 자신에게 진정으로 맞는 것이 무엇인지 결정하기를 미룬다. 우리에게 제대로 효과를 발휘하는 것은 무엇인지, 외부 권위가 아니라 우리 경험으로 확인되는 것은 무엇인지, 우리 삶을 넓혀주는 것은 무엇인지를 결정하는 일을 거부하는 한 우리는 결코 성장하지 못할 것이다. 삶이 아무리 두려울지라도 잠시 멈추고 생각해보라. 만약 당신이 침대에 누워 죽음을 맞이하며 삶을 되돌아볼 때, 두려움 때문에 진정한 자신을 보여준 적이 없고 인생을 진정으로 산 적이 없었다고 결론을 내리게 된다면 어떤 기분이 들겠는가. 그 음울한 전망이 지금 당장 과감히 일어서서 두려움을 직시하는 것보다 더 끔찍하지 않은가?

다른 사람들의 지지 없이 선택을 한다는 것이 무서울 수도 있다. 그러나 우리가 세상에 태어난 것은 가족이나 이웃, 동료 집단의 의제가 아니라 영혼의 의제를 수행하기 위함이다. 그렇다면 자기 삶의 선택에 있어서 어린 시절에 발달시킨 방어 전략보다 개인적 권위를 더 소중히 여기는 것이 이치에 맞지 않는가?

영적 무기력에서 깨어나라

침대 발치에 앉아 히죽 웃고 있는 또 다른 요괴가 무기력이라는 사실을 기억하라. 이 단어에서 전형적인 지하세계의 그림에 등장하는 망각의 강인 레테 강이 연상되는 것은 결코 우연이 아니다. 매 순간 결정적인 선택을 하라는 부름을 받는다는 사실을 망각하기는 꽤 쉽다. 의식적인 삶의 책임을 피하면서, 담요를 머리끝까지 뒤집어쓰고 잠을 청하며 다른 날을 기다리는 것은 언제나 달콤하게 느껴진다. 그렇듯 무기력은 우리의 본성의 일부이다. 그것은 무의식의 거대한 흡인력을 보여주는 증거이기도 하다. 집중된 노력 없이는, 무의식이 의식적인 삶에 동원할 에너지를 도로 어둠 속으로 빨아들일 수 있다. '내가 모르는 것은 나를 해치지 않는다'라는 옛 속담을 진정으로 믿는 사람이 있는가? 우리는 매일 자신이 모르는 것에 의해 상처를 입는다. 또 거꾸로 그 상처 때문에 우리도 타인에게 해를 입힌다. 의식을 유지하는 것은 어려운 과제이며, 언제나 의식적인 상태를 유지할 수 있는 사람은 아무도 없다. 자기 자신을 반성하면서 책임을 진다는 것은 우리가 애초에 생각했던 것보다 훨씬 더 어려운 것으로 확인된다.

영적 무기력은 우리 시대의 많은 산만함, 특히 대중문화의 산만함으로 인해 더욱 조장된다. 우리 사회는 온갖 종류의 감각적 유혹이 있는 연결된 사회이다. 우리 아이들은 다른 누군가가 많은 부분을 대신해주는 수동적인 시각문화 속에서 자랐기 때문에 더 이상 제대로 책을 읽지 못한다. 비판적 사고와 창의적 상호작용의 능력을 상실했으며, 제품이든 생활방식이든 정치적 의제든 모든 것이 아이들에게는 시각 이미지로 통한다.

우리 문화에서 가장 심각한 중독 두 가지를 꼽는다면 아마 길거리의 마약은 포함되지 않을 것이다. 마약은 정치인들이 쉽게 걸고 넘어지는 희생양일 뿐이고, 그 두 가지 중독은 24시간 쉽게 이용할 수 있는 TV와 음식이다. 심지어 17세기에도 프랑스 철학자이자 수학자인 블레즈 파스칼Blaise Pascal은 대중문화가 사람들이 '자기'와의 약속을 도외시하도록 만든다고 강조했다. 심지어 왕조차도 지나치게 깊이 생각하다가 영혼과 조우하는 일을 피하기 위해 어릿광대를 둬야 했다고 파스칼은 지적했다. 파스칼이 우리 시대를 본다면, 그러니까 아주 지적인 사람들까지 나서서 정신의 무기력을 상품화하고, 또 우리 모두의 이성을 잠재우고 정신을 졸게 만들려고 안달인 이 시대를 본다면 어떻게 생각할지 참으로 궁금하다.

최근 한 내담자는 꿈 이야기를 하면서 인생의 마지막 순간까지 이런 식으로 잠을 자는 장면을 봤다고 말했다. 그녀는 자신감이 부족한 어머니와 질투심 강한 아버지로부터 벗어나 자기 사업을 하는 전문직 여성이 되었다. 그러나 그녀의 사업은 부진했다. 그녀는 약속을 제대로 지키지 않았고 자신의 재능을 충분히 발휘하지도 않았으며 일까지 게을리했다. 그녀는 자기도 모르는 사이에 옛날의 부정적인 콤플렉스에 사로잡혀 지냈다. ('집을 나와 독립하기'는 언제나 그냥 집을 떠나는 것보다 더 어렵다.) 꿈에서 그녀는 자기처럼 젊은 여자 사업가들 여러 명이 눈길을 사로잡는 의상을 입고 활기찬 모습으로 분주하게 돌아다니는 모습을 보고 있었다. 그녀는 바닥에 쪼그리고 앉아 있다가 깜빡 잠이 들었다. 그 여성들 가운데 한 명(꿈의 주관적 언어에서는 그녀의 일부이기도 하지만, 여전히 그녀의 의식에는 낯선 이방인인 여성)이 그녀를 향해 소리를 질렀다. "당신은 자고 있군요. 어서 일어나세요!" 그녀는 그 메시지를 이해했다. 흥미롭게도, 그녀가 일단 '깨어나자' 그녀의 탁월한 두뇌가 사업을 다시 일으키는 데 필요한 모든 단계를 일러주었다. 그녀는 다음 치료 시간에 그 단계들에 대해 대략 설명했다. 지금 그녀의 사업은 고객들을 돌려보내야 할 만큼 번창하고 있다.

성장하고 집을 떠나려면 두 가지 실천이 필요하다. 첫째, 자신에 대해 책임을 질 줄 알아야 하고 다른 사람, 말하자면 사회와 부모, 파트너, 악의적인 신들을 탓하는 것을 그만둬야 한다. 둘째, 반복되는 핵심적인 관념과 콤플렉스 그리고 진짜 적이 숨어 있는 역사적 영향을 파악하기 위해 내면을 들여다봐야 한다. 성장한다는 것은 말로는 쉬운 것처럼 들린다. 하지만 진정으로 성장하는 사람이 과연 얼마나 될까? 내가 나 자신의 삶에 책임을 지면 그만큼 다른 사람의 짐을 덜어주겠지만, 내게는 짊어질 엄청난 양의 짐이 생긴다. 게다가 인생에 중요한 결정을 내려야 할 때면 자신이 혼자라는 사실을 절감하게 될 것이다. 또 내면을 들여다본다면, 남을 탓하는 버릇을 즉각 버리고 후회스러운 결과를 책임질 당사자도 나뿐이라는 점을 인정하게 될 것이다. 심지어 의식을 괴롭히고 방해하는 이 증후에 대한 책임까지도 내가 다 짊어져야 할 것이다.

성장은 힘든 일이며, 어떤 사람이 부모로서든 아니면 다국적 기업의 CEO로서든 삶에서 얻은 강력한 지위는 그 사람의 정신적 성숙도와는 아무런 관계가 없다. 사실, 사회적 지위를 통해 외부의 인정을 탐욕스레 추구하는 사람의 내면에는 커다란 미해결 과제가 남아 있을 가능성이 가장 크다.

삶의 거대함에 위축되고, 무기력에 유혹되고, 대중문화에 의해 주의가 분산되고, 영혼의 의제와 거의 아무런 관계가 없는 집단적 환상에 휩쓸리기는 아주 쉽다. 그럼에도 우리는 결국 자신과 마주해야 한다. 무감각해지거나, 정말로 해야 할 일을 피하기 위해 바쁜 척 굴거나, 사소한 문제를 놓고 고민하거나, 선택을 합리화할 방법은 그야말로 무한하다. 삶은 이 같은 선택의 순간을 언제나 새로운 상황에서 새롭게 제시한다. 이미 우리에게 다가온 이 질문을 보다 의식적으로 직시할 때에야 우리는 중간 항로를 지나, 진정으로 성장하기 시작한다.

우리는 분명 우리의 역사와 조건화보다 더 큰 존재이지만, 무의식적인 존재로 남는다면 절대로 역사 이상이 되지 못한다. 의식이 다루지 않은 것은 뭐든 우리의 삶 어딘가에서 밖으로 드러날 것이다. 그러면 그때 난데없이 우리와 주변 사람들은 청구서를 받아들게 된다. 그런데 더욱 슬픈 것은, 우리 자신이 왜 이렇듯 짧고 연약하고 귀중한 생명을 얻게 되었는지 그 이유를 알지 못하게 될 것이라는 사실이다. 페르시아 시인 루미Rumi가 노래한 것처럼 말이다.

왕이 한 가지 특별하고 구체적인 임무를 수행하라고 그대를 어느 나라로 보냈다. 그대는 그 나라로 가서 100가지 다른 일을 수행했다. 그러나 만약 그대가 그 나라로 간 이유였던 그 임무를 마무리하지 못한다면 그대는 아무것도 수행하지 않은 것이나 마찬가지이다. 그렇듯 사람은 한 가지 특별한 임무를 위해 이 세상에 왔으며 그것이 바로 그 사람의 목적이다. 만약 그 사람이 그것을 수행하지 않는다면 그는 아무것도 하지 않은 것이나 다름없다.[10]

5장

로맨스와 사랑,
친밀한 관계의 역학

간혹 나는 완전히 잊어버린다.

동반자 관계가 무엇인지를.

의식적이지 못하고 제정신이 아닌 채로,

나는 슬픈 에너지를 온 곳에 흘린다.

루미, 「간혹 나는 잊는다 Sometimes I Forget」 중에서

내일 아침 출근길에 운전을 하면서 라디오를 켜보라. 지역 뉴스나 스포츠 방송이 아닌 다른 채널로 말이다. 음악을 들어보라. 그음악은 무엇에 관한 것일까? 당연히 '사랑'이다. 왜 하나같이 '사랑' 타령이고 당신의 인생을 제대로 만들어줄 그 사람을 찾는다는 내용일까? 이것이 우리의 가장 깊은 환상 아닐까? 우리 삶의 다른 많은 층위에 스며든 그 환상 말이다. 이 노래들은 우리를 올바르게 만들어주고, 우리의 역사를 치유하고, 정말로 우리를 위해 존재하며, 우리의 가장 강한 개인적 욕구를 해결해줄 그 사람을 찾을 수 있다는 희망의 표현이 아닐까?

불가능한 관계를 맺고 있던 어느 여인이 떠오른다. 그녀는 "어둠 속에서 다른 손이 나타날 때까지 이 손을 놓지 않을 거예요"라고 말했다. 나는 그녀가 무슨 뜻으로 그런 말을 하는지 잘 알았다. 동시에 다른 사람의 도움 없이 어둠과 마주하는 것이 그녀의 과제이며, 그녀 영혼의 여정이 이 용기 있는 행동에 달려 있다는 것도 알았다. 하지만 어떤 자기계발서나 선의의 친구가 어둠을 피하는 방법을 제시하는 대신 어둠과 마주하라고 권하겠는가? 어둠으로부터의 도피는 그게 누구든 간에 아무나의 팔에 안기게 만들 것이다. 그래도 어둠은 더욱 짙어만 갈 것이다.

나는 미국 내의 많은 주와 몇몇 나라에서 다양한 집단을 대상으로 강연을 할 특권을 누렸다. 그럴 때면 언제나 발표 주제가 무엇이든 관계에 대한 질문이 항상 제기되었다. 왜 그럴까? 이에 대한 분명한 대답은, 관계가 그만큼 중요하기 때문이다. 하지만 우리가 관계를 지나치게 중요한 것으로 여기고 있을 수도 있지 않을까? 어쩌다 관계가 그렇게나 중요해졌을까? 거듭해서 강박적으로 떠오르는 것은 예외 없이 다른 시대, 다른 장소로부터 충전되어 우리 삶에서 자율적 발판을 얻었다는 점에서 아마 그 해답의 열쇠를 찾을 수 있을 것이다. 다시 말해, 관계는 강력한 콤플렉스를 불러일으킨다. 모든 집요하고 강박적인 욕망은 처음에 일종의 불안에 의해 연료를 공급받는다. 그렇다면 우리가 관계에 몰두하는 현상의 뒤에는 어떤 의제가 숨겨져 있을까?

현대인의 영혼을 사로잡는 모든 이데올로기 중에서 아마도 가장 강력하고 유혹적이며, 더 망상적인 것은 내게 꼭 맞는 누군가가 어딘가에 있다는 낭만적인 환상일 것이다. 모든 사람은 마음 한구석에 나를 진정으로 이해해주고 나를 돌봐주고 나의 욕구를 충족시켜주고 나의 상처를 아물게 해주고 혹시 운이 조금 더 좋다면 내가 성장하고 욕구를 충족시켜야 하는 부담까지 덜어줄 그런 사람, 한마디로 말해 오랫동안 찾아온 나의 반쪽이 어딘가에 있을 것이라는 생각을 품고 있다. 나는 이 같은 존재를 '마법의 타자magical other'라고 부른다.

이 환상은 모든 사람의 내면에 있으며, 현대 세계에서 가장 강력한 이데올로기이다. 심지어 그 힘은 이 공상의 주요 경쟁자인 다른 환상, 즉 물질을 많이 소유하면 행복해질 것이라는 환상보다 훨씬 더 강력하다. 아마 로맨스와 풍요의 결합은 신에 대한 믿음의 대체물일지도 모른다. 예전에는 인간이 이생에서 충만함을 찾을 수 있다는 인식 자체가 우스꽝스럽고 심지어 불경하다고 여겨졌다. 우리 선조들은 이 세상은 '눈물의 골짜기'이며 그에 대한 보상은 오직 내세에만 받을 수 있다고 믿었다.

오늘날 사후 세계에 대한 믿음은 크게 약해졌다. 미래에 대한 불확실성이 사람들로 하여금 점성술 같은 것을 기웃거리게 하고 있음에도, 산만한 많은 영혼이 영적인 질문에는 거의 관심을 기울이지 않기 때문에 로맨스와 물질적 풍요가 종교처럼 떠받들어지고 있다. 하나의 이데올로기로서 섹스와 사랑에 강박적인 집착은 다른 어떤 것보다 더 두드러지며, 대중문화에 의해 적극적으로 뒷받침될 뿐만 아니라 우리 모두의 가슴속에서도 특별한 자리를 차지하고 있다. 어쨌든 고대인은 에로스를 하나의 신으로 여겼다. 그러면서 에로스가 모든 것들의 바탕이라는 점에서 가끔은 가장 오래된 신으로, 또 에로스의 현존이 모든 순간에 새롭게 느껴진다는 이유로 가끔은 가장 젊은 신으로 묘사되었다. 그래서 우리는 에로스를 무시하지 못한다. 융이 은유적으로 주장했듯이, 신경증은 상처받거나 무시당한 '신'이기 때문이다. 그렇다면 중요한 것은 욕망의 요구나 더 복잡한 관계의 문제를 회피하는 것이 아니라 어떻게 그 문제를 의식적으로 안고 살아갈 것인가 하는 것이다.

심리치료사로서 나는 수많은 깨어진 관계, 결국에는 한낱 인간에 불과한 것으로 드러난 '영혼의 짝soul mates'을 대단히 많이 다루었다. 그렇다면 관계에 도대체 무슨 일이 일어나고 있기에 이런 강박적 환상이 계속되는 것일까? 왜 우리는 이처럼 관계를 갈망하면서도 이미 맺고 있는 몇 안 되는 관계마저 거듭해서 망치는 것일까? 이는 너무나 중요하기 때문에 반드시 물어야 하는 질문이다. 그러나 나는 관계에 대해 이런 질문을 던지면서, 많은 사람이 이 질문의 논리에는 동의하면서도 관계에 반드시 수반되어야 할 개인적 책임은 지지 않으려 한다는 사실을 확인했다.

우리 자신을 돌아보는 것보다 다른 사람에게 실망하는 것이 훨씬 더 쉬운 법이다. 실제로, 최근의 통계는 전통적인 결혼이 크게 줄어들고 있다는 사실을 보여준다. 현재 미국 성인의 56%만이 결혼한 상태인데, 이는 30년 전의 75%에 비하면 크게 줄어든 수치이다. 이혼한 사람도 있고 동성애자도 있지만, 그보다 월등히 더 많은 사람이 결혼하지 않는 쪽을 택하고 있다. 결혼 여부와 관계없이 내 견해로는 관계에 불협화음이 일어나는 두 가지 중요한 원인은 서로에게 과도한 기대를 부여하는 것과 과거의 짐을 현재로 가져와 연약한 새로운 관계에 너무 많은 역사의 짐을 지우는 것이다. 두 가지 경우 모두, 우리가 관계에 가져오는 역사가 무엇이든 간에 그것이 상대방에 대한 끌림과 둘만의 춤을 야기하고, 그로 인해 종종 예측 가능한 결말에 이르게 된다.

투사와 전이, 관계의 정신 역학

모든 관계에는 항상 적어도 두 가지 이상의 정신 역학적 전략이 존재한다. 정도의 차이는 있지만 '투사'와 '전이'가 바로 그것이다. 심리치료사들은 이를 식별하는 법을 반드시 훈련하는데, 그들도 똑같은 인간으로서 다른 사람들과 마찬가지로 이러한 독소로부터 조금도 자유롭지 못하다.

모든 관계는 투사로 시작된다. 비록 매 순간은 완전히 새로운 순간이지만, 우리는 자신을 계속해서 재창조하지 않고도 살아갈 수 있다. 과거의 경험, 의제, 이해 방식을 새로운 사람과 새로운 상황에 반사적으로 덧씌우면 된다. 이것이 바로 투사이다. 그런데 불행히도, 새로운 상황과 새로운 사람을 옛날의 렌즈를 통해 바라보면 그들의 독특한 성격을 우리의 과거 경험으로 오염시키고 과거의 미완성 의제에 맞춰 근본적인 실체를 왜곡할 위험이 있다. 그리고 투사는 기본적으로 무의식적인 현상이기 때문에 우리는 내면의 경험을 다른 사람에게로 외면화하고 있다는 사실을 알지 못한다. 우리 내면의 삶은 투사를 통해서 우리 앞에 심리 드라마를 펼쳐 보인다.

관계에 동원되는 두 번째 심리 기제는 '전이'이다. 역사를 잔뜩 충전한 존재로서 우리는 과거에 나타난 패턴과 이 패턴의 예측 가능한 결과를 새로운 관계로 전이하는 경향이 있다. 우리에게 근본적인 가치는 항상 새로운 환경과 관계에 부여된다. 관계와 관련한 근본적인 가치에는 매력과 혐오, 사랑과 증오, 수동성과 공격성, 신뢰와 불신, 접근과 회피, 친밀감과 거리감 등이 있다. 어린 시절에 경험한 원초적 관계를 토대로 하는 관세에 관한 우리의 핵심적인 관념과 반사적 전략은 예측 가능한 결과와 함께 현재로 끌려나온다.

처음에 우리는 자신의 역사라는 굴절된 스크린을 통해서, 타인을 반사적으로 경험하고 있다는 사실을 깨닫지 못한다. 특히 새로운 상황과 역사의 어느 한 부분이 유사하다는 것을 인식하지 못한다. 우리가 관계에서 그토록 똑같은 패턴을 자주 반복하는 이유도 거기에 있다. 이러한 운명적인 관계는 종종 비극적인 필연성과 묘한 친숙함을 동반하며 일어나고 또 일어난다.

투사가 타인에게서 어떤 낯익은 태도를, 그들이 아니라 우리에게서 비롯된 일단의 특성을 인식하는 것이라면, 전이는 각본이나 케케묵은 드라마, 혹은 프로그래밍된 반복이며, 투사에 뒤이어 일어날 확률이 아주 높다. 기본적으로 우리는 개인의 심리라는 굴절된 스크린을 통해서 타인을 반사적으로 경험하고 있다는 사실을 깨닫지 못한다. 우리의 관계가 똑같은 패턴을 거듭하는 이유이다.

믿기 어렵겠지만 학대당한 아이는 나중에 자신도 모르게 학대하는 파트너를 찾거나 아니면 전혀 활기가 없어 쉽게 통제되는 사람을 찾을 것이다. 어느 쪽을 택하든 그것은 아동기에 '소화되지 않은 사건'에 의해 결정된다. 혹은 장애가 있는 부모에게서 자란 사람은 다른 문제가 있는 사람에게 끌리며, 돌봄과 조력이라는 익숙한 역할을 재현할 것이다. 이런 종류의 패턴은 다양한 모습으로 아주 많은 삶에서 반복되며 무의식적이기 때문에 비극적 불가피성을 낳는다.

많은 대중서와 잡지가 주장하듯이, 만약 우리가 진심이고 정말로 관계를 개선하고자 한다면 이 질문이 유용할 것이다. '지금 나는 다른 사람에게 무엇을 투사하고 있고, 무엇을 전이하고 있는가?' 가장 많이 투사되고 전이되는 것은 우리 역사에 의해 각인되고 충전된 '정신내적 심상intrapsychic imago'이다. 심상은 정신의 매우 깊은 곳에 각인된 이미지를 말한다. 어떤 이미지가 원형적인 어떤 에너지 장을 활성화하고 그로 인해 단지 현재의 상황만이 아니라 전체 역사가 활성화될 때 그 이미지는 하나의 심상이 된다. 사랑하는 사람에 대한 우리의 정신내적 심상은 대체로 관계에 대한 가장 원초적인 경험에 의해 형성되었을 것이다. 이 심상은 대부분 부모와의 경험에서 유래하지만 다른 경험, 즉 외상적이거나 치유적인 경험도이 원초적 데이터에 영향을 미칠 수 있다.

심리치료에 관한 오해 중 가장 흔한 것은 심리치료사가 환자와 함께 그들의 부모에 대한 논의를 끝없이 되풀이하고, 과거로 깊이 파고들면서 환자의 실패를 철저히 해부한다는 것이다. 대부분의 심리치료는 정반대로 현실에 근거하고 또 현재를 지향한다. 그럼에도 불구하고 관계에 관한 우리의 첫 경험, 안전과 신뢰, 예측 가능성, 기대 그리고 다른 전략적 역학에 대한 우리의 메시지는 최초의 보호자나 역할 모델과의 사이에 있었던 중요한 경험에서 유래할 것이다.

모든 아이는 주변 사람들을 의존할 수밖에 없고 대단히 유순하고 또 다른 대안을 모르기 때문에, 어린 시절에 아이와 부모의 관계는 아주 중요하다. 그 때문에 어린 시절에 습득한, 자신과 세상에 관한 메시지는 우리의 영혼에 엄청난 영향력을 가지며 또 놀라울 정도로 오랫동안 남는다. 우리는 쌍둥이 같은 두 가지 범주의 상처,

말하자면 삶에 의해 압도되는 느낌이나 버림받는 느낌을 안고 있다. 그렇기에 자신과 타인에 대한 가장 깊은 심상에 각인된 다양한 전략은 현재 관계의 지배적인 양식이자 패턴을 만들어내는 역동으로 드러나기 마련이다.

압도되는 핵심적 외상 앞에서, 사람은 친밀감을 회피하거나 지배 욕구에 사로잡히거나 아니면 타자에게 과도하게 순응하는 경향을 보인다. 버림받은 심상을 지니고 있다면 그는 둘 사이의 관계에서 자기 파괴적인 역할을 맡거나, 자신이 바라는 것을 끌어내기 위해 상대방에게 과도한 힘을 행사하거나, 아니면 불안에 휩싸여 불가능한 것을 기대하면서 관계를 긴장시킬 수 있다. 이러한 전략을 우리가 의식적으로 선택하는 것은 아니지만 그것들은 우리가 충분히 의식적이지 않고 또 현재에 신경을 온전히 쏟지 않을 때마다 무의식을 뚫고 슬며시 틈새 밖으로 나온다.

우리가 일생 동안 만나는 수만 명 가운데 강한 매력이나 혐오를 일으킬 만큼 충분히 강력하게 이 심상을 자극하는 사람은 겨우 수십 명에 지나지 않을 것이다. 그러나 모든 관계는 이러한 최초의, 가장 영향력 있는 메시지의 흔적을 어느 정도 지니기 마련이다. 이 메시지는 자신과 타인에 대한 것뿐만 아니라 우리가 서로 어떻게 관계 맺는지에 대한 내용을 담고 있다. 이 각본이 더 일찍 작성되고 더 강력하게 충전될수록, 더 원시적이 되며 의식적으로 인식하기 어려워진다. 이런 행동 전략은 모두 역사의 오래된 힘에서 나오며 어쩌다 도전에 직면하면 합리화에 의해 강력하게 옹호된다. 사실, 콤플렉스 덩어리나 다름없는 심상이 작용하고 있다는 것을 보여주는 가장 확실한 증거는 그것을 정당화하는 합리화가 쉽게 동원된다는 것이다.

이 역학은 친밀함의 영역에서 가장 분명하게 드러난다. 다른 영역에서는 여과 장치가 작동하고 있을 가능성이 크다. 공장이나 사무실에서 사람들은 좀처럼 무방비 상태의 자아를 드러내지 않는다. 그에 따른 대가가 클 수 있기 때문이다. 그러나 그럴 때조차도 무방비 상태의 모습이 수시로 삐져나온다. 당연히 친밀한 관계는 그보다 거리가 있고 여과된 관계에 비해 우리가 겪었던 원초적이고 근원적인 경험에 한층 더 가깝다.

지금 나는 우리가 단지 유년기 역사의 포로에 지나지 않는다고 주장하는 것이 아니다. 인생길에서 겪는 관계의 여타 많은 경험에는 자아와 타자에 관한 심상을 수정할 수 있는 힘이 있다. 그렇지 않다면, 우리는 아마 영원히 어린애로 남을 것이며 성장하지도 못하고 치유를 경험하지도 못할 것이며 운명의 희생자로 남을 것이다. 그래도 오래된 심상의 힘을 무시해서는 안 된다. 그 심상이 무의식적으로 남아 있을 때, 우리는 파트너를 선택하는 일을 지금의 현실에 맡기지 않고 역사에 위임할 가능성이 크다. 그렇게 되면 낯익은 패턴이 그대로 나타나고 부모 사이에 작용했던 역학을 반복할 가능성이 높다.

프로그래밍된 우리의 정신적 레이더는 언제나 전원이 켜진 상태로 세상을 탐지하고, 투사를 끌어당기거나 자극할 수 있는 사람을 식별한다. 이들은 잠시 우리의 무의식적 의제와 전이된 역사의 짐을 짊어질 수 있는 사람들이다. 이러한 탐색, 이러한 환상은 우리 문화의 주요 연료이다. 낭만적인 사랑에 대한 환상, 말하자면 우리 대신 우리 삶이 잘 돌아가도록 하고, 우리를 치유하고 보호하고 양육하며, 세상의 트라우마로부터 지켜줄 그 '타자'가 있을 것이라는 환상 말이다. 동시에 그 타자도 자신의 역사적 자료를 우리에게로 넘긴다. 사정이 이렇기 때문에 관계가 대단히 복잡해지고 또 아주 쉽게 망가지는 것도 당연하다. 만약 우리가 서로에게 투사하고 있는 심상과 전이된 역사를 한눈에 모두 볼 수 있다면 그 그림은 아마 러시아워의 오헤어 공항 관제사 앞에 놓인 화면처럼 보일 것이다.

예를 들어 비행기 안이나 파티에서 A라는 사람이 B라는 사람을 만날 때, A와 B는 각자 의식적 의도성을 갖고 서로에게 말을 걸 수 있다. 가끔 관계는 이런 식으로 전개된다. 피상적인 사회적 거래에서 형성되는 대부분의 관계가 이렇다. 그러나 각자는 파티에 자신의 역사를, 즉 '정돈되지 않은 기억의 침대'를 갖고 온다. 단지 B가 그 자리에 있다는 사실이나 B의 외모, 행동 혹은 분위기가 A의 무의식을 자극할 수 있다. 그러면 투사가 촉발되고 이에 따른 전이된 역사도 함께 온다. 이런 일이 일어나면 매력이든 혐오든 강력한 감정이 활성화된다. B는 자신이 이 모든 에너지를 받고 있다는 사실을 알 수도 있고 모를 수도 있지만, 그럼에도 이 에너지는 양 당사자에게 영향을 미칠 것이다.

무의식은 외부 세계를 지속적으로 훑으면서 모든 새로운 만남에 대해 이런 식으로 묻는다. '나는 이 사람에 대해 뭘 알고 있지?' '여기엔 언제 와봤지?' '나는 이 사람에게 어떤 식으로 반응하고 있지?' 두 사람이 만나면 각자는 이미 영향을 받고 변화했지만, 둘 사이에 이러한 변화가 일어났다는 사실을 전혀 의식하지 못할 수 있다. 개인들만 이런 식으로 강력하면서도 무의식적으로 서로에게 작용하는 것은 아니다. 집단과 심지어 국가까지도 이와 같은 무의식적인 방식으로 서로 관계를 맺으며, 종종 비극적이고 반복적인 결과를 낳는다. 각자가 내면에서 직면하지 않은 것 때문에 종교, 민족 집단, 국가 간에 얼마나 많은 역사적 공포가 일어났는가? 우리가 자신에 대해 알지 못하는 부분은 거의 항상 타자에게 끔찍한 짐이 된다.

양 당사자가 상호 투사에 빠지면 서로에 대해 강한 혐오감이나 강한 매력을 느낄 수 있다. 내게 심리치료를 받은 한 여인은 TV에서만 본 풋볼팀 코치에게서 강한 부정적 인상을 받았다고 했다. 완전한 이방인에게 이런 당황스러운 감정을 느끼고 몇 개월이 지난 뒤, 그녀는 마침내 위쪽으로 말린 그 코치의 입술이 어릴 때 자기를 흉보던 엄마의 찌푸린 얼굴을 상기시킨다는 사실을 깨달았다. 여기에선 완전히 낯선 사람이 다른 낯선 사람을 싫어하는데, 그 미움은 현재에 강요되는 역사의 힘 때문에 일어난다. 그러나 투사가 매력을 일으킬 때는 그 타자와 결합하고 싶은 욕망이 일어난다. 투사가 야기한 이 동일시가 바로 '로맨스'라고 불리며, 사람들은 어디에서나 이것이 자신의 정신에, 잠자고 있는 엔도르핀 그리고 깊이 공명하는 반복적 의제에 강력한 영향을 미치기를 간절히 바란다.

나는 왜 내가 할 일을 그가 대신하기 바라는가?

'사랑'을 추구하지 않는 사람이 있을까? 사랑에 '빠지고' 싶어 하지 않는 사람이 있을까? 단테가 피렌체의 혼탁한 아르노 강변에서 베아트리체를 처음 본 순간부터 어떤 사람이 신비로운 낯선 이를 만난 '어느 매혹적인 밤'에 이르기까지, 투사적이고 낭만적인 역사의 순간은 대단한 찬양을 받아왔다. 사람들은 심지어 스크린에 나타나는 이차원의 이미지만으로도 영화배우를 사랑하게 된다. 존 힝클리John Hinckley는 한 영화배우가 자신에게 관심을 갖고 자신을 중요하게 여기도록 하기 위해 대통령을 암살하려고까지 했다. 현실이 이런데도 우리가 상징의 세계에 살고 있지 않다고 말할 수 있을까?

일반적인 지혜에 따르면, 연인들은 바보이고 또 눈먼 존재들이다. 또한 감응성 정신병을 앓는 것으로도 여겨진다. 왜냐하면 상호투사가 일어나는 상황에서 사람은 현실과의 의식적인 관계가 아니라 개인적 역사의 압도적인 힘을 바탕으로 행동하기 때문이다. 잘 알려져 있듯이 그런 행동은 종종 재앙으로 이어진다. 몇 세기 전에 시인 루미가 표현했듯이 그럼에도 우리가 이 재앙을 얼마나 갈망하는지 주목하라.

나는 그대에게 입 맞추기를 간절히 바라노니.
입맞춤의 대가는 그대의 생명이라.
이제 내 사랑은 나의 생명을 향해 달려가며 외친다.
어찌 이런 거래가! 입맞춤을 취하자.[11]

나는 위험한 결과를 초래하는 일련의 로맨틱한 모험을 즐기던 내담자를 기억한다. 그녀가 자신의 결정에 따를 대가를 조금 더 진지하게 의식하기를 바라면서 나는 그녀에게 영화 〈데미지〉를 보라고 권했다. 이 영화는 강박적인 외도로 인해 자신의 인생과 커리어, 가족을 파멸로 이끈 외교관을 그려냈다. 그녀는 다음 치료 시간에 와서 "내가 원하는 것이 바로 그런 거예요"라고 말했다. 아니, 뜨거운 열정과 엄청난 대가, 심각한 피해가 그녀가 원한 것이었다니!

재앙이 복합적으로 닥치는 상황에서도, 사랑의 광신자에게는 로맨스가 거의 전적으로 투사라는 심리 기제에 의해 추진되는 환상에 불과하다는 주장이 여전히 로맨스라는 종교에 대한 신성모독으로 여겨진다. 그리고 우리 모두는 그 이야기의 다음 장이 어떻게 펼쳐질지를 잘 안다. 우리의 투사 뒤에는 놀랍게도 우리와 다를 바 없는 한 인간이 서 있을 뿐이다. 그가 누구든 어떤 존재든, 완벽하지 않은 그의 실체는 마침내 제 모습을 드러내게 되어 있다. 그러면 완전히 다른 그림이 나타날 것이다. "당신은 변했어. 정말 달라졌어. 내가 생각했던 그런 사람이 아니야"라는 소리가 들린다. 그는 정말이지 항상 우리의 투사와 심리적 계획이 짐작하는 바와 다르다. (물론 심오한 무엇인가는, 우리가 '사랑'이라고 부르는 것에 걸맞은 무엇인가는 투사가 붕괴해도 살아남을 수 있을지도 모른다. 하지만 이 같은 행복한 발견이 이루어지리라는 보장은 어디에도 없다.)

투사의 힘이 침식되면, 투사는 다시 무의식으로 돌아온다. 그 후 우리는 혼동과 방향감각 상실, 짜증을 경험하게 되며 아마 투사를 최대한 오래 떠받치기 위해 통제 전략을 더 많이 동원할 것이다. 이

때 그 현상을 진정으로 분석하면서 자신의 의식으로부터 나온 어떤 역학, 각본, 기대, 혹은 프로젝트가 자기도 모르게 타자에게 투사되었다는 사실을 겸허하게 분별할 수 있는 사람은 극히 드물다. 그 타자가 먼발치에서 본 유명인사든 사무실의 동료든 아니면 이웃이든, 우리 모두는 따지고 보면 이방인들이다. 우리 자신도 잘 모르는데 어떻게 남을 제대로 알 수 있겠는가? 그런데도 거의 초자연적인 투사의 힘이 우리의 마음을 완전히 빼앗아버린다.

어느 누가 자신의 심리적 삶 중에서 실종된 부분에 끌리지 않겠는가? 그것이 바로 투사가 담고 있는 것이며, 이 같은 현상의 힘을 느끼지 않는 사람은 없다. (오늘날 '영혼의 짝'이라는 말이 진부한 표현이 된 것도 당연하다. 왜냐하면 거기에는 우리 영혼의 어떤 측면이 관여하고 있는데 엉뚱하게도 우리가 그 타자의 내면에서 그것을 본다고 착각할 수 있기 때문이다.) 어떤 사람의 의식이 약할수록 그가 투사에 집착할 가능성이 더 크고 역사의 힘, 욕망의 의제, 반복의 수레바퀴에 사로잡혀지낼 가능성 또한 더 커진다.

이런 식으로 무의식의 역사에 사로잡히는 현상은 로맨틱한 영화와 연극의 소재가 되지만, 그 작품들의 영향이 건전한 경우는 흔치 않다. 이런 투사의 힘을 보여주는 두드러진 예는 스토킹에서 발견된다. 한때 내 내담자 중에는 법원 관리가 있었는데 그는 자신이 좋아하는 여자가 그와 그의 소유욕을 받아들이지 않자 그녀를 스토킹했다. 접근금지 명령을 어겨 법원에서 쫓겨날 위기에 처한 상황에서도 그는 강박적으로 그녀의 뒤를 계속 따랐다. 가정 폭력도 마찬가지로 배우자의 실체가 내가 투사한 기대와 일치하지 않는데도 타인의 현실을 존중하지 못하는 데서 비롯된다. 그 불일치를 허약한 자아는 폭력에 의존함으로써만 견뎌낼 수 있다. 도시마다 여성들을 위한 '쉼터'가 있고, 육체적 혹은 언어적 폭력이라는 슬픈 현상이 많은 이별을 낳는다. 폭력적인 남자들은 자신의 심리적 삶에서 부족한 것에 대해 책임을 질 정도로 의식과 인격이 강하지 못하다. 그들은 고뇌에 찬 자신의 영혼을 받아주지 않는다는 이유로 타자에게 주먹을 휘두른다.

비슷한 맥락에서 한 내담자는 아내가 자신에게 충실하지 않은 것 같고 믿을 수 없다는 이유로 사랑하는 아내를 몰아붙였다. 아내가 결백을 선언했고 그 말이 명백해 보였음에도, 이 내담자가 아내를 평가하는 능력은 그가 여덟 살 때 낯선 사람과 함께 그의 눈 앞에서 집을 나가버린 어머니에 대한 기억으로 인해 크게 훼손되었다. 그는 그날 이후로 자기 어머니를 한 번도 보지 않았다. 실제로 버림받은 경험으로 프로그래밍된 이 심상이 너무나 강력하게 충전되어 아내에게 전이되었고, 결국 역사가 반복되었다. 아내에게는 남편의 강박적인 의심과 불신을 떠나는 것 이외에 다른 선택지가 없었으며, 이로 인해 어린 시절에 그에게 각인된 심상은 비극적으로 다시 강화되었다. 이 내담자에게는 이성도 해석도 약물치료도, 초기에 각인된 이 심상보다 절대로 더 강하지 않았다.

이 역학에서 가장 결정적인 요소는 우리의 의식적인 삶과 우리 안에 있는 무의식적인 것의 관계이다. 우리가 알지 못하는 것들이 의식적 삶의 추정을 훼손할 것이며 동시에 투사의 내용물을 공급할 것이다. 특히 사랑에 빠지기가 그토록 쉽고 또 너무나 즐거운데, 누가 이런 경고를 듣고 싶어 하겠는가? 우리는 그런 순간에 작동하는 자신의 정신 과정에 얼마나 자주 주의를 기울이는가? 또 우리가 미지의 타자에게 요구하고 있는 것이 무엇인지를 묻고, 또 타자에게 요구하고 있는 그것이 정작 그들의 문제가 아니라 우리의 문제라는 점을 얼마나 자주 인정할 수 있는가? 일반적으로, 투사가 허물어질 때에야 이런 질문을 하기 시작할 가능성이 있다. 그리고 많은 사람 심지어 심리치료를 받는 사람조차도 관계에 얽힌 역사를 다 탐구하고 또 과거 관계의 역학을 이해해놓고도 아주 쉽게 맹목적인 장소로 걸어 들어간다.

실은 '사랑에 빠진' 사람을 치료하기란 거의 불가능하다. 술에 취한 사람을 대상으로 심리치료 작업을 할 수 없는 것과 마찬가지다. 사랑에 취한 사람은 종종 중독자보다 더 심한 고통을 받는다. 그들은 일시적으로 정신병자가 된다. 그들은 투사가 충분히 약화되고 자아 의식이 적절한 기능을 회복하기 전까지 삶을 반성하지도, 온전히 자기 것으로 소유하지도, 정리하지도 못한다. '사랑'의 환상은 모든 사람을 손아귀에 잡고 흔든다. 특히 자신의 내면을 들여다보며 자신의 욕구를 충족시킬 책임을 지려는 의지가 약한 사람은 사랑의 환상에 더욱더 쉽게 사로잡힌다. 게다가 투사는 우리가 사랑한다고 주장하는 타인을 비인격화한다. 그러면 타자는 우리 정신의 대상, 즉 인공물이 되고 그 순간 우리는 더 이상 그들과 윤리적 관계에 있지 않다.

의식하든 안 하든 우리는 서로에게 영향을 미친다. 가끔은 좋은 쪽으로 또 가끔은 나쁜 쪽으로. 심리치료사와 호스피스 종사자, 혹은 부모와 자식이 종종 확인하듯이, 간혹 어떤 타자는 그 존재만으로도 치료의 효과를 발휘할 수 있다. 그런가 하면 때로는 상호 무의식적인 작용이 서로에게 해로운 영향을 미치기도 하는데, 이는 숨겨져 있는 무엇인가가 의식적인 존재에게 이상하고도 강력한 힘을 발휘하기 때문이다. 우리는 이방인에게 혹은 시트콤의 캐릭터에게 혐오감을 느끼기도 하는데, 이는 무슨 이유에서일까? 그 미지의 타자가 우리가 자신 안에서 부정하고 싶어 하는 특성을 갖고 있기 때문이다. 혹은 그가 우리가 되도록 멀리 달아나고 싶어 하는 딜레마에 빠져 있기 때문이다. 대체로 말하면, 의식적으로든 무의식적으로든 우리 마음을 움직이게 하는 모든 것은 우리 내면에 깊이 묻혀 있는 어떤 측면을 건드리는 것으로 확인된다.

'사랑에 빠지는 행위'의 은밀한 목표는 타인과의 합일이며, 이때 당사자가 가장 간절히 바라는 결과는 의식의 소멸이다. (오르가슴을 뜻하는 프랑스어 표현인 '라 쁘띠 모르트la petite morte'는 '작은 죽음'이라는 뜻이다.) 소멸 욕구는 우리 여정의 엄격함과 고난에 불가피하게 따르는 부산물이긴 하지만, 그 욕망이 아주 우세할 때 우리는 유치해지고 퇴보하고 의존하게 되고, 또 은밀히 그렇게 되기를 바란다. 그러나 낮의 밝은 햇살 아래서 보면 이 욕구는 그다지 아름다워 보이지 않는다. 앞으로 살펴보겠지만 진정으로 타자를 사랑하겠다는 보다 큰 각오는 이와 매우 다른 의제, 더 엄격한 소명을 요구한다.

사랑이라는 행위로 야기되는 문제를 면밀히 분석하면 거기에서 몇 가지 함의가 드러난다. 첫째, 우리가 자신에 대해 모르고 있거나 알고 싶어 하지 않는 것이 '연인'에게 투사되는 경향이 있다. 둘째,

우리는 어린 시절의 의제, 유아적 갈망, 개인적 성장을 위한 과제의 부담을 타자에게 투사하는 경향이 있다. 셋째, 타자는 결국 우리 삶의 과제를 책임질 수 없고, 또 져서도 안 되기 때문에 투사는 불가피하게 마모되고 관계는 권력 투쟁의 양상을 띠며 악화되는 경향을 보인다. 타자가 우리가 관계에 품은 의제에 부합하지 않을 때, 우리는 종종 훈계, 애정의 철회, 수동적/공격적 사보타주, 때로는 노골적인 통제 행동을 통해 그들을 조종하려 든다. 그러다가도 타자가 항의하고 나서면 우리는 잘못한 게 아무것도 없다고 주장한다. 보통 우리 자신의 합리화를 믿기 때문인데, 사실 우리가 사랑한다고 주장하는 타인은 우리 때문에 희생을 당했다.

정신분석가 앨든 조시Alden Josey는 언젠가 "우리는 은밀히 타자를 식민지화하기를 바란다"는 의미심장한 은유를 사용했다. 대부분의 제국주의 국가들처럼, 우리는 이기적인 의제를 정당화하기 위해 온갖 합리화를 동원한다. 그래서 네 번째 함의는 우리가 자신과 타자를 위해 할 수 있는 최선의 길은 자신의 발달 의제를 더 많이 실천하는 것이라는 점이다. 달리 말해, 성숙한 관계를 유지하려면 자신부터 성숙해야 한다. 관계와 관련한 무의식적 '계약'이 오히려 우리가 성장을 회피하도록 설계되었다면 이는 매우 어려운 과제이다. 우리가 정직한 마음으로 '내가 사랑하는 사람에게 요구하고 있는 것 가운데 내가 스스로 해야 할 것은 무엇인가?'라고 자문할 수 있을 때, 우리는 성장을 시작할 수 있고 결국 이는 상대방에 대한 사랑의 태도를 표현하는 것일 수 있다.

이 모든 것이 이론적으로는 이해가 되지만 실제 삶에서 실천하는 것은 또 다른 문제다. 커플 치료가 어려운 이유 중 하나는 각 당사자가 상대방을 비난하지 않으면서 둘 사이의 불화에 어떤 정신 역학이 작용하고 있는지 살펴보도록 하기가 대단히 어렵기 때문이다. 게다가 각자의 유치한 의제를 포기하고 자기 인생 여정에 모든 책임을 지는 네 번째 원칙을 수행할 수 있는 지점으로 양 당사자를 데리고 오기는 더더욱 힘들다. 이는 타인에게 짐을 지우는 대신 자신의 삶을 힘껏 살고 발전의 과제를 수행하는 것을 의미한다.

앞에서 보았듯이, 실패한 투사는 모두 자아에게 좌절과 패배로 경험된다. 그러나 모든 투사는 우리에게로 다시 돌아온, 우리 자신의 한 측면이다. 우리는 우리에게 돌아온 엄청난 그 에너지, 성장 혹은 퇴행의 의제를 가지고 무엇을 할 것인가? 이 같은 질문을 진지하게 던지고 이 질문대로 살려고 노력한다면, 관계가 실제로 진정한 친밀함을 향해 성장할 수 있고, 두 사람이 그 관계 속에서 성숙을 이룰 가능성까지 열린다.

어떤 관계도 양 당사자가 관계를 위해 꾀한 성숙도 이상으로 발전하지 못한다는 것은 피할 수 없는 진실이다. 만약 이 진리와 도전을 받아들일 수 있다면 우리는 우리가 사랑한다고 주장하는 타자를 자유롭게 할 수 있을 뿐만 아니라 어린 시절의 의존성이라는 족쇄로부터 우리 자신도 자유롭게 만들 수 있다. 우리 정신이 유치한 영역에 있는 것은 잘못이 아니다. 우리는 모두 회복 중인 어린아이들이기 때문이다. 그러나 무력화되고 나르시시즘에 의해 추동되는 지난 역사를 사랑하는 사람에게 강요한다면 이는 비난받아 마땅하다.

오래도록 성숙한 관계를 유지하려면

그렇다면 성숙한 관계는 어떤 모습일까? 도덕적인 사랑의 관계를 촉진하고 또 오래 이어지도록 하는 것은 무엇일까? 우리가 자신의 여정에 대한 책임을 모두 지고 있다면 다른 사람을 위한 자리는 무엇 때문에 있는 것일까? 다행히도 이 질문에 대한 꽤 설득력 있는 대답이 있다. 다른 사람이 우리에게 진정으로 안겨주는 것, 그들이 주는 최고의 선물은 우리의 제한된 시각을 모방하거나 확인하는 것이 아니라 우리와 꽤 다른 그 사람만의 시각, 말하자면 그들의 타자성 그 자체이다. 미성숙한 정신은 안전감을 느끼기 위해 확인을 필요로 하고, 관심사와 감수성의 복제를 요구한다. 모든 것에서 동의를 추구하는 것이야말로 미성숙하고 미발달한 상태로 머물 수 있는 가장 확실한 방법이다.

더 성숙한 관계는 '타자성' 그 자체, 즉 나의 것과 너의 것이 결합해서 제3의 것을 창조한다는 사실을 보여주는 변증법적 원칙에 기반한다. 이 '제3의 것'이 바로 서로에게 영향을 미친 결과로 나타나는 발달의 과정이다. 우리는 그 영향을 우리의 개인적 감수성에 통합함으로써 성장한다. 똑같은 사상에 동의하거나 똑같은 가치를 모방하거나 똑같은 방법에 찬성함으로써 배우고 성장하는 것이 아니다.* 비록 불안한 순간에 처하면 쉽게 망각하곤 하지만 우리는 차이

---

* 쇠렌 키르케고르는 이렇게 관찰한 바 있다. 어른들은 마치 학교에 다니는 아이들처럼 서로의 석판에서 답을 베끼기만 하고 결코 스스로 해답을 찾지 않는다고.

의 경험을 통해 성장한다. 그 차이를 포함하고 심지어 그것을 더 넓고 더 정교한 선택의 범위로 통합하는 능력이야말로 진화하는 관계의 주요 과제이자 선물이다.

'사랑에 빠진' 상태는 마취성이 대단히 강하기 때문에 의식을 마비시키고, 성장을 지연시키고, 영혼을 잠들게 한다. 다른 존재를 의식적으로 사랑하려면 모호함 앞에서 위험을 무릅쓰고 용기와 관용의 힘을 발휘할 수 있어야 한다. 이런 자질이 부족한 사람은 절대로 진정한 관계를 맺을 수 없다. 성숙한 관계를 이루는 능력이 부족한 사람은 절대로 자신의 삶을 온전하게 살 수 없다. 타자와의 만남에서 우리는 우리 영혼의 광대함을 깨닫기 시작한다. 우리가 좋아하지 않는 부분까지 포함하는 타자의 영혼에 깃든 광대함을 마주함으로써, 우리는 우리의 유아적인 의제가 추구하는 축소가 아니라 확장을 꾀하라는 부름을 받는다. 개성과 마찬가지로, 관계의 선물은 그냥 주어지지 않으며 노력해서 성취해야 한다.

다른 사람의 신비와 접촉하기 위해 우리라는 존재가 가진 신비를 끌어낼 수 있을 때, 우리는 확장을 꾀할 수 있는 발달의 과정에 올라서게 된다. 융이 표현했듯이 "관계를 맺지 않는 사람은 전일성이 부족하다. 왜냐하면 사람은 오직 영혼을 통해서만 전일성을 달성할 수 있고, 영혼은 언제나 '타자'에서 발견되는 그 이면裏面 없이는 존재하지 못하기 때문"이다.[12] 융이 주장하는 내용은 겉으로 보이는 것보다 훨씬 더 미묘하다. 융은 전일성이 오직 타인과의 관계를 통해서만 이루어질 수 있다고 주장한다. 오직 그런 방법을 통해서만 제3의 것이 나타날 수 있다. 만약 은둔자처럼 오직 자신과만 대화를 나눈다면, 우리는 광기 혹은 자신에게만 집착하는 신경증에 쉽게 갇힐 수 있다.

그러나 융은 이 역설을 타자와의 관계뿐만 아니라 우리 자신과의 관계와도 연관시킨다. 우리 자신과의 관계가 없다면, 아마 우리가 테이블에 올려놓을 수 있는 것은 거의 아무것도 없을 것이다. 만약 우리가 오직 타인과만 대화한다면 우리는 자신 안에 있는 해결되지 않은 무의식적인 것 모두를 타자에게 강요하게 될 것이다. 타자와의 변증법적 대화는 우리의 분리된 자아 사이의 대화와 각자의 내면적 대화를 모두 포함해야 한다. 만약 어떤 관계가 위험하고 예측할 수 없는 곳까지 각자의 성장을 촉진하고 지원하지 않는다면 그 관계는 성숙한 관계가 아니다. 그것은 퇴행적인 둘만의 광기일 뿐이다.

여기에 어떤 역설이 작용하고 있다. 다른 사람이 우리의 상처를 고쳐주고 우리의 욕구를 충족시켜주고 우리를 성장의 고통으로부터 보호해줄 것이라고 기대하는 마음이 강할수록, 그 관계는 장기적으로 보면 더욱더 불만족스러워질 것이다. 그 관계는 정체의 늪으로 침몰할 것이다. 그러나 만약 우리가 부분적으로 파트너의 타자성을 마주함으로써 관계를 성장을 꾀하라는 명령으로 받아들일 수 있다면, 관계는 각자가 위험을 감수하고 확장하고 그들이 시작한 지점을 넘어 성장하도록 응원할 것이다.

앨리슨과 제니퍼는 똑같이 전문직 종사자인데 관계를 이어오는 동안 늘 서로에게 분노를 느꼈다. 그들은 사소한 문제로 걸핏하면 다퉜으며 그러고 나면 한동안 서먹한 상태로 지냈다. 나는 이들을 따로 만난 다음에 두 사람이 서로에게 품고 있는 불만이 너무나 비슷하다는 사실에 깜짝 놀랐다. 두 사람 모두 상대방이 우울증에 빠져 있다고 생각했다. 또한 둘 다 심리치료사가 상대방을 환자로 진단해야 한다고 생각했다. 그것만이 아니었다. 두 사람 모두 자신이 상대방을 버리는 것처럼 보일까 봐 개인적 관심사를 추구할 수 있을 만큼 상대방과 오랫동안 떨어져 있지 못한다고 생각했고, 둘 다 파트너의 명백한 통제 행동에 분개했다.

나는 그들에게 개별적으로 허락을 받아 각 파트너의 입장을 담은 두 통의 편지를 썼고, 그들이 보는 앞에서 상대방에게 건넸다. 그들은 분명히 놀랐을 텐데, 사실 내가 그들에게 쓴 편지의 내용은 완전히 똑같았다. 편지를 읽으면서 그들은 처음에는 놀라움을 표현하다가 차츰 그들의 문제가 터무니없다는 것을 깨닫고는 웃음을 터뜨렸다. 두 사람은 상대방의 행복에 대해 과도하게 책임감을 느꼈고, 개인적인 관심사를 추구할 시간을 더 많이 갖기를 바랐으면서도 꽤 합리적인 이 소망이 상대방에게 이기적으로 비칠까 봐 두려워했다. 그러는 가운데 두 사람은 각자의 발전 의제를 고의로 피하면서, 상대방을 원망하고 비난하며 위축되어갔다. 두 사람이 자신들의 관계에 대해 서로 똑같은 생각을 하고 있다는 사실을 깨닫지 못했기 때문에 그들의 관계는 정체될 수밖에 없었다. 그 이후로 둘 사이에 작용하고 있던 가시는 말끔히 제거되었고, 둘의 관계는 양측 모두가 성장을 꾀할 수 있는 성숙한 연합에 더 가까워졌다.

모든 치료적인 개입이 이처럼 상호 성장을 위한 합의로 발전할 수 있다고 말할 수 있다면 얼마나 좋겠는가. 애석하게도, 심리치료를 받은 뒤에도 아주 많은 관계가 파트너에게 부모를 투사하는 행태 때문에 계속 비틀린다. 투사와 전이 현상은 지속력이 엄청나며, 모순어법을 빌리면 '사심 없는 사랑disinterested love'이라고 부를 수 있는 사랑을 경험할 기회를 방해하면서, 그 가능성을 어린 시절의 미해결된 나르시시즘적 욕구로 대체해버린다.

그럼에도 불가피한 투사도 언젠가는 반드시 사라지게 되어 있다. 그러면 우리는 더욱 커진 인생 여정에 걸맞게 그 관계를 성장시키라는 명령을 다시 받게 된다. 이제 로맨스는 사랑이라 불릴 가치가 있는 무엇인가로 대체될 수 있다. 되돌아온 투사가 우리에게 안기는 도전을 겸허한 마음으로 대면한 결과 일어나는 일이다. 이것이 바로 사랑이 아이가 아니라 큰 사람을 필요로 하는 이유이다. 아이들은 순간의 변덕에 따라 사랑하고 헤어지기를 거듭한다. 큰 사람은 밀려왔다가 밀려가곤 하는 인생의 조수를 부드럽게 타고, 또 친밀감과 거리감, 방어와 개방 사이를 자유롭게 오가며, 양가감정과 모호함을 인내함으로써 성장할 수 있다. 사랑은 상대방에게 성장을 꾀할 자유를 최대한 부여할 것을 요구한다. 진정한 사랑을 하고 있다면, 당연히 우리 자신도 상대방에게 그런 자유를 요구할 수 있어야 한다.

간혹 나에게 로맨스에 반대하느냐고 묻는 사람이 있다. 사실 나는 절대로 로맨스에 반대하지 않는다. 문제는 로맨스와 사랑을 혼동하는 태도이다. 만약 로맨스가 상대방에 대한 섬세한 관심과 관계가 펼쳐지는 분위기에 대한 이해 그리고 감정적 교감에서 형성되는 정서를 의미한다면, 로맨스도 관계를 기름지게 가꾸고 새롭게 키울 수 있다. 그러나 만약 로맨스가 대개의 사람들이 생각하는 것처럼 두 사람이 정신을 못 차릴 만큼 서로에게 홀딱 빠지는 것을 의미한다면, 그들이 현실의 땅으로 추락하는 것은 시간문제일 뿐이다. 이런 경우라면 로맨스는 현실을 방해하는 것에 지나지 않는다.

관계 속에서 피어나는 정서는 영혼을 키운다. 그러나 타자를 미화하는 로맨스는 한동안은 즐거운 기만이 될 수 있을지언정 진정한 관계에 요구되는 지속력은 부족할 것이다. 문제는 로맨스 자체가 아니라 로맨스가 짊어져야 하는 추가적인 짐이다. 이와 같이 투사와 숨겨진 의제를 먹고 자라는 로맨스는 실제로 장밋빛 구름 뒤로 우리의 본질적인 신비를 흐릿하게 숨길 수 있다. 로맨스가 영혼의 가능성을 암시하기에 정신적 황홀감을 불러일으킬 수 있지만, 연결을 지속시킬 수는 없으며 불가피하게 실망으로 이어진다. 오직 황홀감만을 추구한 삶은 결국엔 덧없고 피상적인 삶으로 확인될 것이다. 세속적인 종교의 역할을 자주 하는 로맨스는 오래가지 못한다. 어떤 사람이 의식적으로 이런 단기적인 종교적 입장을 추구하겠는가? 그러나 문화적으로 우리는 이 로맨스의 신전으로 반복해서 달려가는 듯하고, '정돈되지 않은 기억의 침대'에서 계속 잠들고 있다.

어떤 관계가 생식기 혹은 콤플렉스의 맥락이 아닌 영혼의 맥락에서 유지될 때, 또는 인생의 당연한 조건인 불안 장애를 완화하는 수단으로서가 아닐 때, 우리는 당연히 자신의 근본적인 신비뿐만 아니라 파트너의 근본적인 신비까지 직시하게 된다. 파트너의 근본적인 신비를 너그럽게 보아 넘길 수 있을 때, 우리는 이미 더 큰 사람이 되고 있는 중이다.

외로움에 대한 두려움과 성장에 대한 두려움은 우리 시대의 주요 장애이다. 외로움으로부터의 도피는 사람들을 쇼핑몰에서 어슬렁거리게 하고, 나쁜 관계에 머물게 하며, 약물을 남용하게 하고, 가장 나쁘게는 자기 자신과의 관계를 피하게 만든다. 자신과 좋은 관계를 유지할 수 없는 마당에 어떻게 다른 사람과 좋은 관계를 맺을 수 있겠는가? 자신으로부터 도피한다는 것은 다른 사람과 함께 있으면서 언제나 불편을 느낄 수 있다는 의미이다. 우리는 자신의 내면에서 보기 두려워하는 것을 다른 사람의 내면에서도 보기 두려워할 것이다. 자신의 내면에서 다루기를 피하는 것을 타인의 내면에서도 피할 것이다. 또 자기 내면의 장벽은 다른 사람과의 관계에서도 장벽으로 나타날 것이다.

성장한다는 것은 곧 자신에 대해 심리적 책임까지 진다는 의미이다. 경제적 책임이나 사회적 책임을 지는 것만으로는 절대 충분하지 않다. 경제적 책임이나 사회적 책임은 심리적 책임에 비하면 훨씬 수월하다. 성장한다는 것은 곧 자신에 대해 영적 책임을 진다는 의미이다. 다른 어떤 사람도 우리의 가치에 대해 정의를 내리지 못하고, 우리의 권위를 대신하지 못하며, 필요한 선택을 피하도록 하지 못한다. 자기 자신에 대해 이런 책임을 받아들이기 전까지 우리는 타인에게 집 없는 우리 영혼을 위한 쉼터가 되어달라고 요청하게 될 것이다.

다른 사람에게 의지하려는 욕망은 이해할 만하고 또 보편적이지만, 그럴 경우에 상대방도 우리에게 똑같은 것을 바랄 것임을 기억하라. 그런 관계는 대단히 미성숙하고 정체된 것으로 드러날 것이다. 우리 모두의 내면에 거주하는 거대한 영혼은 시간이 흐르면 화를 내고 짜증을 부리면서 증후를 통해 실망의 메시지를 보낼 것이다. 그러다 어느 정도 시간이 더 흐르면, 외적으로 파트너와 연결되어 있든 아니든 우리는 에로스의 에너지를 일이나 다른 사람, 혹은 다른 투사적 가능성으로 전환하거나 우울증이나 육체적 질병으로 내면화함으로써 심리적으로 그 관계를 떠날 것이다.

아이러니하게도 현대의 대중문화가 해결책이라고 떠들며 제시하는 것이 오히려 더 깊은 불행을 초래할 수 있다. 통상적으로 사랑이라고 여겨지는 것은 두 불완전한 존재의 융합에 불과하며, 이 두 사람은 퇴행적 의제에 이바지한다. 이는 시인 릴케가 말한 영혼의 관계, 즉 자신의 고독을 다른 이와 나누는 것이라는 개념과 얼마나 다른가. 진정한 사랑은 우리에게 두려운 의제의 짐을 짊어지고, 우유부단하고 소심한 발걸음을 대담한 삶의 발걸음으로 바꾸며, 상대방에게 우리를 돌보는 과업을 떠맡기지 않기를 요구할 것이다.

더욱이 영화나 소설, 드라마가 우리에게 절대로 말해주지 않는 것이 있다. 에로스의 영원한 동반자가 바로 파토스pathos라는 것이다. 욕망과 고통은 쌍둥이다. 만약에 사랑하려 한다면, 우리는 그와 동시에 더 큰 고통을 언제나 받아들일 준비가 되어 있어야 할 것이다. (기저귀를 찬 귀여운 아이 큐피드가 심장을 관통하는 화살을 쏘는 이유도 거기에 있을 테다.) 다른 사람을 사랑하는 것은 우리가 그 사람을 고통으로부터 보호해주지 못하는 것처럼 그 사람 또한 우리를 고통으로부터 보호해주지 못한다는 진리를 배우는 것이다. 또 우리는 어느 한 사람이 다른 사람을 잃게 되리라는 사실을 일찌감치 배우게 될 것이다. 그리고 자기 자신조차 제대로 모르는 상태에서는 신비스러운 타인을 절대로 알 수 없다는 진리를 발견할 것이다. 타인의 습관과 강점, 약점을 다 배웠다 해도 우리는 결코 타인의 신비에 대해서는 조금도 더 잘 알지 못한다.

우리는 관계의 중요한 선물이 영화와 노래가 제시하는 것과 꽤 다르다는 점을 알게 될 것이다. 또 타자와의 접촉을 통해서 우리 자신에 대해 더 많은 것을 배울 것이다. 가끔은 알기를 원하는 그 이상으로 많이 말이다. 또 타자가 인간이라는 사실 앞에서 우리는 연민을 더 많이 발휘하자는 요구를 받을 것이다. 그러다가도 홀로 남을 때면 고독을 성취한 사람들의 세계를 경험할 수도 있다.

'외로움의 특효약은 고독'이라는 격언이 있다. 고독은 우리가 홀로 있으면서도 홀로가 아니라는 것을 배우는 것으로 정의할 수 있다. 고독을 성취할 때, 다시 말해 자신과의 의식적인 관계를 성취할 때 우리는 자신을 타자와 더 자유롭게 공유할 수 있고, 반대로 타자의 선물을 더 자유롭게 받을 수 있으며, 어린 시절의 목표, 말하자면 다른 사람을 이용하려는 목표로 인해 유치해지지 않을 수 있다.

성숙한 관계는 희생을 요구한다. 단순히 타인을 위해 우리의 나르시시스트적인 관심사를 제쳐두는 일상적인 희생만이 아니다. 이역시 작은 성취는 아니지만 그것만으로는 충분하지 않다. 만약 그런 희생에만 그친다면, 둘의 관계는 갈수록 불만을 키우다가 때가되면 강압적으로 희생을 요구하는 단계에 이를 것이다. 이 같은 강요된 희생의 독소가 많은 관계를 망쳐놓았다. 각 파트너에게는 관계의 발달을 도모하는 희생이 요구된다. 이는 변증법적인 측면에서 보면 이해가 쉽다. 이 같은 희생은 상대방의 타자성에 마음을 열기 위해 자신의 퇴행적인 의제를 기꺼이 중단할 것을 요구한다. 절대로 쉬운 일이 아니다. 스티븐 던Stephen Dunn은 우리에게 이를 상기시킨다.

누구도 상대방에게 물어서는 안 된다네
"무슨 생각 하고 있었어?"

아무도 묻지 말아야 하네
과거와 그 속의 거주자들에 대해 듣고 싶지 않다면

혹은 현재의 이 이상한 외로움에 대해
듣고 싶지 않다면[13]

이 같은 희생은 동반의존이 아니며, 초자아의 의무나 당위의 과잉도 아니다. 이는 두 사람의 영혼의 발전을 위한 투자이다. 많은 커플을 보면서 나는 어느 한쪽이 파트너의 성장에 저항하는 것을 목격했다. 그들은 그가 성장하면서 에너지를 다른 데 쏟거나 다른 길로 이끌릴 것을 두려워한다. 그러나 한쪽이 다른 한쪽의 성장을 부정하면 원망만 쌓이고 두 사람 모두 힘든 상황에 빠져 불행을 겪기 마련이다.

에로스의 변형, 즉 욕망의 굴절은 우리를 이 땅 위의 많은 곳으로 그리고 우리라는 존재의 신비 안에서 이곳저곳으로 데려간다. 그러나 에로스, 즉 우리를 세상 속으로 끌어내는 생명력이 없었다면 우리는 언제나 집에 머물다가 시들어갔을 것이다. 세상에 맞설 만큼 크거나 관계의 도전에 맞설 만큼 큰 사람도 없었을 것이다. 그러나 영혼의 소명에 이바지할 때 친밀한 관계는 그 신비를 다루는 많은 길 중 하나에 지나지 않는다. 다른 많은 영역을 무시하고 오직 친밀한 관계에만 의존할 경우 우리는 상대방에게 자신이 살지 못한 삶을 부담 지울 뿐만 아니라 영혼이 우리에게 끊임없이 내밀고 있는 그 초대장을 보지 못할 수도 있다.

어느 관계에서든 동반자 관계, 목표의 상호성, 성적 관심, 상대방을 응원하는 태도는 아주 소중한 가능성이다. 그러나 영혼의 의제에 참여하는 것이 우리의 진정한 과제이며, 이 인생 여정 자체가 우리의 진정한 집이라는 사실을 배우고 나면, 우리가 맺는 관계가 이 소명을 어떻게 지원하거나 방해하는지를 분명히 볼 수 있게 된다. 이 여정을 우리의 집으로 받아들이면 관계는 이제 자유로이 인생의 성장과 영혼의 목표를 추구하게 될 것이다. 이 여정을 진정으로 받아들일 때 우리는 우리를 떠받치는 듯한 강력한 에너지로 넘쳐날 것이며 그 에너지를 어두운 구석 곳곳으로 흘려보낼 것이다. 이 에너지에 어울리는 단어가 있다. 바로 '사랑'이다. 그것은 타자에 대한 사랑일 뿐만 아니라 이 삶과 이 여정에 대한 사랑이며, 영혼의 과제에 대한 사랑이다.

6장

인생의 중간쯤에서 돌아보는
가족의 의미

대체로 아이에게
가장 강력한 정신적 영향을 미치는 것은
부모가 (…) 살지 못한 삶이다.

카를 융

역사적으로 가족은 필수적인 제도로 발전해왔다. 가족은 혈족뿐만 아니라 생존에 필요한 일과 필수적인 집안일을 수행하고 부족의 가치를 전승하는 데 관여하는 모든 사람을 포함했다. 사람들은 함께 모여 집단을 형성할 때 자신을 더 잘 방어하고, 역할이나 임무를 분담하고, 연속성을 확보할 수 있었다. 사회생물학자들의 이론이 옳다면 남성은 종의 존속을 위해 정자를 퍼뜨리도록 유전적으로 프로그래밍되었고 여성은 자신과 연약한 아이를 보호하기 위해 지속적인 파트너십을 추구하도록 유전적으로 프로그래밍되었다. 이 두 의제를 달성하는 데는 아마 결혼제도가 가장 적합했을 것이다. 결혼은 에로스가 빠지기 쉬운 극단적인 변화를 통제하고 방향을 잡을 수 있을 만큼 충분히 공인된 힘을 가지고 있기 때문이다.

문화가 발달함에 따라 가족은 변화하는 세계, 적대적인 침략, 자연의 약탈 그리고 식량과 보금자리를 찾는 끊임없는 탐색 속에서 유일한 안정적 단위가 되었다. 이 안정적인 단위는 더 나아가 문화의 중요한 전달자로 진화했다. 즉 부족의 신화, 사회적 역할 기능 그리고 부족의 가치와 초월적인 가치를 이어주는 매개체가 되었다.

하지만 가족은 항상 그 이상이었고, 지금도 그 이상이다. 깨어졌든 온전하든 한곳에 모여 있든 멀리 흩어져 있든 말이다. 가족은 우리 모두가 참여하는 원형적인 힘의 장이었고 지금도 그렇다. 우리는 청소년기 끝 무렵에 처음으로 물리적으로 가족을 떠나고 나서도 한참 뒤까지 그 힘의 장에 이끌린다. 심리적으로 가족을 떠나는 것은 인생 후반에 해야 할 보다 결정적이고 또 가끔은 불가능하기도 한 과업이다. 가족과 멀리 떨어져 있을수록 또 세월이 흐를수록, 우리가 눈에 보이지 않는 가족을 마치 우리의 정신 속에서는 항상 옆에 있는 듯 느끼면서 괴로워하는 이유가 거기에 있다. 융이 이렇게 관찰했듯이 말이다.

주어진 어떤 원형과 일치하는 상황이 벌어지면, 그 원형이 활성화되고 어떤 강박관념이 일어난다. 이 강박관념은 본능적인 충동처럼 이성과 의지에도 불구하고 제 길을 열고 나간다.[14]

이 때문에 우리의 한쪽에서는 아버지가 영원히 걷고 있고, 다른 한쪽에서는 '어머니의 그림자가 부드러운 걸음으로 다가온다.'[15]

한편 모든 중요한 제도, 말하자면 교회와 정부와 가족 등이 지닌 규범의 힘과 권위, 안정성이 지난 2세기 동안에 점진적으로 크게 약해졌으며, 그 결과 오늘날 그 제도들은 대체로 향수와 냉소, 습관 등으로 이어지고 있다. 첫 번째 요소인 향수는 11월 초쯤부터 자주 들리는 〈크리스마스엔 집에 갈게요I'll Be Home for Christmas〉라는 노래로 확인된다. 내 내담자들은 대부분 휴가에 대해 불행한 기억을 가지고 있다. 또 그들은 가족이 무엇인가를 바로잡아줄 것이라는 부적절한 희망을 품었다가 실망했든가, 휴가 기간에 집을 찾았다가 자신을 괴롭히는 가족의 역학을 다시 겪든가, 혹은 죽었거나 소원해진 가족을 그리워한다. TV에서 보는 상업화된 버전의 가족을 바탕으로 기대할 수 있는 그런 그림은 아니다. 낭만적인 사랑의 환상과 마찬가지로 이상적인 가족을 이루지 못하는 이유는 아마도 우리가 그것에 너무 많은 것을 요구하기 때문일 것이다.

성장을 지지하는 가족, 성장을 제약하는 가족

오늘 오후 나는 40대 후반의 남자와 마주 앉았다. 휴가를 맞아 그는 막 가족을 방문하고 돌아온 참이었다. 여기저기 흩어진 그의 가족은 한자리에 모였고 서로에게 익숙한 광기도 함께 가지고 왔다. 이번에는 아버지가 돌아가셨다. 어머니는 치매에 걸려서 인자한 모습을 보이다가도 금세 예전의 심술궂은 모습으로 돌아가곤 했다. 형 한 명은 알코올 중독의 안개 속을 떠돌고 있었고, 다른 한 명은 비디오 게임에 중독되어 있었다. 여동생 하나는 유부남 두 명과 사귀고 있었다. 내담자의 인생 이야기를 기꺼이 들어주려는 태도를 보인 사람은 다른 여동생 한 명뿐이었다.

그런 삶의 이야기를 들으면서 나는 내담자에게 그는 생존자이며, "오직 나만 홀로 탈출하여 주인께 말하러 왔나이다"라고 한 욥의 말을 되풀이할 자격이 있다고 일러주었다. 그러자 그가 "가족 중에서 내가 구할 수 있는 사람은 몇이나 될까요?"라고 물었다. 이에 대해 나는 "한 사람뿐이지요. 당신뿐이라는 뜻입니다"라고 대답했다. 가족 구성원은 약물 남용, 지속적인 비난의 모습을 보이며 그를 괴롭히는 한편으로 근본주의적인 사고방식을 이용해 그에게 죄책감을 유발했다. 이로 인해 상처받은 그는 타인과 친밀한 관계를 맺는 것을 대단히 위험한 일로 느끼게 되었고, 외로움 속에서도 결코 다른 사람에게 마음을 내주지 않으려고 노력했다. 우리가 험한 강을 건너고 숲을 가로질러서라도 할머니 댁까지 가는 이유도 바로 여기에 있다.

그렇다면 이동성과 변화, 익명성이 특징인 지금 이 시대에 가족은 무엇이고, 가족에 무엇을 요구하는 것이 합리적일까? 하나의 제도로서 가족은 역사적으로 생존과 자녀 보호, 문화적 가치의 전달에 필요했지만, 지금 나는 가족 제도를 순진하게 그냥 높이 평가하고만 있을 생각이 없다. 왜냐하면 가족이 독재의 수단이 되고, 공인받은 억제의 도구가 되고, 개인의 발달을 방해하는 요소가 될 수 있다는 사실을 내 눈으로 수도 없이 확인했기 때문이다.

결혼과 관련해 어려운 질문을 던질 때처럼, 우리는 여기서도 가족을 둘러싸고 있는 감상적인 생각에 대해 의문을 제기해야 한다. 나는 모든 결혼생활에 대해 이런 질문을 기꺼이 던지곤 했다. '이 사람들은 이 관계를 유지함으로써 서로 성장하고 있는가, 서로를 유치한 존재로 만들고 있는가? 이 관계가 그들을 더 큰 자기로 나아가게 하는가?' 얼마나 많은 영혼이 결혼생활에서 죽었고, 또 얼마나 많은 영혼이 결혼생활에서 번창했는가? 최초의 불화에 서로 빗장을 걸어 잠글 것이 아니라 불화를 함께 해결해나가기로 약속한다는 측면에서 보면, 결혼은 영혼의 고귀한 투자이다. 그러나 안전지대나 경제적 합의, 부모를 기쁘게 하거나 사회적 승인을 얻기 위한 방법으로 택하는 결혼은 혐오스럽고 영혼을 해친다. 그렇기에 우리는 가족이라는 제도가 구체적인 상황에서 영혼을 풍성하게 가꾸는지를 확인하기 위해 가족에 대해서도 이러한 어려운 질문을 던져야 한다.

가족에 대해서 이런 질문을 던지도록 하라. '각 구성원이 서로 다른 존재로 성장하는 데 필요한 응원과 확신을 충분히 주고받고 있는가? 아니면 가족이 되는 데 따르는 대가가 순응인가? 말하자면, 각 구성원의 개인적 성장 의제를 뒤엎어야 하는가?' 결혼이 당사자들에게 충성을 요구하고 결혼에 따른 임무에 충실하고 불화의 해결에 기꺼이 나설 것을 의무로 지우는 것처럼, 모든 가족도 각 구성원이 가족의 삶에 전적으로 참여하라고 요구할 권리가 있다.

그러나 결혼과 가족 문제를 다루는 심리치료사들은 가족 간의 교류가 대체로 가장 힘든 상황에 처한 구성원을 중심으로 돌아간다는 사실을 잘 안다. 아이가 치명적 질병을 앓는 경우를 제외하고는, 가장 힘들어하는 구성원은 십중팔구 부모 중 하나이거나 둘 다이다. 누군가가 가족에 대해 감상적으로 미화하는 소리를 들을 때, 나는 종종 거기서 그 사람 본인이 경험한 가족보다는 가족 본연의 모습에 대한 향수를 탐지한다. 가족 안에서 사랑과 지지의 관계를 경험한 사람은 자신이 경험한 것을 갈망할 필요가 없다. 그들 존재의 바탕에 그런 사랑과 지지의 관계가 안정적으로 내면화되어 있기 때문이다.

　내가 가족이라는 개념에 대해 부정적이거나 냉소적인 견해를 갖고 있다고 짐작하지 않기를 바란다. 한 사람의 심리치료사로서 거의 매일 환자들을 대상으로 가족이 그들의 삶에 안긴 상처를 치유하려고 노력하는 것은 사실이다. 그러나 나는 내 가족 안에서 분에 넘치는 사랑을 받았고, 다른 구성원이 나를 위해 희생하기도 했으며, 또 내가 세상을 서툴게 헤매고 다닐 때 나를 걱정해주는 사람이 있다는 사실에 헤아릴 수 없이 풍요로워졌다. 나의 요점은 오히려 나 자신이 어떤 것도 의식의 현실적인 검열을 피할 수 없다고 믿는다는 것이다. 모든 가족에 대해 우리는 이런 질문을 던져야 한다. ‘여기서 영혼은 얼마나 풍성해지는가? 가족이 더 큰 삶의 모델을 제시하지 못해 구성원들의 삶에 피해를 안기지는 않는가? 가족 사이에 팽배한 두려움이나 한계라는 유리 천장에 의해 구성원들의 삶이 제한을 받고 있지는 않은가?’

되풀이되고 되물림되는 가족의 역사

　톨스토이의 『안나 카레니나』의 첫 문장이 떠오른다. 행복한 가족은 모두 비슷한 방식으로 행복하지만, 불행한 가족은 저마다의 방식으로 불행하다는 내용이다. 가족 안의 부모는 누군가의 자녀이고, 다른 가족에서 온 난민이다. 이 가족 또한 다른 누군가의 자녀에 의해 지배되었는데, 그 자녀는 이미 오래전에 희미한 역사 속으로 사라진 사람이다. 우리는 누군가의 자녀에게 완벽한 부모가 되기를 과도하게 요구하지만, 그들의 심리적 결함은 그들 본인과 자식들에게 역사의 짐을 안길 것이고, 이 역사의 짐은 앞으로 다가올 수십 년 동안 눈에 보이지 않게 삶을 지배한다.

만약 부모가 다음과 같이 말하면서 자식을 무조건적으로 믿어줄 수 있다면, 우리 삶과 세상에는 아주 많은 변화가 일어날 것이다. "너는 우리에게 아주 소중한 존재야. 너는 언제나 우리의 사랑과 응원을 받을 거야. 네가 세상에 태어난 것은 너 자신의 삶을 가꾸기 위해서란다. 남에게 절대로 해를 입히지 말되, 네가 될 수 있는 만큼 충분히 되려는 노력을 멈추지 마. 너는 넘어지고 실패할 때에도 여전히 우리의 사랑을 받을 것이고 환영을 받을 거야. 하지만 네가 이 세상에 태어난 것은 우리를 떠나기 위해서야. 우리를 기쁘게 해주는 그런 일에 대해서는 조금도 걱정하지 말고 너의 운명을 개척하며 꿋꿋이 나아가도록 하렴." 우리 역사가 얼마나 많이 바뀔까! 또 자신의 나르시시스트적 욕구를 기꺼이 희생하는 부모의 용기 덕에 아이는 얼마나 큰 자유를 누릴까! 그러면 각 부모는 아이를 통해 살지 않고 삶이 그에게 가져오는 질문을 다룰 자유를 얻을 것이다! 아이들은 수치심을 느끼거나 자괴감에 빠지지 않고 언제나 사랑과 응원을 받는 가운데 세상을 탐험하고 실험하며 비틀거리다가도 다시 일어서는 모습을 보일 것이다. 이 아이는 인생을 살다 보면 당연히 겪게 되는 패배와 절망의 시기에 가족의 사랑과 응원을 영혼의 양식으로 삼을 것이다.

하지만 부모들 중에서 자식에게 이런 식으로 무조건적인 사랑을 베풀 수 있는 사람은 거의 없다. 자신이 그런 사랑을 받아보지 못했기 때문이다. 그리고 역사는 이상한 방식으로 되풀이된다. 지금 누가 아이를 낳고 있는가? 부모로부터 막 분리되고자 하는 젊은이들, 가족의 역학 때문에 힘들어하는 젊은이들, 가정과 직장 생활이 요구하는 임무를 모두 떠맡아 압도된 젊은이들이다.

조부모들은 젊은이들을 따라잡을 에너지는 없어도 그들에게 제시할 것이 많다. 수십 년의 세월을 살아오면서 자기 모습을 더욱 분명하게 직시하게 되었고 성숙에 도달했기에 손주들에게 본보기가 될 수 있다. 한편, 자신의 인생 여정을 진지하게 받아들이지 않은 탓에 여전히 나르시시즘에서 벗어나지 못하고 언제나처럼 요구사항을 늘어놓다가 손자의 집에서 환영받지 못하는 존재가 되어버린 자신을 발견하고 충격을 받는 조부모도 있다.

나는 성인이 된 두 아들 중 누구도 종교적 기념일을 함께 축하하자고 초대하지 않아 화가 난 한 여성을 기억한다. 그런 기념일이면 어머니를 초대하는 것이 자식의 도리라고 그녀는 주장했다. 그러나 나는 그녀가 왜 환영받지 못하는지 그 이유를 금방 알 수 있었다. 그녀는 자신의 정서적 욕구를 억제할 수 있을 만큼 충분히 성숙하지 않았다. 과거와 유일한 차이가 있다면, 그녀의 집에서 어릴 때 포로로 지냈던 아들들이 지금은 어머니의 지나친 욕망에 맞서는 요새로서 자신의 가정을 지킬 수 있게 되었다는 점이다. 이런 환경은 누구에게도 이롭지 않다. 이런 상황에서는 어느 영혼도 지지받지 못한다.

완전할 수는 없지만 충분히 좋은 부모

융이 너무도 정확한 표현으로 모든 부모의 급소를 찔렀듯이, 자식이 떠안게 되는 가장 큰 짐은 바로 부모들의 살지 못한 삶이다. "대체로 아이에게 정신적으로 가장 강력한 영향을 미치는 것은 부모(그리고 조상들, 왜냐하면 여기서 우리는 '원죄'라는 고대의 심리적 현상을 다루고 있기 때문이다)가 살지 못한 삶이다."[16] 융이 전하고자 하는 바는 부모가 성장하기를 멈추고 두려움에 떨며 인생 여정의 모험을 감수하지 못할 때, 그러한 부모의 모델과 제약 그리고 영혼을 거부하는 태도가 아이에게 내면화된다는 뜻이다. 그 결과, 성인이 된 아이가 부모가 되었을 때, 이 패턴은 또 다른 가족과 또 다른 아이에게로 이어질 가능성이 크다. 기본적으로 제한적일 수밖에 없는 자기 부모의 패턴을 되풀이하지 않는다고 해도, 부모가 살지 못한 삶을 극복하려 노력하면서도 여전히 그것에 제한되거나 영혼의 깊은 상처를 달래기 위해 알코올이나 일에 중독되는 현상을 보일 것이다. 이런 영향을 의식하지 못하면 패턴을 되풀이하거나 그것을 보상하려는 시도가 강력하게 작용할 것이다.

고대 그리스 로마 시대의 상상력이 직관적으로 이해했고 또 가족 치료를 전문적으로 하는 심리치료사들이 확인하고 있듯이, 이 패턴은 몇 세대 동안 이어지고 또 그렇게 재생산되면서 다양한 변형을 낳았다. 이 같은 조상의 미토스mythos*가 주변 곳곳에 보이는데, 우

---

* 어떤 집단이나 문화의 특유한 가치관이나 신앙 양식 등. ― 옮긴이

리가 어떻게 가족에 대해 현실적으로 접근하지 않을 수 있을까? 가족에 대한 감상주의나 과도한 기대를 비판적으로 바라보지 않고서 어떻게 그 안에서 작용하는 인과적 요소를 이해할 수 있을까?

보통 중년기에 이르면 자식들은 성숙해지기 시작하고, 부모에 맞서고, 가족보다 또래들과 더 밀접한 관계를 맺는다. 사춘기의 반항은 어느 날 갑자기 미움을 받고 싶다거나 반대하고 나서겠다는 식의 변덕 때문에 일어나지 않는다. 그보다는 어떤 강한 에너지가 사춘기 아이들의 내부에서부터 강하게 밀려 올라옴에 따라 일어난다. 이로써 아이는 성숙에 필요한 분리를 시작하게 된다.

사춘기 청년의 육체는 변화하고 있다. 사회적 역할에 대한 기대도 점점 더 커진다. 그런 가운데 성년기를 코앞에 둔 아이들은 수시로 변화하는 호르몬과 정서적 영향에 크게 흔들린다. 책임감을 느끼는 한편으로 아이로서 누렸던 안전을 갈망하는 모순적인 욕구를 보인다. 그들 본인이 상충된 감정으로 심한 내적 갈등을 겪고 있기 때문에 타자와의 관계에서 어려움을 겪는 것은 당연하다.

10대 자식을 둔 부모에 대한 나의 조언은 언제나 똑같다. "마음을 차분히 가라앉히고 기다리세요." 아이들은 결국 성장해서 당신 곁을 떠날 것이다. 물론 아이들은 모든 것을 당신 탓으로 돌릴 것이다. 하지만 결국 자신의 문제가 언제나 자신을 따라다닌다는 사실을 깨달을 것이다. 더욱 충만한 삶으로 모범을 보여주려고 노력하라. 당신이 자식들에게 원하는 그런 도덕적 기준을 그대로 삶으로 실천하라. 아이들에게 당신과 다를 수 있도록, 말하자면 그들이 추구하고 싶어 하는 삶을 살도록 허락하라. 기준과 경계선, 합리적인 기대를 제시하는 가운데 무조건적인 사랑을 베풀어라. 청소년들도 이처럼 한계를 제시하는 메시지를 절실히 필요로 하지만, 그들은 내면의 혼란 때문에 한계를 스스로 설정하지 못한다.

자식들이 집을 떠나 독립할 때 눈물과 안도의 한숨이 동시에 나오는 것은 당연하다. 나 역시 내 아이들이 떠날 때 울었지만, 동시에 나는 그들이 집을 떠나지 않는다면 내가 부모로서 정말 실패한 것이나 마찬가지라는 사실을 알고 있었다. 영국의 정신과 의사 도널드 위니코트Donald Woods Winnicott가 제시한 '충분히 좋은 부모the good-enough parent'라는 표현에 크게 공감한다. 우리는 완벽할 수 없다. 우리가 완벽하다면, 부모라는 존재가 자식들에게 얼마나 끔찍한 부담이 되겠는가. 그러나 흔히 말하는 빈둥지 증후군에 시달리며 우울증을 겪는 부모는 자기 자신의 발달과 자식의 발달을 혼동한 데 따른 대가를 치르고 있는 것이다. 우리는 부모의 살지 못한 삶과 나르시시스트적인 욕구, 버림받지 않을까 하는 두려움이 아이에게 어떤 식으로 전이되는지를 볼 수 있다. 그리고 아이가 독립해 집을 떠날 때, 부모는 자신의 삶에서 해결되지 않은 문제와 함께 남겨진다.

모두가 부모가 되어야 하는 것은 아니라는 점은 명백하다. 기껏해야 성인 중 절반 정도만이 아이를 돌보는 임무를 맡을 수 있을 만큼 성숙할 것이다. 자식을 양육하는 임무는 삶의 많은 것을 희생할 것을 요구한다. 그래도 이 희생에 대한 보상은 꽤 괜찮은 편이다. 부모와 자식 사이의 경험 자체가 많은 보상을 안겨주며, 또한 이 경험이 우리 자신의 성장에도 큰 도움을 주기 때문이다. 그럼에도 많은 경우 생산적인 양육은 불가능하다. 왜냐하면 부모가 자신의 자아와 아이의 자아를 구분하지 못하기 때문이다. 자신의 여정에 온전히 책임을 질 수 있고 그 여정을 자식에게 투사하지 않아야 진정으로 성숙한 단계에 이른 부모라고 할 수 있다.

부모의 가치를 모방하라거나 좋은 학교에 들어가거나 괜찮은 사람과 결혼하거나 좋은 일자리를 선택하라는 식으로 어떤 목표를 성취하라면서 아이에게 부담을 주는 예를 얼마나 자주 보았는가. 만약 그 요구를 따르지 않으면 아이는 실패했다는 느낌이나 죄의식에 시달리게 될 것이다. 반면에 부모의 명시적이거나 암시적인 선택에 순응하는 아이는 다른 사람의 삶을 사는 처지에 놓일 것이다.

'나의 부모를 기쁘게 해주면서 내면적으로 죽어가든가, 아니면 독립적으로 인생 여정에 나서면서 부모의 사랑을 포기하든가 둘 중 하나를 선택해야 한다.' 아이가 처한 딜레마가 얼마나 가혹한가. 아이의 독특한 여정을 그런 식으로 망쳐놓는 것은 일종의 영적 폭력이다. 그리고 결정적인 선택이 다 이루어지고 몇 년이 지나서야 겨우 자신에게 이런 영적 결함이 있다는 사실을 깨닫는 사람이 얼마나 많은가.

그런 식으로 순응을 요구하는 것은 절대로 사랑이라 불릴 수 없다. 왜냐하면 그것이 우리가 사랑한다고 고백한 바로 그 대상에게 아주 깊은 상처가 될 것이기 때문이다. 그럼에도 자식을 자유롭게 놓아주고, 무조건적으로 사랑하고, 자신의 의지대로 살아가도록 허용할 준비가 되어 있는 부모는 과연 몇 명이나 될까? 또 자신이 원하는 삶을 안정된 마음으로 추구하면서 부모가 다른 선택을 선호할지라도 자기 선택을 지지해주리라고 느끼는 아이는 과연 얼마나 될까? 얼마나 많은 부모가 자신의 부모로부터 이러한 자유를 원하면서도 여전히 자신의 자녀에게는 베풀지 못하는가? 부모가 아무리 좋은 뜻을 품고 있다 해도 부모의 마음에 무의식적으로 남아 있는 것은 자식에게 전이되고, 아이가 더 충만한 삶을 추구하는 데 지속적인 장애물로 작용할 것이다.

또한 앞에서 보았듯이, 중년에 이르면 부모의 타고난 자기와 획득한 잠정적 인격 사이의 간극이 아주 커져서 부모의 심리, 결혼, 가족의 안정성이 위태로워지는 지경에 이를 수도 있다. 모든 사람에게 고통스러운 시기가 아닐 수 없다. 어느 청년은 자기 부모가 이혼할 때 느낀 심정을 이런 식으로 표현했다. "제가 집을 떠나야 한다고 생각했지, 집이 저를 떠날 줄은 몰랐어요." 이런 농담 아래에는 청년의 눈물이 맺혀 있었다.

대략 아이들의 절반 정도가 가족의 해체를 경험한다. 많은 경우, 이 해체가 오히려 아이에게 이로울 수도 있다. 아이들의 일상을 괴롭히는 갈등과 불만의 원인 중 일부가 제거될 것이기 때문이다. 또 어떤 경우에는 가족의 해체가 일을 더욱 어렵게 만들기도 한다. 해체된 모든 가족을 보면, 거기에는 부모에 대한 깊은 갈망과 안정적이고 예측 가능한 가정에 대한 환상, 불확실한 세상에서 집이 약속하는 안전에 대한 갈망이 있다.

자녀, 부모 그리고 나를 위한 시간을 확보하라

아이를 둔 어머니이자 심리치료사인 한 40세 여성이 내게 며칠 전에 말했다. "지금 아버지와 대화할 수 있으면 좋겠어요."이에 대해 나는 그런 소망을 충분히 이해한다고 대답했다. "나도 아버지와 대화하길 원해요. 그리고 나는 매일 아버지와 대화를 하고 있어요. 아버지가 내게 뭐라고 말씀하실지 알 것 같거든요." 나는 그녀에게도 아버지와 대화해보라고 제안했고, 내면의 무엇인가가 그녀에게 반응한다고 느낄 때 놀랄 수도 있다는 말도 덧붙였다. 집에 대한 향수가 그토록 강한 것은 놀라운 일이 아니다. 향수라는 단어의 그리스어 어원에서 알 수 있듯이, 우리는 '집을 그리워하는 아픔'을 느낀다. 집은 세파에서 비켜나 쉴 수 있는 휴식처이고, 갈등이 빚어지는 무서운 세상에서 안전을 보장하는 안식처이다. 로버트 프로스트는 언젠가 집은 당신이 갈 곳이고 당연히 당신을 받아들이는 곳이라고 말했다. 이는 자그마한 위안이지만, 때로는 그 위안마저도 사라진다.

마찬가지로, 인생 후반을 맞은 부모들은 자기 부모가 늙어가고 힘을 잃고 그러다 마침내 죽는 것을 경험한다. 내가 만난 많은 환자는 부모의 죽음에서 해방감을 느끼는 것 같았다. 비록 죄의식을 느끼긴 했지만 더는 부모를 기쁘게 해드리지 않아도 괜찮게 되었기 때문이다. 또 다른 환자들은 부모에게 해드리지 못한 일에 대해, 하지 못한 말에 대해, 이제 더는 바로잡을 수 없게 된 관계에 대해 죄책감을 느끼며 힘들어했다. 부모의 죽음 앞에서 일부 사람들은 절망을 느꼈다. 문제를 바로잡아보려던 희망이 영영 물거품이 되어버렸기 때문이다.

또 다른 사람들은 부모의 죽음 앞에서 불안 발작을 경험했다. 불화의 시기에도 언제나 켜두고 있던, 눈에 보이지 않는 보호의 울타리가 완전히 제거되었고, 그로 인해 불가해한 세상에 대한 완충제가 사라져버렸기 때문이다. 이제 그들의 차례가 되어 직접, 벌거벗은 채로 우주 앞에 서게 되었다. 죽음의 행렬에서 다음 순서를 기다리게 된 것이다. 토마스 하디Thomas Hardy가 자기 친구에게 두 사람이 함께 알고 지내던 어느 친구의 죽음에 대해 썼듯이 "이제 우리 앞에 있던 가느다란 붉은 선이 사라지고 있는 것"이다. 하디의 은유는 결국 정복할 수 없는 적에 맞서 행진하는 영국 군대의 대열을 상기시킨다.

인생 후반으로 접어들어 10대 자녀를 키우면서 동시에 부모들을 돌보고 있는 사람들을 흔히 '샌드위치 세대'라고 부르는데, 이들은 자신의 발달을 꾀하려고 아무리 의식적으로 노력해도 그러기가 어렵다는 사실을 깨닫는다. 이런 입장에 있는 사람이 원망을 피할 수 있는 유일한 길은 자식이나 부모를 돌보는 일을 더욱 의식적으로 하려고 노력하는 것이다. 이는 곧 자녀와 부모에 대한 돌봄 책임을 수행하면서도 자신을 위한 시간을 확보해야 한다는 의미이다. 앞서 말한 원망은 좀처럼 겉으로 드러나지 않기 때문에 무의식 속에서 곪고 만다.

자신을 오랫동안 무시하면 그 결과는 어딘가에서 반드시 나타나기 마련이다. 아마도 육체적 병이나 우울증, 또는 억압된 분노의 누출인 짜증으로 나타날 것이다. 개인의 자유 그리고 성장에 대한 욕구와 타자의 욕구 사이에서 균형을 맞추기란 어려운 과제이다. 이는 결코 쉬운 일이 아니지만 균형을 이루지 못하면 심신 쇠약이나 분노 그리고 내면으로 돌려진 분노인 우울증을 피하지 못할 것이다. 책임감이 아무리 강하더라도 그런 식으로 병에 걸린 나무에서는 훌륭한 열매가 열리지 못하는 법이다.

나이 든 부모가 젊은 시절에 자신에 대한 책임을 전혀 지지 않았다면, 그들은 성인이 된 자식에게 특별히 더 많은 것을 요구할 수 있다. 나르시시스트로 성장한 사람에게 어떻게 갑자기 성숙하기를 기대할 수 있겠는가? 실제로 보면, 대개는 나이가 들면서 예전보다 둥글어지는 모습을 보이기보다 더욱 모난 모습을 보인다. 지금 푸념하는 사람은 갈수록 푸념을 더 많이 할 것이다. 지금 의존적인 사람은 갈수록 더 어린애처럼 굴 것이다. 지금 부인하는 사람은 갈수록 남 탓을 더 많이 하게 될 것이다. 성장을 무시하면서 자신의 정신적 행복에 대한 책임을 지기를 거부하는 사람은 기력이 떨어질 때 남이 그 책임을 대신 져줄 것이라고 기대할 것이다.

이중의 부담을 진 중년들은 삶의 다른 영역에서 아무리 유능할지라도 이처럼 요구사항이 많은 부모와의 관계에서 건전한 균형을 꾀하기가 특별히 더 어렵다는 사실을 깨달을 것이다. 그런 성인들은 부모를 멀리함으로써 자신을 지나치게 보호하려 들든가 아니면 부모의 기대에 저항하지 못하고 무력한 모습을 보이면서 사실상 자신을 보호할 경계선을 그을 수 없다고 느낄 것이다. 혹시라도 자식이나 부모에게 '아니요'라고 말해야 할 때 이들은 심한 죄책감에 가습이 찢어지는 아픔을 느낄 것이다. 하지만 이들은 무엇 때문에 죄책감을 느끼는가? 죄의식으로 보이는 것은 사실 불안의 한 형태일 때가 많다. 말하자면, 자신을 버릴 수도 있고 또 곧잘 처벌할 수도 있는 부모에게 맞서 자신을 주장한 대가로 일찌감치 삶에서 습득한 불안인 것이다. 부모 콤플렉스는 절대로 사라지지 않는다. 다만 '지하'로 숨어들어 성격의 다른 영역으로 침투할 뿐이다.

우리의 삶 중 많은 것들이 죄의식의 지배를 받는다. 만약 어떤 사람이 자신의 욕구를 충족시키는 것이 건강하고 정직한 일이며, 또 다른 사람의 요구에 종종 한계선을 그을 필요가 있다는 것을 충분히 의식할 수 있다면, 그것이 과연 무슨 잘못이겠는가? 죄의식을 유도하는 것은 사실 의존적인 부모가 즐겨 사용하는 전략일 수 있다. 이런 부모는 아주 일찍부터 자식을 통제하기 위해 죄의식을 이용했을 것이다. 그러나 만약 고분고분한 행동을 강요하는 죄의식이 실은 불안을 관리하기 위한 것임을 인식한다면, 그는 아마 그 불안에 맞설 수 있을 것이고 가족 중에서 유일하게 성숙한 어른으로서 언제 죄의식을 멈춰야 하는지를 아는 사람이 될 수 있다.

진정한 사랑에는 용기가 필요하다

나는 이미 내 성인 자녀들에게 내가 의존적이 되거나 정신적으로 무능해진다고 해도, 나를 돌보기를 기대하지도 원하지도 않는다고 말해두었다. 나는 미래에 자식들을 자유롭게 놓아주고 싶고, 나 자신이 도움을 간절히 필요로 하는 상황에 처할지라도 그 일로 인해 그들이 삶의 방향을 바꾸도록 하고 싶지 않다. 이 자유는 피차간에 약간의 용기를 필요로 할 것이다. 그러나 자신의 삶을 온전하게 가꿔나가려는 사람에겐 언제나 용기가 필요한 법이다. 나의 자식들이 언제나 나의 사랑을 받고 있다는 것을 잘 알고 있듯이, 나 또한 언제나 자식들의 사랑을 받고 있다는 사실을 잘 안다. 우리는 그 사랑을 순응적인 행동으로 증명할 필요가 없다. 오로지 그런 자유 속에서만 사랑이 깊어질 수 있고, 다른 사람만이 아니라 나 자신도 제대로 돌볼 수 있는 순수한 균형이 가능해진다.

역사적으로 보면, 제도로서의 가족은 종종 문화적으로 결속력을 키우는 기능을 해왔다. 종교적 가치와 문화적 가치를 지키고, 아이들을 보호하고 양육하는 것이 가족의 기능으로 중요했다. 그런 한편, 가족이 아이를 병들게 하는 주요 무대가 되어온 것도 사실이다. 건강한 가족은 세상의 병리적 경험을 여과하고 완충하는 데 도움을 주지만 건강하지 못한 가족은 아이가 그러한 경험에 더욱 취약하도록 만든다. 오늘날 우리는 다양한 가치에 쉽게 접근할 수 있고, 지리적 이동성과 경제적 및 문화적 선택권을 가지고 있다. 이로 인해 가족은 결속력 중 상당 부분을 상실했으며 간혹 아이가 고통을 받기도 했다. 그러나 많은 영혼이 억압적이고 학대적인 가족 안에 갇혔던 과거를 낭만적으로 묘사하지 않기 위해, 우리는 지금 영혼의 보살핌이라는 맥락에서 가족의 역할을 다시 정의할 필요성을 느끼고 있다.

현대의 가족은 단순한 노동의 분업 그 이상이며, 자녀를 양육하기 위한 보호의 환경 그 이상이고, 경제적 단위 그 이상이다. 현대의 건강한 가족은 개인, 말하자면 모든 구성원의 양육을 최고의 가치로 여긴다. 부모가 맺는 친밀한 관계가 그렇듯 가족은 모든 구성원, 아이만이 아니라 부모의 성장과 개성화까지도 응원한다. 누구도 다른 사람의 나르시시즘적 욕구를 충족시키기 위해 존재하지 않는다. 각자는 서로의 성장을 지원하고 그 지원을 느끼기 위해 존재한다.

이것은 이상적인 가족관이 아니다. 이것은 기능적인 목표이며, 더 성숙하고 발달한 시민을 배출함으로써 사회에 기여하는 실용적인 계획이다. 가족이 구성원을 포용하는 환경일수록, 다시 말해 차이가 부모의 불안에 의해 억눌리지 않고 높이 평가받는 환경일수록, 각 구성원은 가족 안에서 더욱더 아름다운 꽃을 피울 것이다. 가족이 다양성을 포용하고 또 더 큰 운명을 향해 나아가는 각자의 독립적 소명을 허용할수록, 각 구성원은 자신의 성장을 더 자유롭게 추구할 수 있을 것이다. 가족이 구성원을 더 많이 응원할수록 권력의 왜곡이 아닌 사랑이 가족을 지배하게 될 것이다.

역사의 교훈은 갈등을 겪는 가족은 가장 덜 의식적인 부모에게 지배된다는 사실을 거듭 보여준다. 부모의 첫 번째 임무는 자신의 개인적 성장과 타자의 성장을 책임감 있게 의식적으로 받아들이는 것이다. 이 같은 성장이 가족의 분위기를 지배할 때, 가족 구성원은 외적으로 모델을 찾고 내적으로 개성화를 추구하면서 격려를 받을 것이다. 결론적으로, 이런 가치가 중요하게 여겨지지 않은 가족에서 성장했을지라도 노력만 한다면 현대적인 가족을 창조해낼 수 있다. 만약 이 문제들이 의식의 차원에서 다뤄질 수 있다면, 반복의 수레바퀴에 묶여 있어야 할 이유가 있을까? 이제 우리는 우리에게 이롭게 작용하는 것과 이롭게 작용하지 않는 것을 확실히 배웠다. 그런데 왜 우리의 가족 환경에서 영혼의 계획을 최대한 이롭게 할 가치를 창조해내지 못하겠는가?

현대의 가족은 각자의 영혼이 추구하는 다양한 가치를 지지하고 격려하며 존중하는 장소이다. 다양성은 그냥 허용되는 것이 아니라, 관계의 근본적인 선물로 높이 칭송되어야 한다. 갈등은 서로가 일치하지 않더라도 받아들여지는 사랑으로 중재될 수 있으며, 어느 누구도 자신이 추구하는 존재가 아닌 다른 존재가 되어야 한다는 부담을 져서는 안 된다. 모든 가족이 이런 점을 의식한다면, 거기서 얼마나 큰 자유가 일어나겠는가! 영혼이 번성할 곳으로 그만한 곳이 또 어디에 있겠는가! 영혼을 이렇게 소중히 여기는 것은 모든 위대한 종교에 담겨 있는 가장 오래된 진리를 재발견하는 것과 같다. 사람은 자기가 대접받고 싶어 하는 대로 남을 대접해야 한다는 그 진리 말이다.

현대적 가족을 창조하려면 성숙과 용기, 개인적 모험이 필요하다. 비록 사랑하는 사람들이 곁에 있더라도 결국 우리 스스로 서 있어야 한다는 사실을 받아들일 때, 우리는 자기 자신을 찾는 고독한 여정에 나서는 각 구성원을 응원할 수 있다. 이렇게만 된다면 가족은 마무리되지 않은 과거에 좌우되지 않는 영혼의 대리자가 될 수 있다.

최근 50대 후반인 한 내담자가 일주일 동안 같은 주제의 꿈을 연달아 꾸었다고 했다. 어릴 때 그의 가족은 어머니의 감정에 휘둘렸고, 어머니의 의지는 다른 사람들에게 부담으로 작용했다. 첫 번째 꿈에서 그는 뉴욕에서 길을 잃었다. 그 꿈은 아버지(그는 어릴 때 아버지에게서 더 많은 지지와 지도를 받기를 바랐다) 같은 남자가 그에게 방향을 가리키며 길을 찾는 것을 도와주는 것으로 끝났다. 그는 또한 청색 크라이슬러 세단을 물려받는 꿈을 꾸었다. 그의 아버지가 한때 자랑스럽게 몰고 다녔던 것과 그리 다르지 않은 차였다. 이어 세 번째 꿈에서, 그는 어린 시절 집의 뒤뜰에 있었다. 꿈에서 어른이었던 그는 다른 아이들과 노래하고 북을 치며 놀았다. 놀이는 그의 어머니에게서 걸려온 전화 때문에 끝났다. 그녀에게 어떤 문제가 생겼는데 그가 대신 해결해주기를 바란다는 내용의 전화였다. 또 다시 그는 자기 어머니의 요구를 들어주기 위해 신나게 놀던 놀이터에서 빠져나와야 했다.

그의 부모님은 오래전에 돌아가셨지만 그의 무의식에 여전히 살아 있었으며 끝나지 않은 과거의 일이 계속 그를 지배했다. 우리 정신이 계속해서 이러한 문제를 표면으로 끌어올리면서 우리가 치유되고 성장할 수 있도록 돕는다는 것이 놀랍지 않은가? 60년 가까이 살아온 이 남자는 지금도 어머니 콤플렉스가 다른 사람을 돌보도록 자신을 끌어당긴다는 것을 느낀다. 그는 여전히 어린 시절의 자발성과 놀이를 되찾고 싶어 하며, 그러기 위해서는 아버지/멘토로부터 더 많은 에너지와 통찰력을 얻어서 어머니의 심리적 통제에 대응하는 데에 도움을 받아야 한다는 암시를 그 꿈을 통해 알게 되었다.

영혼에 바탕을 둔 가족을 창조할 수 있는가 하는 문제는 구성원
이 자신의 삶에 대한 책임을 진정으로 받아들이는가 하는 문제와
직결된다. 그런 책임을 받아들이기 전까지는 다른 사람의 내면에서
일어나는 그 과정을 지원할 힘과 의식이 부족할 것이다. 하지만 그
책임이 언젠가는 우리에게 돌아오게 되어 있다는 사실에 주목하라.
우리 자신을 위해 해야 할 일을 다른 사람에게 요구할 수는 없다.
자신의 성장을 위해 필요한 일을 할 때, 우리는 다른 이들을 섬기고
그들의 발전을 지원할 수 있는 도덕적 확장을 이룬다. 그런 관계는
친밀한 결혼 관계든 효과적인 가족 관계든, 이기적인 의제가 아닌
'자기'에게 이바지하며 이는 다시 영혼에 봉사한다. 가족의 궁극적
인 시험은 안전과 예측 가능성을 제공하는지 여부가 아니라 각 구
성원이 가족을 자유롭게 떠났다가 더 큰 인물이 되어 자유롭게 돌
아올 수 있는지, 또는 어느 정도까지 그럴 수 있는지이다.

7장

직업과 소명 사이에서

나는 선택하라는 대로 선택했다.
그들은 내가 누구인지 부드럽게 말해주었다.
나는 무엇을 배워야 할지 궁금해하며 기다리고
오, 여기, 두 번째 눈 먼 채로 태어났다.

데이비드 왜거너 David Wagoner, 「한 얼굴의 영웅 The Hero with One Face」

"무엇을 하며 살 것인가?" 누구나 수없이 던지는 질문이다. 그런데 경제적인 측면을 무시할 수 없는 냉혹한 현실 앞에서, 혹은 부모나 문화의 목소리 때문에 이 물음에 대한 대답은 크게 왜곡된다. 대학 교수로 재직할 때 나는 "제가 하고 싶은 공부는 따로 있는데, 경영학을 전공할 때만 부모님이 도움을 주겠다고 하셨어요"라고 말하는 학생을 많이 봤다. 나는 등록금을 마련할 길은 어떻게든 찾을 수 있다는 식으로 조언했지만 학생들은 나의 제안을 좀처럼 받아들이지 않았다. 그들이 게을러서가 아니었다. 부모의 승인을 잃는 것이 두려워서였다. 그런 학생들을 보며 나는 언제나 저 학생들의 부모는 자신이 진정으로 아이들을 돕고 있다고 생각하는 건지 궁금했다. 사랑하는 자식을 부모의 욕구 안에 가두었다가 자칫 그 아이들이 평생 원하지 않는 일을 하며 힘들게 살아가게 될 수도 있는데, 야속하게도 부모들은 자신의 욕심을 앞세운다는 생각이 들었다. 프로이트는 정신 건강에 필요한 두 가지 조건을 제시했다. 일과 사랑이다. 사랑이 간절한 사랑이어야 하듯, 일도 틀림없이 본인이 원하는 일이어야 할 것이다.

중년에 이르면 친밀한 관계가 제공할 수 있는 것의 한계와 가족 내에서 변화하는 역할이 명확해진다. 많은 사람에게 친밀한 관계 다음으로 만족을 추구할 수 있는 분야가 바로 직업이다. 우리 의식적 에너지의 대부분은 다른 어떤 부분보다 직업에 집중된다. 월요일 아침에 도심의 거리에 서서 사람들이 경제라는 우리 문화를 지배하는 신의 요구에 따라 얼마나 분주하게 움직이며 에너지를 발산하는지 관찰해보라. 물론 우리는 물질적 생존을 유지하기 위한 방법을 찾아야 하지만, 우리의 일은 눈에 보이지 않는 더 큰 짐을 지고 있다. 그 짐이란 바로 일이 우리 삶에 의미를 부여하고 또 정신에 활력을 불어넣어줄 것이라는 기대이다. 때로는 가능하다. 그러나 중년에 이르면, 많은 사람이 자신의 일이 활력을 주기보다는 에너지를 소모시킨다는 느낌을 받는다. 그들은 막연한 불안을 호소하고, 지루함과 아쉬움을 경험하면서, 또 다른 무엇인가를 갈망한다.

부모가 자식에게 평생 직업을 준비하라고 강요한다면 이는 결국 자식도 중년에 이르러 그들의 부모처럼 삶에 불만족하게 만들겠다는 뜻이나 마찬가지다. 나는 모든 사람에게 인문학을 공부할 것을 강력히 권한다. 왜냐하면 직업에 필요한 기술은 현장에서 배울 수 있고, 또 지금처럼 초를 다투며 변화하는 시대에는 많은 직업을 거칠 수 있기 때문이다. 생계를 꾸리는 것은 그래도 쉬운 부분이지만, 가족과 문화적 역사의 제한으로부터 스스로 자유로워지는 것은 그보다 훨씬 더 어렵다. 삶을 풍요롭게 가꾸기 위해서 어떤 가치를 가져야 하는가? 또 비판력과 분별력은 어떻게 키워야 하는가? 과거 역사의 반복에서 벗어나려면 어떤 인생관을 가져야 하는가? 인생의 여정에서 인격을 어떤 식으로 성숙시켜야 하는가? 이런 귀중한 내면의 '동반자들'은 출세 제일주의의 편협한 목표 아래에서는 제대로 가꿔지지 않을 것이다. 그러나 인문학은 더 사려 깊고 보다 다채로운 감수성을 키워주는데, 이 감수성이야말로 더 자유로운 선택을 하는 데 반드시 필요하다.

　전공 문제로 힘들어하던 대학생들을 떠올릴 때면 나는 그 부모들이 자식을 그런 식으로 다루면서 어떻게 돕고 있다고 생각하는지 그 사고방식이 무척 궁금했다. 오랜 세월이 지난 뒤 학생들을 만나면, 자신들이 준비했던 분야에서 활동하고 있는 사람은 거의 없다. 간혹 그 부모들은 자녀들이 제한을 받는 상태로 남아 있기를 바랐다. 물론 그런 바람을 공개적으로 고백하는 부모는 없지만 그들의 행태를 보면 아이들을 어떤 테두리 안에 가두고 있는 것이나 마찬가지다. 그렇다면 왜 부모는 자식을 그런 식으로 가두어놓으려 할까? 자식이 부모들이 잘 모르는 사상을 습득할지도 모른다는 두려움을 품고 있기 때문이다. 말하자면 자식이 부모의 제한적인 세상보다 더 큰 세상으로 나갈까 두려워한다는 뜻이다. 이런 부모는 새로운 형식의 예술 앞에서 겁을 먹고는 "나는 내가 좋아하는 것만 알아"라고 말하는 사람과 비슷하다. 이 사람의 말은 "나는 내가 아는 것만 좋아해"라거나 "나는 익숙한 것이나 편한 것이 좋아"라는 고백이나 마찬가지이다.

　프리드리히 니체는 제자가 스승을 뛰어넘지 못한다면 그 선생은 학생을 제대로 가르쳤다는 평가를 듣지 못한다고 말했다. 그렇듯 만약 우리 아이들이 우리 이상으로 성장하지 않는다면, 말하자면 영혼을 만족시킬 수 있는 많은 가능성을 모색하는 방향으로 성장하지 않는다면, 우리의 양육은 그다지 훌륭하지 못했다고 할 수 있다.

친밀한 관계라는 지뢰밭에 이어, 많은 사람이 소명의 위기를 겪으며 치료실을 찾는다. 치료를 받으러 왔을 때 그들은 문제의 근본적인 원인을 인식하지 못하고 그보다는 자신의 감정 상태에 더 집중한다. 심리치료는 단순히 진로 상담에 한정되지 않는다. 치료의 핵심은 환자의 초기 선택을 이끌어낸 요인을 탐구하고, 대담한 변화와 삶의 방향 전환을 가로막는 정서적 콤플렉스를 식별하는 데 있다.

나도 뜻밖에 중년의 우울을 겪으면서 학계를 떠나 정신분석가의 세계로 들어섰다. 심리치료를 받기 시작했을 때만 해도 내겐 커리어를 바꿀 의도가 전혀 없었다. 그러나 치료를 받는 동안 점차 그때까지 습득한 지식 체계의 상당 부분에 대해 내가 관심을 잃었다는 사실을 깨달았다. 그 대신에 그 지식 체계가 우리 내면의 어디에서 비롯되는지, 우리에게 무엇을 활성화시키는지 그리고 더 큰 삶의 맥락에서 어떤 의미를 지니는지 하는 문제로 관심이 쏠렸다. 나는 지적 활동보다 상징적 삶에 더 관심이 있다는 것을 발견했다. 지적인 삶은 오직 정신만 건드리지만 상징적인 삶은 영혼을 건드린다는 것을 깨달은 것이다. 이 같은 질문은 학계에서는 다루어지지 않았고, 심층 심리학의 영역에 속했다. 또한 나는 삶의 경험을 많이 쌓은 성인들과 깊고 지속적인 대화를 나누고 싶었으며, 그들이 직면한 문제에 대해 논의하고 싶었다. 대학 강의실에서 만난 청년기 끝자락에 선 학생들이 겪는 동요와는 다른 문제로 힘들어하는 성인들을 만나고 싶었던 것이다.

배움이라는 멋진 과제와 인생 전반기의 풍요로움 아래에서 나를 불안하게 만드는 무엇인가가 어지럽게 날뛰었고, 그것은 내게 단순히 지적인 작업만으로는 해결되지 않는 더 깊은 문제를 다루라고 요구했다. 나의 멘토였던 스탠리 로메인 호퍼Stanley Romaine Hopper는 언젠가 내게 축복처럼 이렇게 말했다. "신이 그대의 영혼에 평화를 허락하지 않기를." 나는 상당히 괜찮은 직업을 뒤로하고 더 풍요로운 소명으로 향하게 한 힘을 그 축복의 은혜로 받아들이게 되었다.

생산적이면서도 양육적으로 존재하기

지금까지 해온 심리치료 활동 중에서 나는 일과 소명의 강력한 교차점에 초점을 맞추며 크나큰 만족감을 느꼈다. '직업career'과 '소명vocation'의 라틴어 어원인 보카투스vocatus는 '부름'을 뜻한다. 이는 영혼이 우리를 소환한다는 의미이다. 물론 우리는 생계를 이어가야 하고, 우리 자신만 아니라 우리에게 의존하고 있는 사람들까지 부양해야 한다. 그러나 그 외에도 영적 성장을 꾀하라는 소환도 있다. 그것이야말로 우리의 진정한 소명이다.

진로 문제를 놓고 힘들어하던 대학생들이 떠오른다. 부모들이 자식의 이익을 최우선으로 여긴다고 믿으면서, 그런 식으로 공부하다 보면 언젠가는 모든 것이 의미를 가질 것이라고 기대하던 그 대학생들 말이다. 훗날 나는 내게 배웠던 학생, 또 그들과 비슷한 많은 사람을 치료실에서 만났다. 그들은 자신의 일에서 다양한 성공을 거뒀는데도 우리가 단순히 경제적 존재 그 이상이라는 사실을 깨닫기 시작했다. 그들은 자신이 하는 일과 자신이 누구인지 사이의 차이를 고통스럽게 느끼기 시작했다.

특히 남자들은 자신과 일을 동일시하는 경향이 강하다. 해고나 감원, 은퇴가 거의 항상 남자들의 내면에 깊은 우울을 낳는 이유도 바로 거기에 있다. 일반적인 남성은 은퇴를 골프를 많이 칠 기회로 여긴다. 물론 은퇴한 후에 골프를 더 자주 치기야 하겠지만 동시에 우울증도 앓게 될 것이다. 그가 그때까지 자기 자신을 자신이 하는 일 이상의 무엇인가로 재정의할 기회를 갖지 못했기 때문에 일어나는 현상이다. 우리는 어린 시절부터 "남자는 일을 멋지게 해내야 하는 법이야"라는 소리를 귀가 따갑도록 들으며 살아왔다. 그래서 남자는 우울증을, 말하자면 의미의 체계적 상실을 그리고 때 이른 죽음을 향해 나아가게 된다.

여성은 보통 정서적으로 분화가 훨씬 더 잘 되어 있다. 말하자면 자기 내면의 현실을 더 정확히 자각하고 있다는 뜻이다. 여자들은 또 성장 과정을 응원해줄 친구를 많이 두고 있으며, 자기 자신에 대한 탐험을 이미 어느 정도는 끝내놓고 있다. 오늘날의 여성은 남녀 차별로 힘들어하며 직업 선택의 기회마저 제대로 갖지 못했던 할머니를 기억한다. 그녀의 어머니는 변화하는 세상 속에서 모성과 전례 없는 직업적 기회 사이에서 갈등했다. 오늘날의 젊은 여성들은 주변에서 롤모델을 보고 있으며, 그 옛날 할머니 세대가 가사를 통해서 자신을 정의했듯이 일을 통해 자신을 정의할 가능성이 크다.

그러나 적어도 현대의 젊은 여성은 선택의 기회를 누리고 있다. 많은 이들이 둘 다 하기로 선택하고, 대부분은 가정과 직업적 책임 사이에서 균형을 잡기 위해 노력하고 있다. 넓은 이해심으로 응원하는 배우자 없이도 두 가지를 추구하는 사람도 있다.

여자들을 대상으로 강연을 할 때면, 나는 남자들을 다음과 같은 식으로 봐주면 좋겠다고 제안하곤 한다. 여성들이 누리고 있는 친구들의 네트워크를 없애고, 인생길을 함께 걸어오던 친한 친구들을 없애보라. 또한 여자들이 갖고 있는 인생에 관한 직관적 예감을 지워보라. 그런 상태에서 세상에 홀로 서 있다고 상상해보라. 그런데 세상이 그들을 판단하는 기준은 단 하나 생산성이다. 이런 상태로 앙상하게 서 있는 것이 바로 평균적인 남성의 내면세계이다. 여자들은 대체로 이런 초라한 남자의 그림에 깜짝 놀란다. 외적으로 권력을 행사하는 것과 자유를 혼동한 나머지, 여자들은 남자들이 훨씬 더 멋진 삶을 살고 있다고 가정한다. 물론, 그들은 확실히 더 많은 외부적 선택권을 누리는 것 같다. 그러나 대부분의 여성은 남성이 내면의 선택권을 별로 누리지 못한다는 사실을 인정하지 않는다. 거의 모든 여성이 알고 있듯이 우리 삶을 가장 많이 정의하는 것은 바로 내적 선택이다.

남녀 성별에 따른 기대가 다른 이유가 어디에 있든, 오늘날의 여성과 남성은 똑같이 이중의 과제를 안고 있다. 현대 세계에서 우리는 생산적이면서도 양육적인 방식으로 존재하도록 요구받고 있으며, 더 나은 선택을 위한 지혜의 비밀스러운 원천인 내면적 삶까지 점검해야 한다. 남녀 모두 양육nurturance과 권능 부여empowerment

라는 두 가지 과제에 직면해 있다. 권능 부여는 다른 사람들에게 권력을 행사한다는 뜻이 아니다. 자신의 가치와 존재 양식을 스스로 선택할 능력을 키운다는 뜻이다. 우리는 어떤 관계나 외부의 합의된 세계에 우리의 가장 깊은 욕구를 충족시키거나 개인적 가치감을 제공해달라고 요구할 수 없다. 선택에 대한 책임은 결국 우리 자신에게 있다. 우리 삶에서 자신을 양육하고 권능을 부여해야 할 사람도 결국에는 우리 자신이다.

직업은 선택할 수 있지만 소명은 선택할 수 없다

가족 내에서 모델링이 되지 않았고, 대중문화도 제공하지 않았던 것은 인생 후반기에 우리 각자의 개인적 과제가 된다. 역사의 횡포를 끊는 것은 아주 용감한 모험이다. 과거가 아무리 강압적이었다 할지라도, 그 과거의 횡포를 타파하는 것은 우리 모두가 떠안아야 하는 과제이다.

재능이 아주 뛰어난 어느 남자 선생이 기억난다. 가족의 역사라는 무거운 짐과 경제적 경쟁은 그가 법학을 공부하도록 만들었고, 그는 몇 년간 변호사로 활동했다. 나를 찾아왔을 때 그는 우울증에 빠진 상태였다. 그런 상태에서 그는 물에 빠지거나 물속에서 허우적거리는 꿈을 거듭 꾸었다. 이 이미지는 그가 무의식에 압도되고 있음을 시사했다. 그는 자기 일을 성실히 수행하고 있음에도 매일의 삶이 마치 항상 물속을 걷고 있는 것처럼 영혼을 고갈시킨다고 묘사했다. 중요한 것은 그가 부모와 배우자의 기대에 부응하기 위해 자신이 진정으로 사랑한 것을 버렸고, 그 결과 내면적으로 아주 비참한 상황이 벌어지고 있다는 사실을 이해하는 것이었다. 그가 그동안 누려왔던 돈벌이가 좋은 세계를 버리고 교직이라는 돈벌이가 신통찮은 분야로 돌아가는 데는 대단한 용기가 필요했다. 그는 지금 차터 스쿨charter school*을 설립해 멋지게 꾸려나가고 있다.

그가 가장 먼저 해야 했던 심리적 과제는 소명을, 말하자면 부모나 문화, 혹은 그의 콤플렉스가 선택한 직업이 아니라 영혼이 선택한 직업을 갖지 못하도록 막고 있는 요인을 찾아내는 것이었다. 그 다음 과제는 현재의 일을 중단하고, 엄청난 경제적 변화에 대한 가족과 배우자의 반대를 극복하는 것이었다. 이 대목에서, 어떻게 배우자와 가족이 우울증에 빠진 남편이나 아들과 함께 사는 것을 옳은 일이라고 생각할 수 있을까 하는 의문이 생긴다. 만약 우리의 일이 우리 영혼을 뒷받침하지 않는다면, 영혼은 다른 엉뚱한 곳에서 청구서를 제시할 것이다. 영혼의 의제가 충족되지 않는 곳에서는 어떤 병적 증후가 일상생활의 영역에서 겉으로 드러날 것이다.

직업은 선택할 수 있지만 소명은 선택할 수 없다. 소명이 우리를 선택한다. 우리를 선택한 그것을 선택하는 것은 곧 일종의 해방이며, 이 해방의 부산물로 적절한 일을 찾았다는 느낌이 들고 내면에 조화가 일어날 것이다. 설령 갈등의 세계를 초래하고, 인정받지 못하고, 개인적으로 상당한 대가를 치르더라도 말이다.

_____

* 대안학교의 성격이 강한 미국의 공립학교. ─ 옮긴이

영혼은 이미 인생 후반기의 계획 쪽으로 이동했는데도 종종 우리는 인생 전반기의 목표를 추구하며 살아간다. 인생의 전반에는 두려움을 물리치고 세상으로 나아가도록 하는 야망이, 자아의 추진력이 차지할 자리가 있다. 앞에서 본 바와 같이, 인생 전반기의 주요한 임무는 인간관계를 형성하고 또 스스로를 뒷받침할 수 있을 만큼 강력한 자아를 구축하는 것이다. 그러나 우리 모두는 자아나 자아의 다양한 역할과 자신을 과도하게 동일시하는 경향을 보인다. 이 자아의 역할을 아무리 성공적으로 수행해냈다 하더라도, 또 그 역할이 아무리 소중하다 할지라도, 자아와의 동일시만으로는 장기간에 걸쳐서 영혼을 만족시키지 못할 것이다. 심지어 플라톤Plato도 26세기 전에 이러한 혼동의 위험을 인정했다. 그는 『크리톤』이라는 대화록에서 소크라테스의 입을 빌려 이렇게 말했다.

아테네의 시민들이여, 그대들이 진리와 지혜 그리고 영혼의 향상에는 전혀 마음을 두지 않으면서도 돈을 벌고 명성과 위신을 강화하는 데는 그렇게도 열심히 나서고 있으니, 어찌 수치스러운 일이 아닌가?

모든 우울한 사업가, 버림받은 배우자, 혹은 좌절한 주부가 조만간 배우게 되듯이 인생의 전반기에 강요되었던 그런 투자는 종국적으로 보면 인생의 후반기에 이르러 바로 그 사람을 배신하게 될 것이다. 그 투자의 의도가 아무리 훌륭했더라도 이 배신에서 자유로운 사람은 거의 없다.

인생 전반기의 야망은 대부분 그 사람이 가족과 문화 안에서 습득한 이미지, 즉 콤플렉스에 의해 추진되며, 이는 개인의 운명을 지지하는 것과는 거의 관련이 없다. 이러한 강력한 콤플렉스들은 우리를 의존에서 끌어내어 세상으로 나아가게 할 수 있지만, 궁극적으로는 영혼을 돌보는 일에서 의식을 멀어지게 하고 산만하게 만든다. 이 선택이 과거의 무력감과 좁은 관점에서 비롯된 콤플렉스에 뿌리를 두고 있기 때문에 삶은 확장되기보다는 제한되고 축소된다. 우리 모두는 어린 시절의 순진한 잠과 의존의 나태함에서 벗어나야 하는데도, 자아는 발달보다는 안전을 선호하는 경향을 보이다가 결국엔 발달도 꾀하지 못하고 안전도 확보하지 못하는 꼴이 되고 만다. 미국의 문화사학자 폴 퍼셀Paul Fussell이 전쟁 중의 사람들에 대해 쓴 글은 일상생활에도 적용된다. 그는 이렇게 말했다.

마음은 피로와 자만심, 게으름, 이기적 부주의에 쉽게 위협을 받기 때문에 신뢰할 수 있는 지식을 생산해내는 데 그리 능하지 않다.[17]

대체로 보면 안전과 위험 사이의 간극으로 인한 증후가 대단히 고통스러워지고, 이를 더 이상 무시하거나 약물로 억제할 수 없는 상황에 놓이거나, 지배권에 대한 자아의 공상이 약해질 때에야 비로소 우리는 다른 가능성에 마음을 열기 시작한다.

정말 슬픈 일이지만, 사람들의 과반은 자아가 콤플렉스와 동일시된 상태에 갇혀 있으며 삶의 더 큰 가능성을 회피하면서 고통을 받고 이를 조장한다. 만약에 젊은 시절에 일부 성취한 야망이 진정으로 영혼을 살찌웠다면, 아마 우리는 행복한 사람을 지금보다 훨씬 더 많이 볼 수 있어야 할 것이다. 만약에 인생 전반기의 야망이 인생 후반에도 그대로 작동한다면 이혼이나 약물 남용, 항우울제 처방이 이렇게 많을 필요가 없었을 것이다. 카를 융은 이런 식으로 결론을 내렸다. "사람은 인생의 오후를 인생의 오전에 어울리는 프로그램에 따라 살지 못한다. 왜냐하면 아침에 위대했던 것이 저녁에 작아질 것이고, 아침에 진실했던 것이 밤에 거짓말이 될 것이기 때문이다."[18]

자아를 몰아붙이는 야망은 너무 자주 물질적인 것들에 초점을 맞춘다. 그러다 보니 야망이 성취될 때조차도 우리는 물질적 탐닉에 따른 피로와 무료함을 느끼게 된다. 왜 단테가 탐식자들을 지옥 한구석에 가두었을까 생각해보라. 분명 우리 모두는 어느 시점에서 과식을 했다. 아마도 그는 영혼의 양식을 물질에 투영한 이들의 불행을 암시했을 것이다. (말장난을 용서하라. 그러나 그들은 영혼의 진정한 양식糧食을 이해하지 못했다.) 욕망에 사로잡힌 이들은 불타는 갈망에 자신의 몸을 내맡기며 불구덩이에 빠져 있다. 또는 우리의 물질주의 시대에 대한 경고로, 물질주의자들은 무거운 돌을 영원히 밀어 올리면서 그들이 원했던 것보다 더 많은 물질을 얻게 된다.

분명히 말하지만, 우리는 자신이 추구하는 것에 대해 잘 알아야 한다. 우리가 성취하는 것이 곧 감옥이 될 수 있기 때문이다. (소로 Henry David Thoreau는 160년 전에 우리 인간은 자신이 창조해낸 추상개념의 포로가 되었다고 주장했다. 그의 책 『월든』에서 가장 길게 쓰인 장의 제목은 '경제학'이며, 우리가 점점 더 경제에 예속되어간다고 한탄한다.) 단테는 물질의 추구에 인생을 바쳤다가 불만 속에서 생을 마감한 이들을 설득력 있게 그려내며 영혼의 배신을 시대를 초월하여 형상화했다. 망명한 피렌체 사람들이 단테의 시대를 분석한 내용을 이해하면서 거기서 우리 시대와 비슷한 점을 확인할 때, 우리는 밀턴John Milton 과 함께 슬프게 고백한다.

비참한 나여! 어느 쪽으로 날아가야 하나?
무한한 분노 그리고 무한한 절망?
어느 쪽이든 지옥이야, 나 자신이 지옥이니까.[19]

아니면 16세기 영국 극작가 크리스토퍼 말로Christopher Marlowe 의 작품 『파우스트 박사』에 나오는 파우스트가 한 말도 기억에 새롭다. "이것이 지옥이야. 난 여기서 벗어날 수 없어."[20] 사르트르Jean-Paul Sartre의 그 유명한 말과 반대로, 지옥은 타인이 아니다. 지옥은 곧 우리 자신이다. 우리가 스스로 건설했거나 다른 사람들이 우리를 위해 건설하도록 허용한 세상에 의해 제한된 우리 자신이 바로 지옥인 것이다.

야망을 성취하거나 실패했을 때 오는 권태감, 불안감, 때로는 우울감은 그러한 목표들로부터 자신을 분리하라는 일반적으로 반갑지 않은 초대이다. (전설에 따르면, 알렉산더는 갠지스강에 이르러 자신이 정복할 세상이 더 이상 없다는 생각에 울었다고 한다. 분명 그는 자신의 내면에도 무한한 영역과 신비를 간직한 세상이 있다는 생각을 절대로 하지 못했을 것이다.) 이러한 초대는 그 사람의 사고에 혁명을 요구하며, 이는 적지 않은 용기와 지속적인 노력을 필요로 할 것이다. 자아는 "내가 내 역할들이 아니라면 나는 누구야?"라고 항변할 것이다. 게다가 그런 혁명을 꾀하는 사람은 대중문화가 아닌 다른 곳에서 참조 사항을 발견해야 할 것이다. 왜냐하면 우리 문화는 그런 면에서 아무런 도움을 주지 못할 것이기 때문이다.

인생의 후반기에 자아는 주기적으로 타인의 가치관, 즉 주변 세계로부터 받고 강화된 가치관과의 동일시를 포기하라는 요구를 받는다. 자아는 세상의 요란한 아우성이나 옛 콤플렉스의 집요함에 굴복하기보다는 내면에서 오는 삶을 살면서 잠재적 외로움에 직면해야 할 것이다. 자아는 진정으로 더 크고 때로는 위협적이며 항상 우리를 성장하라고 부르는 것에 자신을 내맡겨야 할 것이다. 시대의 소심함에 굴복하지 않고 내면의 목소리에 귀를 기울이며 살아야 할 것이다. 그런데 그렇게 하기가 우리 각자에게 얼마나 무서운 일인가? 대중문화의 유혹이 그토록 매력적으로 다가오는 것도 당연하다. 또 영혼과 연결되어 있다는 느낌을 받는 사람이 그토록 드문 것도 당연하다. 우리가 대단히 고립되어 있고 또 자신의 본연의 모습이 되는 것을 두려워하는 것도 매우 당연하다.

그러나 역설적으로, 자아가 힘을 획득했다는 것 자체가 더 나은 무엇인가를 바랄 바탕이 될 것이다. 우리는 자신의 삶을 점검하고 또 위험한 변화를 추구할 만큼 충분히 강해져야 한다. 대부분의 욕망이 무용하다는 점을 그리고 대부분의 문화적 가치가 주의를 흩뜨려놓는다는 점을 직시할 만큼 강한 사람, 또 신경증적 경향이 있는 문화에 적응하려는 노력을 포기할 수 있는 사람은 결국 성장과 더 큰 목표를 발견할 것이다. 자아의 가장 큰 임무는 자신의 껍데기를 깨고 더 멀리 나아가면서 콤플렉스 덩어리인 자아나 문화의 가치가 아닌 영혼이 진정으로 바라는 것에 이바지하는 것이다.

인생 후반기에 자아는 존재의 부조리를 받아들이라는 요구를 받게 될 것이다. 다시 말해 죽음과 절멸이 모든 자기 확장의 기대를 조롱하고, 허영과 자기기만이 가장 유혹적인 위안이고, 어린 시절에 대한 유치한 갈망은 영원히 충족되지 않을 것이라는 점을 말이다. 젊은 외모를 오래 유지하려는 환상, 싫증 날 게 뻔한 대상을 끊임없이 획득하려는 욕구, 일시적 유행과 신속한 치료를 추구하고, 영혼의 임무를 피하게 할 오락 같은 마법을 지칠 줄 모르고 찾는 우리의 대중문화는 얼마나 비생산적인가.

인생 전반의 콤플렉스에 의해 추진되고 정의된 자아의 야망을 포기하는 것은 결국 새롭게 발견된, 지금까지 알지 못했던 풍요로움으로 경험될 것이다. 자아의 야망을 포기한 사람은 자신의 허약한 정체성을 강화해준다고 여겨지던 일을 해야 한다는 부담에서 벗어나, 본질적으로 가치 있는 일을 할 자유를 얻을 것이다. 일이 의미 있기 때문에 그 일에 종사하고, 그렇지 않다면 일을 바꿀 것이다. 만약 누군가가 인생 여정에 필요한 고독을 받아들일 만큼 강하다면 그는 인생의 무상과 쇠퇴 앞에서 우정과 관계의 선물을 더욱 소중히 여길 수 있다. 그 사람은 영혼과의 관계 속에서 살아가는 삶의 조용한 기쁨을 경험할 수 있다. 이런 식으로 수정된 삶이 결국에는 더 훌륭하게 느껴질 것이다. 그런 사람은 자신의 삶이 의미로 가득 차고 점점 더 큰 신비로 열리는 경험을 하기 때문이다.

아무리 열악한 환경일지라도 소명은 언제나 신성한 것에 대한 부름이다. 그것은 아마 더 큰 신성과 조화를 이루기를 바라는 우리 내면의 신성일 것이다. 궁극적으로 우리의 소명은 우리가 가진 수천 가지 변형 속에서 우리 자신이 되는 것이다. 이 초대는 자아의 위로와 혼동을 일으키기 쉽다. 또 우리 시대 콤플렉스에 대한 자아의 동일시도 이 초대와 혼동을 일으키기 쉽다. 모든 위대한 세계 종교가 오랫동안 인식해왔듯이, 우리 자신이 되려면 실제로 자아의 반복적인 굴복이 필요하다. 이런 혼동을 보여주는 좋은 예가 바로 '인격'이라는 단어가 격하된 과정이다. 우리는 다른 사람이 자신에게 진실한지 아닌지 전혀 알 수 없음에도 불구하고 그 사람의 인격이 훌륭하다고 말한다. 현대인은 다른 사람에게 호감을 얻거나 주변 세계에 잘 적응할 때 인격의 성취가 입증된다고 생각한다.

하지만 영혼은 이 모든 것에 대해 어떤 말을 할까? 영혼을 고려할 때 잘 적응하는 것은 사소한 목표에 불과하다. 영혼은 사회적 적응 자체에 별 관심이 없다. 영혼의 목표는 자아를 초월하는 목적의 성취에 있다. 우리 각자가 고유하고 독특한 존재라는 점을 고려할 때, 이러한 개성이 청소년기의 일시적인 포즈가 아닌 진정한 영혼일 때, 그것은 우리가 필연적으로 되어야 할 모습이다.

서툴게나마 나의 일을 할 때 비로소 안전하다

하나의 소명으로서 인격을 성취하려면 언제나 더 큰 것에 대한 항복과 복종이 요구된다. 이때 자아의 필수적인 과제는 자신의 이익을 초월하여 '내 뜻이 아니라 당신의 뜻대로'라고 말하고 협력하는 것이다. "네가 죽지 않고는(즉 자아의 계획이 죽지 않고는), 너는 살지 못할 것이다." 예수가 그리스도가 되고 고타마가 붓다가 되는 것은 개성화의 문화적 이미지로, 각각 민족적 색채를 다소 띠고 있음에도 강력한 패러다임을 제시한다. 이 패러다임을 그대로 옮길 필요는 없다. 그렇게 하면 이미 결실을 맺은 다른 사람의 여정을 반복하는 것이 될 것이기 때문이다. 그러나 그 패러다임은 다음 세대에 하나의 도전으로서 역할을 할 것이다. '이슬람'이라는 단어는 초월적인 것에 대한 '복종'을 의미한다. 그리고 힌두 경전은 우리 자신의 삶이 아닌 다른 사람의 삶을 사는 행위의 위험성에 대해 경고한다.

> 자신의 의무를 서툴게 수행하는 것이
> 다른 사람의 의무를 완벽하게 수행하는 것보다 낫다.
> 당신이 해야 할 일을 할 때
> 당신은 해로움으로부터 안전하다.[21]

익숙한 글이지만, 한 번만 아니라 수시로 들춰볼 가치가 충분하다.

이런 식으로 자아가 영혼을 이롭게 하는 것이 바로 카를 융의 개성화이다. 개성화는 자아를 강화하는 것이 아니다. 개성화는 자아가 초월적인 것에 복종하는 것이다. 융은 이 과제가 복잡하고, 평생 이어지고, 또 힘들 것이라고 설명한다.

인격의 발달은 곧 개인적인 인간 존재가 전반적으로 최적의 발달을 이루었음을 보여주는 것에 지나지 않는다. 이때 성취되어야 할 다양한 조건을 두루 예상하기란 불가능하다. 생물학적, 사회적, 영적 측면을 모두 포함하는 전체 삶이 필요하다. 인격은 살아 있는 어떤 존재가 타고난 특질을 최대한 구체화한 것이다. 그것은 삶을 향해 던져진 위대한 용기의 행위이며, 개인을 구성하는 모든 것에 대한 절대적인 긍정이다. 또한 그것은 가능한 한 가장 큰 자기 결정의 자유와 보편적 존재 조건에 대한 가장 성공적인 적응이 결합된 것이다.[22]

자아 강화와 위안, 안전, 타자의 인정 등에 대한 욕구를 충족시키면서 엉뚱하게도 마치 영혼을 풍성하게 가꾸고 있는 것처럼 착각하기가 아주 쉽다. 또 차이를 가장한 방종일 뿐인데도 그것을 개성화라고 착각하면서 사회적 규범에 반항하기도 매우 쉽다. 두 경우 모두에서 이러한 유혹이 쉽게 이루어지는 이유는 자아가 스스로를 돕기를 원하고 영혼을 돕는 것을 피하기 때문이다. 우리는 영혼의 항의가 워낙 커서 더는 무시할 수 없는 상황에 이르러서야 익숙한 것들에 무기력해진 상태에서 벗어나고 거짓된 반항을 피하기 시작한다. 그때 우리는 자신의 특유한 개성을 집단에 대한 선물로 성취하라는 부름을 받는다. 결국, 우리 삶의 의미는 동료와 그들의 집단적 기대에 의해서가 아니라, 우리의 경험과 처음에 우리를 그곳으로 이끈 초월적 근원에 의해 판단될 것이다. 이를 융은 이런 식으로 설명한다.

진정한 인격이란 언제나 소명이며, 평범한 사람이 말하는 단순한 개인적 감정일 뿐이라 해도 그것을 신을 믿듯이 신뢰한다. 하지만 소명은 피할 수 없는 신의 법칙처럼 작용한다. 자신만의 길을 가는 많은 사람이 파멸에 이른다는 사실은 소명을 가진 사람에게는 아무런 의미가 없다. 소명을 가진 사람은 자신의 법칙에 복종해야 한다. (…) 소명을 가진 사람은 누구나 내면의 존재의 목소리를 듣는다. 그의 부름을 받는다.[23]

이런 조언을 연장자나 문화로부터 들어본 적 있는가? 우리는 '성공'이라 불리는 것을 최고로 친다. 그런데 성공했는데도 더욱더 비참한 기분에 시달리는 사람이 많다. 만약 우리 삶이 집단적인 사회적 관점에서는 실패로 끝났다 하더라도 신들이 의도한 소명을 완수했다면, 그 삶은 제대로 산 인생일 것이다. 우리가 숭배하는 위대한 종교 지도자들은 거의 예외 없이 거부와 박해에 시달렸지만 자신의 소명에 충실했다. 우리가 그들을 숭배하는 이유다. 우리 문화의 일시적인 공허한 우상들, 즉 성공, 평화, 행복 그리고 오락은 한 사람이 이 삶을 의미 있게 경험하는지 하는 물음 앞에서 빛을 잃는다. 더욱이, 의미를 근거로 한 시험은 인지적인 결정이 아니다. 그렇기 때문에 갑자기 현재의 삶을 청산하고 어떤 이상적인 사명을 위해 떠나서는 안 된다. 의미는 옳은 일을 하고 있다는 내면의 느낌을 통해서 오랜 세월에 걸쳐서 발견된다. 아무도 그것을 우리에게 줄 수 없지만 우리는 다른 이들이 그것을 우리에게서 빼앗아가도록 허용할 수 있다.

우리 모두는 부모의 기대를 성취하는 데에, 문화나 남녀 역할이 인정한 형태의 안전을 확보하는 일에 그리고 물질주의와 방종, 쾌락주의 같은 동시대의 가치에 너무 많은 에너지를 쏟고 있다. 우리 각자는 그렇게 수동적으로 순응함으로써 고통받았고, 계속해서 고통받고 있다. 의식이 영혼에 복종하고 또 영혼과 정직한 대화를 할 수 있을 만큼 충분히 강해질 때, 우리는 치유를 경험하고, 일과 소명 그리고 직업과 소명의 차이를 알 수 있을 것이다. 그런 구분을 하지 않고 살 때, 우리는 자기 자신과 자식들을 배반하는 결과를 낳을 것이다. 영혼에 대한 이러한 항복의 순간에 우리는 신성의 존재 앞에 있으며 그 의도와 조화를 이룰 것이다.

릴케가 거의 한 세기 전에 문학적 페르소나를 통해서 표현했듯 말이다. "지금 나는 보는 방법을 배우고 있다. 그 이유는 모르지만, 모든 것이 나의 내면으로 더욱 깊이 스며들면서, 지금까지 늘 멈추곤 했던 거기서 멈추지 않고 있다. 나는 지금까지 나 자신이 몰랐던 내면의 자기를 갖고 있다. 지금 모든 것은 그 내면의 자기 쪽으로 가고 있다. 그곳에서 무슨 일이 일어나고 있는지 나는 모른다."[24] 이러한 사람은 자아의 위치를 재조정하고 영원의 구조 안에서 살아간다. 이러한 사람은 신들이 의도한 바, 즉 신성한 소명이 되라는 부름을 듣고 그에 응답하고 있다.

어쨌든 지금 우리는 왜 여기에 있는가? 부모의 야망에 휘둘렸던 한 남자가 '평범한 사람이 되는 법을 배우기 위해' 인생 후반에 심리치료를 받으러 왔다. 즉 그는 죽기 전에 부모의 콤플렉스로부터 자신을 구원하고자 했다. 성 아우구스티누스는 우리가 여기 있는 이유는 신을 사랑하고 인생을 즐기기 위해서라고 말했다. 미국 소설가 커트 보니것Kurt Vonnegut은 신의 눈과 양심이 되기 위해 우리가 여기 있다고 믿는다. 융은 새벽의 고요한 아프리카 초원지대에 서서 시간을 초월하여 끊임없이 움직이는 동물 무리를 바라보며, 야만적인 본성을 의식으로 끌어올리기 위해 우리가 여기 있다고 썼다. 어떤 이론이 당신에게 호소력을 발휘하든, 분명 우리는 무한한 가능성이 펼쳐진 우주의 풍요로움에 대한 단순한 봉사 속에서 있는 그대로 더 충만히 되라는 부름을 받고 있다.

8장

모두 병들었는데
아무도 아프지 않은 시대

한때 공기는 8월의 파리 떼처럼 영혼들로 충만했다.
이제 나는 공기가 텅 비어 있음을 발견한다.
대기에는 오직 인간과 인간의 관심사만 있을 뿐이다.

힐러리 맨텔Hilary Mantel, 『플러드』 중에서

20세기의 시작 무렵, 프로이트는 『일상생활의 정신병리학 Psychopathology of Everyday Life』이라는 책을 출판했다. 이 책에서 그는 정신병리를 관찰하기 위해 굳이 정신병원을 찾을 필요까지 없다고 주장했다. 일상의 삶에서도 분열된 영혼의 책략을 충분히 확인할 수 있기 때문이다. 이 책에서 프로이트는 의식에서 차단된 암묵적 동기가 자아의 선택과 행동을 간섭하는 방식을 상세히 설명했다. 이 간섭으로 인해 엉뚱한 말이 튀어나오고, 건망증이 생기고, 위험한 감정을 사회적으로 용인 가능한 것으로 위장하는 일이 벌어진다는 설명이 따랐다. 프로이트는 융을 비롯한 몇몇 심리학자와 함께 우리 시대가 새로운 어휘를 발견하고 혼란스러운 의식 안에서 의미 있는 동기를 관찰할 수 있도록 도왔다. 간단히 말해, 우리가 심리학적으로 많은 것을 알도록 도왔다.

21세기 들어 심리학적 탐구가 활기를 띠고 있다. 이는 부분적으로 교육적·기술적·과학적·예술적·인간적 성취뿐만 아니라 사회 제도와 종교까지도 20세기의 대량 학살과 광기를 막지 못했기 때문이다. 1851년에, 새로운 '삼위일체'로 등장한 '진보'와 '기계'와

'물질주의'를 세계적으로 처음 축하하는 박람회가 열린 영국 런던의 크리스털 팰리스는 그다음 세기에 독일 공군의 폭격기들이 런던을 폭격할 때 좌표 역할을 했다. 의식의 사소한 간섭뿐만 아니라 광기 자체가 문명의 겉껍질과 일상생활의 정신병리 아래에 숨어 있는 것 같다. 우리가 감각의 폭격을 받고, 중독에 휘둘리며, 필요 이상으로 약에 의존하고, 줄기차게 움직이도록 자극을 받고, 자신으로부터 그 어느 때보다 더 멀어지고 있는 이 세상을 심리학적으로 보지 않는다면 달리 어떤 방법으로 볼 수 있겠는가? 또 이런 세상을 보면서 지금 우리가 생각하는 것보다 더 깊은 의미가 있지 않을까 하는 생각을 어찌 하지 않을 수 있겠는가?

카를 융은 또한 우리가 심리학적인 존재가 되어야 한다고 덧붙였다. 왜냐하면 한때 인류를 자연과 신과 연결해주던 영적으로 충전된 이미지가 부족의 신화와 신성한 제도의 쇠퇴와 함께 약해졌기 때문이다. 만약 대부분의 사람들에게 있어 영적인 참조점이 사라졌다면, 현대의 감수성은 그런 집단적 이미지가 생성되는 곳을 찾기 위해 내면을 들여다봐야 한다. 아마도 20세기의 가장 의미있는 글은 융이 몇 가지 불편한 질문을 제기했을 때 쓰였을 것이다.

우리 현대인은 허깨비 같은 이런 모든 신을 능가했다고 상상하면서 자신들이 이미 명석함의 정점에 도달했다고 자축한다. 그러나 우리가 능가한 것은 단지 언어적 망령일 뿐, 신의 탄생을 부른 정신적 사실은 아니다. 우리는 지금도 여전히 자율적인 정신의 내용물에 사로잡혀 지내고 있다. 마치 이 자율적인 정신의 내용물은 고대 그리스 올림포스산의 신들 같다. 오늘날 그 내용물은 공포증, 강박관념 등의 이름으로 불린다. 한마디로 신경증적 징후들이다. 신들이 질병이 되어버렸다. 제우스는 더 이상 올림포스산을 지배하지 않고 오히려 태양신경총solar plexus을 다스리면서, 의사의 상담실을 위한 진기한 표본들을 만들어내거나, 아니면 자신도 모르게 세계에 심리적 유행병을 퍼뜨리는 정치인과 언론인의 뇌를 어지럽히고 있다.[25]

융의 관찰에 담긴 함축적인 의미는 우리 문화와 개인적 삶 전반에 걸쳐 반향을 일으키고 있다. 신, 즉 영원한 존재가 죽을 수 있다는 모순어법처럼 들리는 개념을 검토하면서 그는 어떤 형태에 붙여진 이름은 사라지지만 그 형식 뒤에 있는 에너지는 변형되어 다른 곳에서 다시 나타날 것이라고 설명한다.

응집력 있는 신화적 이미지를 유지하는 문화는 개인을 네 가지 차원의 신비와 연결시킨다. 바로 초월적인 것(신들), 환경적인 차원(자연 속에 있는 신들의 집), 종족적 차원(사회적 구조) 그리고 각자의 심리적 기반(개인적 정체성)이다. 신들의 광채는 바래고, 그와 함께 문화의 삶에 활기를 불어넣고 더 큰 질서에 참여한다는 감각을 제공했던 연결의 힘도 약해지고 있다.

그렇다면 신들은 다 어디로 갔을까? 융이 예리한 질문을 던졌다. 고대에 신의 형상을 낳았던 최초의 에너지는 어디로 가지 않았다. 그 에너지는 지하로 들어갔을 뿐이다. 그 에너지는 지금 무의식적이기 때문에 신으로 구현되던 옛날보다 기괴한 영향력을 훨씬 더 강하게 발휘하고 있다. 신들이 구현했던 영적 힘, 잠시 가시화되었던 보이지 않는 세계는 인간의 정신으로 되돌아가고, 인류로 하여금 그들로부터의 분리, 소외 그리고 이질감을 겪도록 강요한다. 이 상실에 따른 고통은 무의식적으로 작용하기 때문에 개인적 혹은 사회적 병리로 나타난다. 이것이 우리 시대의 '일상생활의 정신병리'가 띠는 문화적 형태이다.

모든 위대한 종교적 전통은 신들을 무시하는 것이 가장 큰 죄라고 가르친다. 따라서 신들이 구현한 에너지를 무시하면 그 에너지의 자율적 역학이 풀리면서 인류에 위험하게 작용한다는 말은 일리가 있다. 융이 암시하듯이 무시되고 투사되고 육체의 병으로 바뀐 그런 깊은 에너지는 신경증이 되었다. 아니면 그보다 더 심각한 결과를 낳을 수도 있다. 공포증, 강박증 그리고 통제 불가능한 열광이나 폭력으로 폭발하는 대중 감정 등은 이와 같은 무시된 힘이 지닌 해로운 영향력을 보여주는 예시이다.

진보와 치유, 인류의 오래된 재앙에 대한 해결책을 찾으리라는 희망으로 시작한 20세기는 인류 역사상 가장 잔인한 세기가 되었다. 개별 정치인의 신경증이 대중의 무의식적 동력을 악용하며 중세의 사탄보다도 더 악랄하게 대중을 현혹했다. 대중 매체, 말하자면 신문과 잡지, 영화, TV 등의 매체는 대중의 주의를 흩뜨려놓는 한편으로는 대중을 유혹하기까지 했다. 대중 매체는 이전보다 훨씬 더 많은 정보를 전달하게 되었지만, 대중적 공상과 집단 투사, 희망적 사고, 모호한 동기, 지성을 현혹시키는 흐릿한 의제 등을 복잡하게 뒤섞어놓는 결과를 낳고 말았다.

이 같은 실존적 공허, 이 의미의 간극, 하이데거Martin Heidegger의 표현을 빌리면 '사라진 신들과 아직 도래하지 않은 신들 사이의 의미의 간극'을 우리의 일상생활의 자질구레한 것들이 채우고 있다. 조상들이 살아 있는 신화를 가졌던 그곳에서 우리는 자신들이 그런 필요성을 극복했다고 믿으면서 조악하고 가끔은 파괴적이기까지 한 인간 본성의 힘 앞에 발가벗은 채로 위태롭게 서 있다. 우리 자신과 자연을 지배하고 있다는 인간의 오만한 믿음은 단지 우리로 하여금 각자의 내면에서 작동하고 있는 것을 더욱 의식하지 못하게 만들 뿐이다. 아득한 옛날에 우리 조상들은 어떤 신이 화가 났는지 물은 다음에 그 신에게 공물을 바치고 옳은 관계를 회복함으로써 개인 및 부족의 문제로부터 풀려날 수 있었다.

오늘날엔 누군가가 아프로디테를 노하게 했다고 말하면 미쳤다는 소리를 듣기 십상이다. 그러나 이전 시대에는 여신의 은총을 청하려면 그녀의 일에 더 큰 마음가짐을 표현하는 행위가 필요했다. 오늘날 우리는 소위 '정욕의 병리학'을 지칭하기 위해 '성도착증'과 같은 정신의학 용어를 사용하고, 우리가 이름붙인 것은 무엇이든 통제하고 있다고 믿는다. 사실 현대 정신의학과 심리학의 대부분은 질병분류학(이름 붙이기)과 병인학(인과관계), 행동 변화, 약리학적 개선에 국한되고 있는데도 말이다. 증후의 성격을 파고들거나 상처받은 에너지를 어떻게 회복시킬 것인지에 대한 깊은 고려는 거의 이루어지지 않고 있다. 내면의 어떤 깊은 동력이 화가 났거나 무시당하고 있는지에 대해 아는 것이 거의 없는 상황에서 어떤 치유가 일어날 수 있겠는가? 이러한 에너지들에 대한 역동적인 은유와 연결의 의식(우리가 단순한 신화라고 무시하는 것)을 가진 문화는 영혼을 훨씬 더 잘 다루고 치유할 수 있다. 그 치유력을 보면 현대의 정신의학과 약학의 힘을 합친 것보다도 더 크다. 신비에 대한 살아 있는 신화적 접근이 없는 문화는 곧 곤경에 처한 문화이다.

세계가 제2차 세계대전의 소용돌이에 말려들기 직전인 1939년, 카를 융은 영국 런던에서 '목회 심리학 길드Guild for Pastoral Psychology'를 대상으로 강연을 하면서 인류는 우주의 중심 에너지와의 신화적 연결을 상실한 이후로 그 문제에 슬기롭게 대처하지 못했다고 주장했다. 그 이후로 인류는 손쉬운 해결책이나 이분법적인 가치를 약속하는 이데올로기에 더욱 쉽게 빠져들었다. 또한 증오를 표현하기 위해 눈에 뚜렷이 띄는 적을 둘 필요성을 더욱 강하게 느꼈다. 그런 적이 있어야만 우리가 자기반성을 피할 수 있을 테니 말이다.

우리를 지배하는 병리적 이데올로기

융의 시대에 세계는 마르크스주의와 파시즘이라는 경쟁적이고 편향된 이데올로기로 나뉘어 있었다. 그런 대중 운동 속에서 개인의 감수성은 쉽게 휩쓸려버리고, 도덕적 감각도 쉽게 잊히고, 선택에 대한 개인의 책임도 쉽게 피할 수 있게 된다. 세 번째 집단은 이런 신화적 위기를 내면화하고 그 갈등을 개인적 신경증으로 앓았다고 융은 강조했다. 오직 이 마지막 집단만이 문명에 희망을 줄 수 있었다. 그러나 그것도 그들이 고통의 의미를 발견하고 마침내 영적인 나침반을 영혼의 목적과 일치시킬 수 있을 때만 가능한 일이다.

오늘날 마르크스주의와 파시즘은 그보다는 약간 미묘하지만 영적으로 결코 덜 유혹적이지 않은 물질주의와 쾌락주의, 나르시시즘과 같은 이데올로기로 대체되었다. 이 삼두마차는 현대인 대부분의 정신을 움직이고 있지만, 결국 치유나 본질적인 만족으로 이어주는 데 실패함으로써 결국에는 그들을 배신한다. 인류는 신성神性에 '수직적'으로 참여한다는 느낌을 받지 못한 채 자신의 부조리를 맴돌면서 절멸로 끝나는 불모의 '수평적' 존재에 그치는 저주를 받고 있다. (수평적 존재라는 덫에 갇힌 현대인의 딜레마를 베케트Samuel Beckett의 『고도를 기다리며』보다 더 극적으로 그린 작품은 없다. 길가의 두 떠돌이는 정말이지 갈 곳도 없고, 할 일도 없다는 자각에 괴로워한다.) 융은 신비와의 연결은 "사람들이 스스로 상징적인 삶을 살고 있다고 느끼고, 자신이 신성한 삶의 드라마의 등장인물이라고 느낄 때에만" 이루어진다고 주장한다. "신비와의 연결이 인간의 삶에 유일한 의미를 준다. 그 외의 모든 것은 진부하고 또 없어도 무방하다. 경력이나 아이를 갖는 것 등은 이 한 가지, 즉 당신의 삶이 의미를 지닌다는 사실에 비하면 환상에 지나지 않는다."[26] 어떻게 한 알의 약이나 새 자동차, 심지어 새로운 연인이 우리 삶에 깊이를 회복시키는 것만큼의 의미를 줄 수 있겠는가?

물질주의와 쾌락주의와 나르시시즘 외에, 인기 있는 이데올로기 두 가지가 더 있다. 근본주의와 감각의 문화이다. 제2차 세계대전 이후로 종교적 스펙트럼에서 유일하게 근본주의의 영역만 성장했다. 정확한 이유를 꼽는다면, 우리 시대 전반에 팽배한 모호성 때문에 일어난 현상이다. 인류 역사상 가장 큰 '선택의 자유'로 받아들여질 수 있는 것이 오히려 많은 이들에게 불안을 불러일으킨다. 종교적이든 정치적이든 심리학적이든 근본주의는 경직되고 단순화된 신념체계를 통해 회의와 모호함을 교묘히 처리하려는 하나의 불안 관리 기법일 뿐이다. 만약 내가 이 세상이 문화적으로 제한적이고 덜 의식적이었던 다른 시대의 가치에 영원히 기반을 두고 있다고 스스로를 설득할 수 있다면, 나는 도덕적 선택의 새로운 미묘함이나 점점 더 커지고 있는 여성의 활동, 성별과 성정체성 및 선호의 모호성, 민족주의나 파벌주의 및 기타 부족적 사고방식의 공포를 굳이 다룰 필요성을 느끼지 않을 것이다.

물론 사람들은 자신이 진지하게 경험을 통해 검증한 것이라면 무엇이든 확언할 권리를 누린다. 그러나 근본주의는 불안과 모호함, 모순을 누르려는 일종의 정신병이다. 인격 구조가 성숙할수록, 개인이나 문화가 불안이나 모호함, 모순을 인내하는 능력 또한 더욱 커진다. 어찌 보면 이 불안이나 모호함, 모순은 우리 삶에서 피할 수 없는 것들이 아닌가. 미성숙한 가운데 자신의 가치관이 위협받고 있다고 믿는 문화는 포위당하고 있다는 심리 상태에 빠지고, 더 단순했던 시대에 대해 그리고 단순한 이분법적 판단에 대해 향수를 느낄 것이고, 타자를 비난함으로써 자신의 그림자를 투사할 것이다.

이런 퇴행적인 목표를 보여주는 가장 슬픈 예를 미국에서 펼쳐진 드라마에서 찾을 수 있다. 미국과 미국의 민간 지도자들은 9/11 이후에 국가와 국가의 정책을 놓고 대화의 장을 마련하고 나머지 세계와 솔직한 대화를 나눌 기회를 모색했다. 만약에 '왜 그들이 미국인을 그토록 증오할까?' 하고 궁금해하는 사람이 있다면, 그 사람은 '그들에게' 질문을 던지고 그들이 하는 말에 공개적으로, 지적으로, 또 적극적으로 귀를 기울일 준비가 되어 있어야 한다. 그런 기회는 다른 나라 사람들도 자신을 다시 돌아보게 만들 것이고, 따라서 미래에는 차이와 모호함을 인내하는 능력이 더욱 커질 것이라고 기대할 수 있을 것이다. 그래야만 미국이 역사적으로 저항해온 병영 국가가 되지 않을 수 있을 것이다. 그러나 세계와 순수한 대화를 할 수 있는 능력은 국가에 상당한 성숙을 요구할 것이다. 상호 호혜적인 관계 속에서 살기를 바라는 개인에게 성숙이 요구되는 것과 다를 바가 없다.

근본주의와 더불어, 감각의 문화도 마찬가지로 유혹적이며 틀림없이 많은 추종자를 거느리고 있다. 우리는 온통 대중문화로 둘러싸여 있다. 24시간 운영하는 뉴스 방송은 쓰레기 같은 정보를 쏟아내고 있다. 지역 뉴스 방송은 잔혹한 사건과 저질스럽기 짝이 없는 스캔들을 찾아내 아침과 저녁 식사 시간에 내보냄으로써 공중 건강을 해치고 사람들이 잠을 깊이 자지 못하도록 만든다. 보잘것없는 사람들이 하루아침에 유명인사가 되고, 그러면 카메라는 그들을 따라다니며 검증되지 않은 그들의 일상을 그대로 소개한다. 로맨스와 서바이벌 게임, 감각적으로 각색한 질병 보고, 기업의 탐욕 등 이 모든 것은 감각에 대한 욕구를 점점 더 키우고 있다. 분명히 말하지만, 개인의 삶이 없고 인격의 깊이가 없는 곳에서는 다른 사람의 가치관으로 인공적인 삶을 꾸리게 되어 있다.

감각에 기반한 삶이나 문화는 감각을 계속 고조시킬 수밖에 없다. 왜냐하면 우리의 감각이 끊임없이 울려대는 북소리와 지켜지지 않은 약속에 금방 무디어지기 때문이다. 현대인이 감각의 한계에 갇혀 있고 또 현실과의 관계가 부족한 것처럼 보이기 때문에, 지금 우리는 '리얼리티 TV'라는 인공물을 창조해내기에 이르렀다. 전적으로 대리적인 삶을 구축하는 것보다 더 신경증적인 문화가 있을 수 있을까? 연결과 깊이 그리고 의미에 대한 희망을 포기한 바로 거기서, 우리는 오직 감각만을 발견할 것이며 따라서 더욱 감각적으로 행동하게 될 것이다. 이 같은 현상을 일컫는, 익숙하지만 추한 이름이 있다. '중독'이다.

감각의 문화는 오직 중독을 낳고 희망을 깨뜨릴 뿐이다. 근본주의가 경직성과 대단히 큰 그림자를 낳는 것과 똑같다. 성직자의 스캔들이 이를 잘 보여준다. 중독에서 자유로운 사람은 설령 있다 하더라도 아주 극소수일 것이다. 면밀히 조사하면 깨진 희망과 불안을 유발하는 문제로부터 자유로운 사람은 아무도 없다. 인간의 이런 측면을 통제하려 들수록 우리는 우리가 향하는 본질적인 신비로부터 더 멀어진다. 더욱이, 근본주의적 문화나 감각적 감수성은 결코 고통에 존엄성과 깊이를 부여하지 못하고, 개인을 더 큰 영적 참여로 이끌지 못하며, 삶의 더 큰 신비로부터 가장 많이 생겨나는 의미를 가져다주지 못할 것이다. 이러한 신비는 자신의 만족을 위해 그것들을 통제하려는 우리의 욕망을 언제나 거부하고 초월할 것이다.

일상생활에서 정신병리학적 요소가 있는 부분을 살펴보라. 그러면 두 가지의 개인적 및 문화적 형태가 만연하다는 사실을 확인할 수 있을 것이다. '중독'과 '성도착증'이 그것이다. 중독은 우리의 반사적이고 무의식적인 불안 관리 행동에서 자주 발견된다. 약물 남용과 같은 이러한 불안 관리 전략의 더 명백한 형태를 중독이라고 명명하고 끝내버리면 일은 아주 간단할 것이다.

우리 모두는 일상에서 의식儀式을 치르고 있으며, 이 의식의 무의식적 동기는 예상되는 악을 물리치는 것이다. 우리에겐 반사적으로 언제든 켤 수 있는 TV 프로그램과 컴퓨터, 인터넷이 있다. 오락의 세계가 언제든 거기에 있기 때문에 우리 모두는 세상과 연결되어 있다고 느끼며 스스로를 안심시킨다. 우리는 외로움을 치료할 수 있는 유일한 처방인 고독을 피한다. 우리는 인생 드라마의 모든 장면에 어김없이 등장하는 유일한 인물인 자신과 대화하기를 피한다. 우리는 꿈을 무시하지만, 꿈은 자아가 제공하는 지속적인 논평으로 일이 어떻게 진행되고 있고 어떻게 더 나아질 수 있는지를 설명해준다. 또한 우리는 우리의 역사를 무시하지만, 꿈은 우리를 위해 자기 패배적인 패턴을 만들어내는 자율적인 주체들에 대한 많은 단서를 제공한다.

우리의 공통된 실존적 여정은 우리에게 탄생과 의식을 부여하는 초기의 충격적인 분리에서 시작되지만, 이는 나중에 중독에 대한 근거를 제공하며 그 중독은 의식을 마비시킬 수 있다. 그래서 우리는 다시 연결되기를 갈망한다. 이 대목에서 그 분리가 중독의 바탕을 제공한다고 강조하는 이유는 거기에 의식을 무감각하게 만들 잠재력이 있기 때문이다.

따라서 모든 중독의 동기는 어떤 형태로든 '타자'와의 연결을 통해 불안을 감소하려는 데에 있다. 인간적인 조건이 분리에, 그러니까 자궁이나 어머니, 타자, 우리 자신의 생명줄로부터의 분리에 바탕을 두고 있다는 점을 고려한다면, 그런 존재론적 불안이 우리에게 얼마나 깊이 입력되어 있는지 이해할 수 있다. 신화와의 연결을 상실함에 따라, 말하자면 우리를 신이나 자연, 타자, 우리 자신과 연결해주었던 이미지들을 상실함에 따라 이 불안은 더욱 깊어지고 있다. 지난 4세기 동안 이어져온 불길한 추세 그대로 우리 자신을 이 이미지들로부터 계속 차단시켜보라. 그러면 불안만 더욱 심화될 뿐이다.

중요한 것은 중독을 판단하는 것이 아니고 중독이 진정한 연결에 얼마나 비효율적인지를 시간을 두고 현실적으로 분석하는 것이다. 더욱이, 중독은 실제로 보면 영혼의 의제에 대한 의식적 투자를 가로막는다. 우리 모두의 임무는 주의를 엉뚱한 곳으로 돌리지 않고 삶을 영위할 수 있는 능력을 증대시키는 데 있다. 또 영혼이 우리를 데려가고자 하는 곳으로 인도될 때까지 영혼의 고뇌를 견뎌낼 능력을 키우는 것도 우리의 임무이다.

더 의식적인 고통 없이 우리는 결코 그 깊이나 의미를 발견할 수 없고, 진정으로 성장할 수 없으며, 인생을 진정으로 변화시키지도 못할 것이다. 하지만 고통에서 쉽게 탈출하도록 돕기보다 고통을 받아들이도록 하는 철학과 심리학이 우리에게 얼마나 매력적일까? 우리 문화가 중독에 얽매여 있는 것은 놀라운 일이 아니다. 거대한 산업까지 단절의 불안을 관리할 수 있도록 돕겠다고 나서고 있다. 그럼에도 자신의 중독에서 주의 산만의 패턴을 기꺼이 직시하고, 또 우리 모두에게 공통적인 상처를 보다 의식적으로 경험하려 하고, 자신이 이미 느끼고 있는 것을 진정으로 느끼려고 노력하는 사람만이 성장의 희망을 품을 수 있다. 심리학의 근본적 진리 중 하나는 우리가 영적으로 성장할 만큼 충분히 확장되려면 대개 고통을 경험해야 한다는 것이다. 그런데 이 진리를 우리의 자아는 보지 않으려 든다. 지속적인 편안함의 길은 중독의 순환적인 덫으로 이어진다. 덫에 걸리면 우리는 휴식도 희망도 없이 계속 똑같이 반복되는 역사의 바퀴에 완전히 묶일 것이다.

마찬가지로, 성도착증도 우리를 움켜잡고 있다. 사랑을 의미하는 그리스어 단어에서 유래한 성도착증paraphilias은 욕망의 다양한 표현과 그 변조變調와 관련이 있으며 그중 일부는 문화적으로 허용되고 일부는 금지된다. 욕망desire 자체는 '별星로부터'라는 뜻의 라틴어 항해 용어에서 나왔다. 욕망을 갖는다는 것은 곧 방향을 설정하고 계획을 한다는 뜻이다. 욕망을 잃는다는 것은 방향을 안내할 별을 잃은 선원처럼 망망대해를 표류한다는 뜻이다.

우리 문화는 자주 '욕망'과 '사랑'을 혼동한다. 만족에 대한 무모한 욕망, 노력을 피하고자 하는 욕망, 육욕, 사랑에 대한 욕망, 단맛에 대한 욕망, 이 모든 것은 사람이 영혼에 충실하지 못하게 한다. 이 모두는 그를 아주 좁은 감방에 가둘 것이다. 그렇다고 금욕이 곧 영혼에 대한 사랑이라는 뜻은 아니다. 때때로 영혼은 육체, 좋은 음식과 포도주를 원하고 또 생명력, 즉 에로스를 이롭게 할 에로틱하고 황홀한 삶의 환희를 원한다. 영혼은 언제나 더 큰 생명을 원하며, 영혼이 원하는 것은 자아의 목표, 즉 만족이나 평화 그리고 투쟁과 갈등으로부터의 해방 같은 것과는 거의 관련이 없을 것이다.

영혼의 계획은 도피에서는 좀처럼 발견되지 않을 것이며, 오히려 영적 모험과 정신적 위험이 따르는 곳에서 발견될 것이다. 말하자면 더 큰 삶을 영위하는 데 도움이 되는 그런 곳에서 영혼의 계획이 발견된다는 뜻이다.

성도착증, 즉 욕망의 장애는 우리 시대의 신경증 목록에 포함되며 여기에는 섹스 중독, 포르노그래피, 약물 중독, 소비 중독 등이 있다. 이들은 영혼의 빈 공간을 채우겠다고 제안한다. 중독과 마찬가지로 이런 형태의 왜곡된 욕망은 도덕적으로 판단되어서는 안 되며, 영혼이 진정으로 원하는 것을 제공하는 데에 얼마나 효율적인지를 근거로 평가되어야 한다. 영혼의 계획은 사람마다, 때로는 순간마다 다를 수 있지만, 의식적으로 주의를 기울이지 않으면 외부의 무엇인가로 투사될 것이다. 여기서 말하는 외부의 무엇인가는 단테의 『지옥』에서 대식가들을 먹이고 있는 그것이나 서점의 로맨스 소설 서가에서 발견되는 그것과 다르지 않다. 빗나간 사랑은 마치 홍수처럼 쏟아지는 해방과 치료, 변화에 대한 약속을 숨기고 있는 광고에서 발견될 것이다. 그런 사랑은 열린 사회를 계속 열린 사회로 지켜나가는 데 필요한 것을 제대로 이해하지 못한 상태에서 '국토 안전'을 약속하는 법안에서도 발견될 것이다. 또한 TV 전도사들과 기분을 좋게 해주는 치료사들, 고통 없는 치유, 대가를 요구하지 않는 해방 그리고 지옥을 먼저 방문할 것을 요구하지 않으면서 구원을 약속하는 영적 사기꾼들의 달콤한 말에서도 발견될 것이다. 사랑을 놓고 벌이는 이런 식의 흥정은 쓸데없다. 왜냐하면 그 같은 사랑이 수천 년 동안 인류를 지상에 매달리게 만들었으며, 틀림없이 영혼이 우리에게 요구하는 엄격성을 평가절하할 것이기 때문이다.

문화적 신경증의 목록에 다양한 섭식 장애를 추가하자. 섭식 장애 역시 '생명의 잔을 남김없이 들이켜라'는 영혼의 초대에 대한 부적절한 반응이거나 물질화된 표현이기 때문이다. 영적 허기를 물질로 채우려 하든 거식증으로 생명력의 섭취를 통제하려 하든, 우리는 영적인 것을 음식에 투사함으로써 영혼으로부터 점점 더 멀어지고 있다.

이에 더해 윌리엄 제임스William James가 '암캐 같은 여신'이라고 표현한 성공까지 그 목록에 추가해야 한다. 성공이 무엇이든, 그 순간의 신경증에 의해 어떻게 정의되든, 자아와 집단 문화가 성공으로 정의하는 것과 영혼이 우리에게 요구하는 것은 거의 아무런 관계가 없다. 우리는 성공을 추구하며 전력투구하지만 훗날 자기 자신으로부터 더욱 멀어졌다는 사실을 깨닫기도 한다. 성공의 목표가 노력을 많이 요구할수록 우리는 자신으로부터 더욱 멀어진다. 우리가 그토록 덧없는 필멸의 존재라면 명성이란 자아의 망상, 실존적 불안을 달래려는 시도에 불과하지 않을까? 다른 이들이나 우리 자신의 가장 깊은 부분을 희생하여 얻은 성공이란 무엇인가? 영혼이 더 이상 우리의 동맹이 아니라면 성공이란 대체 무엇인가?

'성공'은 우리 시대에 의문의 여지가 없는 문화적 우상이 되었다. 우상과 상징의 차이는 전자는 제한적인 의미만을 갖는 반면 후자는 그 너머 더 큰 영역의 신비를 가리킨다는 점이다. 자신의 꿈에 주의를 기울이며 꿈이 제시하는 방향과 가치체계를 바탕으로 선택하려고 노력하는 여자는 삶을 성공적으로 사는 것이 아닐까? 비록 그녀가 가족의 인정과는 더욱 멀어졌을지라도, 삶의 방식을 놓고 보면 그렇게 판단해야 할 것이다. 영혼과의 조우에서 느낀 힘 앞에 겸손해지면서, 영혼이 자신에게 말하고자 하는 바를 이해하려고 노력하는 남자의 삶이 성공적이지 않을까? 그런 태도가 자신이 속한 집단의 가치체계를 버린다는 의미일지라도 말이다. 신학적 은유를 빌린다면, 자아가 원하거나 문화가 인정하는 것보다는 신이 뜻한 대로 되는 사람이 성공을 구현하는 것이 아닐까? 엘리엇T. S. Eliot이 관찰했듯이, 도망자들의 세상에서는 옳은 방향으로 향하는 사람이 도망자처럼 보이게 되어 있다.

부족 생활이 약해지고 신화 체계가 느슨해짐에 따라, 우리를 함께 묶어놓았던 접착제도 많이 녹았다. 지금 사람들은 닫힌 방 안에서 컴퓨터나 TV 앞에 앉아서 문화적으로 습득한 것을 로봇처럼 그대로 되풀이하고 있다. 이 같은 단절로 인해 이른바 성격 장애가 점점 더 많이 발생하고 있다. 한때 성격의 도덕적 결함을 암시하는 '인격 장애'라는 용어는 그 이후에 '성격 장애'로 바뀌었다. 마치 모든 부적응이 해로운 가치를 강요한 사회의 잘못이 아니라 병리적인 것인 양 말이다. 정신 역동 이론을 바탕으로 심리치료 활동을 펴는 사람들은 오늘날 이 같은 패턴을 '자기 장애disorders of the Self'라고 부른다. 개인의 성숙을 도모할 자기와 자아의 축이 어긋났다는 점을 암시하는 용어이다.

어떤 사람이 압도적인 외상을 경험했거나, 외부의 부족이나 내면의 자아-자기 축과의 연결을 잃었을 때, 그에게는 그 상처와 자신을 동일시하고 그런 제한적인 상상력을 바탕으로 선택하는 경향이 생겨난다. 게다가 폭력과 인종주의, 편협한 신앙 그리고 퇴행적인 모든 유형의 행동은 언제나 제한적인 상상력에서 비롯된다. '과도한 일반화의 오류'는 우리 삶이 옛날의 콤플렉스를 중심으로 돌아가도록 만드는데, 이 오류는 보상적인 경험과 통찰, 새로운 임무를 떠안는 모험에서 비롯되는 시야의 확장으로만 치료될 수 있다.

개인적 및 문화적 역사의 케케묵은 이미지가 지닌 힘은 워낙 강력해서 우리가 그것들을 의식하지 않는 한 우리 삶에서 자율권을 누린다. 그 이미지들의 힘은 또 우리의 대중문화에 의해 더욱 강화되고 있다. 오늘날의 대중문화는 갈수록 동질화되고, 자기도취적인 요소가 강해지고, 유치해지고, 매일 이미지의 공격을 퍼붓고 있다. 따라서 불가피하게 우리의 창의성은 좌절되고 선택의 폭은 제한된다. 이런 결함 때문에 우리는 반복되는 행동, '치료 계획'의 실패, 엉터리 부족주의와 같은 악순환의 벌을 받고 있다.

우리는 교육이나 여행, 학습, 타자와의 대화, 영혼의 빈번한 방문자 등이 제공하는 더 넓은 범위에 속하는 이미지에 노출될 때에만 확장될 수 있다. 페르시아 시인 루미가 우리 영혼이 자아의 집을 방문하도록 보내는 손님들에 대해 이렇게 쓴 것처럼.

인간 존재는 하나의 객잔이니,
매일 아침 새로운 손님이 도착하네…
누가 오든 감사하라,
각자가 천상에서부터
안내자로 보내졌으니.[27]

루미의 시를 지나치게 감상적으로 해석하지 않도록 주의해야 한다. 여기서 이 '손님' 중 일부는 우리 문화에 대한 반대로, 심리적으로 전능하다는 우리의 환상에 대한 일격으로, 자아의 안전 계획에 대한 공격으로 경험될 것임을 기억하자. 그럼에도 자아나 부족의 문화가 이미 특권을 부여하고 제도화한 것에 대한 순응에서보다는 회의와 패배에서 더 많은 것을 배우게 될 것이다.

살아 있는 신화들

고대 사회를 지탱하고 또 그 사회들을 다양한 차원의 신비와 연결시켰던 신화들은 의식적으로 창조된 것도 아니고 또 보고서 같은 것을 통해 전해진 것도 아니다. 그 신화들은 집단적 부족 경험이든 개인적인 경외의 사적 영역에서든 원초적인 조우에서 생겨났다. 이 조우는 환희나 공포 혹은 경이감을 일으키기도 했지만 언제나 개인이나 부족이 신비에 마음을 열도록 만들었다. 그러한 조우에서 생겨나는 이미지는 그것이 신성이든 물질적 사건이든 감정의 소용돌이든, 신비와의 연결고리다.

물론 시간이 지나면 자아는 그 이미지에 초점을 맞추고 그것에 생명을 준 에너지에는 초점을 맞추지 않는 경향이 있다. 이런 식으로 이미지가 일단 자아의 인공물이 되면, 융이 올림포스산의 신들에 대해 관찰했듯이 초기의 에너지는 이미 그것을 떠나 다른 곳으로 갔을 가능성이 크다. 융은 신들은 죽지 않으며 에너지가 그들의 이미지를 떠날 뿐이라고 말한다. 그래서 이미지, 말하자면 낡은 믿음이나 교리는 더 이상 우리에게 예전의 영향력을 행사하지 못하게 된다.

새로운 대상을 소유하거나 지위를 소유함으로써 더 큰 행복을 얻고자 꿈꾸는 사람은 불가피하게 최종적으로 불만을 느끼게 되어 있다. 그 대상이나 지위가 사람에게 생명력을 발휘하는 이유는 정작 그 사람 본인은 모르고 있지만, 거기에 그가 건드리지 않은 문제의 어떤 무의식적 양상이 들어 있기 때문이다. 그런데 이 생명력은 곧 소진될 것이고 그러면 이 생명력은 자동적으로 다시 그의 무의식으로 들어가서 거기서 투사할 새로운 대상을 기다리게 된다.

우리의 자아가 안전을 추구하며 이미지에 매달리는 경향은 종교적 죄 중에서 가장 오래된 죄인 우상숭배로 이어진다. 그러면 살아 있는 신화는 하나의 개념으로 굳어지며, 이젠 신화는 하나의 경험이기보다 믿음이 되어 신비의 힘을 상실한다. 그렇게 되면 그 사람에겐 믿음이 만들어낸 인공물(종교적 '부흥회'나 궐기대회 등에서 반복적으로 강화되어야 하는)만 남고 살아 있는 경험은 사라지고 만다. 우리는 이상한 신들을 숭배하지만 이 신들은 모두 결국 실패한다. 우리는 초월적인 경험에 대한 욕구를 사람들이나 대상, 명분으로 전이하면서 왜 그런 것들이 실망을 안겨주는지 그 이유를 궁금해한다. 어떤 사람이 신비와의 순수한 조우를 경험할 때, 그 순간은 정의될 수도 없고 설명될 수도 없으며 또 다른 사람에게 전달될 수도 없다. 융은 이에 대해 어느 편지에서 이렇게 설명한다.

신은 하나의 내면적 경험이며, 토론의 대상이 될 수 없지만 아주 인상적이다. 정신의 경험에는 두 가지 원천이 있다. 하나는 외부 세계이고 다른 하나는 무의식이다. 모든 직접적인 경험은 정신적이다. 물리적으로 전달되는 (외부 세계의) 경험이 있고, 내적 (영적) 경험이 있다. 외부 세계의 경험도 내면의 경험만큼 유효하다. 신은 통계적 진리가 아니므로, 신의 존재를 증명하려는 것은 그를 부정하는 것만큼이나 어리석다. (…) 사람들은 지식을 잃었을 때 믿음을 들먹인다. 신을 믿느냐 안 믿느냐 하는 문제는 그리 중요하지 않다. 순진무구한 원시인은 신을 믿지 않고, 알고 있다. 그에게는 내적 경험이 외적 경험만큼이나 중요하기 때문이다. 원시인은 신학을 전혀 갖고 있지 않으며 따라서 어리석은 함정과도 같은 개념에 혼란을 느끼지 않는다.[28]

현대 세계의 집단적 환상 중 하나는 의지의 행위로 옛 신화들을 되살릴 수 있다거나 새로운 신화를 만들 수 있으리라는 생각이다. 우리가 옛 부족 신화들을 대부분 상실한 것은 사실이지만 새로운 신화는 만들어낼 수 없다. 분명 많은 사람이 새로운 신화를 만들어내려고 노력했음에도 성공을 거둔 예는 아직 없다. 유토피아적인 비전이 수시로 제시되었지만 현실에서 성공한 예는 아직 하나도 없다. 왜냐하면 그것은 신들이 일으키는 에너지가 아니라 오직 자아가 주도하는 '선한 의도'에서만 나오기 때문이다.

우리 현대인을 움직이고 있는 이미지들, 예를 들어 소비주의는 우리 모두의 내면의 깊이를 배신하고 있다. 마르크스주의는 경제체제에 드러난 심각한 불평등을 바로잡기 위해 나온, 이성적이고 의도가 선하고 인도주의적 시도였지만 실패하고 말았다. 인간의 내면에 있는 비이성적인 요소와 이기심의 반란을 무시했기 때문이다. 또한 가치를 물질화함으로써 초월에 대한 인간의 욕구를 과소평가했기 때문에 실패할 운명이었다. 요약하면, 마르크스주의는 미신을 없애려고 노력하면서 또 다른 미신을, 말하자면 이데올로기를 바탕으로 봉사와 희생을 강요하는 교리를 만들어냈으며, 또한 인간의 영혼을 무시하는 측면을 강제하기 위해 전체주의적 억압을 필요로 했다. 마찬가지로, 현대의 소비주의는 주로 인위적으로 만들어낸 수요라는 환상에 바탕을 둔 인공적이고 자기 순환적인 체계이다. 소비주의는 육체에는 큰 위안을 안겨줄지 모르지만 영혼에는 거의 아무것도 안겨주지 않으며, 모두가 잘 알고 있듯이 결국에는 주의만 흐려놓고 실망만 안겨줄 것이다.

달리 표현하면, 신들이 내면적으로 경험되지 않을 때 그들은 외부로 투사될 것이다. 우리가 세상 속의 사물들, 즉 대상과 명분, 이데올로기, 관계 등에 투사하는 에너지는 일종의 자율성을 지닌다. 그것들이 잠시나마 우리를 위해 영성을 담아내기 때문이다. 융이 경고했듯이 "우리의 의식은 단지 신들을 잃어버렸다고 상상한다. 그러나 따지고 보면 신들은 거기에 그대로 있으며, 그들을 완전한 힘으로 되돌리기 위해서는 단지 특정한 일반적 조건만이 필요할 뿐"이다.[29]

군중 심리의 두려운 힘, 정치 집회나 록 콘서트에서의 열광적인 군중만 생각해도 이 에너지가 얼마나 쉽게 외부 인물이나 이미지로 투사되는지 알 수 있다. 개인적 위기나 문화적 위기를 맞아 의식적인 주의력이 낮아질 때마다 내면의 삶에서 다루어지지 않은 것을 투사하는 자아의 경향 때문에 외적인 것에 더욱 강하게 끌리게 된다. 그런 형상이나 이미지가 우리에게 미치는 힘을 표현하는 오래된 용어가 있다. 바로 '주문呪文'이다. 우리는 외적으로나 내적으로 그것을 접할 때마다 정신의 에너지가 갖는 거의 초자연적인 특성에 의해 아주 쉽게 홀린다. 그래서 우리는 번쩍거리는 물건이나 정치적 및 상업적 호소, 교묘한 신학, 뉴에이지 영성에 아주 약하다. 이는 그것들이 우리 내면 깊숙한 곳에 있는 무엇인가에 호소하면서도, 우리가 그 과정에서 자신의 역할을 인정하거나 의식적으로 노력하거나 개인적 책임을 질 필요 없이 쉽게 받아들일 수 있기 때문이다.

우리는 스스로 이런 홀림에서 자유롭기 위해서 세상을 심리학적으로 읽기 시작해야 한다. 무슨 말인가 하면 홀림에서 벗어나 그다음 걸음을 떼면서 이런 질문을 던져야 한다는 뜻이다. '나의 내면에서 작동하고 있는 이것은 무엇인가?' '이것은 나의 역사 어디에서 오는가?' '이런 종류의 에너지를 옛날에 어디서 느꼈나?' '그 표면 아래에 어떤 패턴이 있는가?' '이 패턴을 일으키고 있는 숨겨진 관념 혹은 콤플렉스는 무엇인가?' '삶이 언제나 초라하고 불완전하기 마련이라는 것을 알면서도, 여기에 마법, 쉬운 길, 유혹, 그러니까 해결책을 약속하는 무엇인가가 있는가?' 그리고 선택 앞에서는 언제나 이런 질문을 던지는 것이 중요하다. '이 길, 이 관계, 이 결정이 나를 더 크게 만드는가, 아니면 더 작게 만드는가?' 이 질문을 놓고 진지하게 고민한다면, 우리는 언제나 옳은 대답을 발견할 것이다. 더 나아가 자신이 삶을 보다 충실하게 살고 있다는 사실도 확인할 것이다. 그러면 그 선택이 아무리 힘들더라도 삶에 대한 만족이 매우 커질 것이다. 그러나 한 가지 더 어려운 질문이 남아 있다. '진정으로 의식을 원하는가, 아니면 그냥 홀림을 즐기고 싶은가?'

내가 큰 애정을 가졌던 한 내담자가 떠오른다. 정이 많아서 다른 사람들의 요구를 들어주느라 자주 기진맥진 피로를 느끼고, 우울증을 느끼고, 그러다 간혹 이용당하고 있다는 느낌에 화를 내곤 하던 여자였다. 그녀의 가족은 은연중에 그녀에게 병든 부모를 보살피는 부담을 떠안기며 희생을 강요했으며, 부모를 보살펴야 한다는 생각이 그녀의 삶의 태도까지 지배하기에 이르렀다. 그녀는 어린 시절에 무의식적으로 어린 자신이 부모를 보살피면 다른 가족 구성원도 부모를 보살피고 나설 것이라는 환상을 품었다. 당연히 이런 행복한 결과는 나타나지 않았다. 이 내담자는 다른 사람들의 요구에 '아니요'라고 대답해도 버림받거나 하는 등의 무서운 결과가 나타나지 않는다는 사실을 깨닫고 나서야 자신의 본성과 영혼의 요구를 따르면서 미지의 영역으로 과감히 나아갈 수 있었다. 자신의 패턴과 증후들을 '읽음'으로써 그녀는 어린 시절의 경험에서 비롯된 고정관념에, 말하자면 현재의 그녀를 과거의 역사에 얽매이도록 붙들어두면서 비참하게 만들고 있는 고정관념에 맞서기 시작했다.

우리가 이 같은 상황에서 직면하는 '적'은 절대로 '타자'가 아니다. 그 적은 바로 현재에 깊이 침투해 있는 역사의 힘이다. 이 힘은 워낙 깊이 침투해 있어서 이 순간에 의식이 하는 결정에도 작용한다. 나의 내담자는 꿈에서 어떤 여자의 방문을 지속적으로 받았다. 그런데 환자는 꿈속에 나타나는 이 여자가 외모는 달라도 자기 자신이라고 생각했다. 꿈속의 여자는 그녀를 애처로운 눈으로 바라보다가 몸을 돌려 나갔다. 그녀는 이 여자가 몸을 돌리는 모습을 보면서 항상 아픔을 느꼈는데, 무엇인가 소중한 것을 잃고 있음을 알았기 때문이다. 물론 이 이상한 방문은 그녀의 영혼이 이 '타자'를, 그녀 자신인 이 여자를 받아들이라는 초대였다. 우리에게 가장 소중한 것을 어떻게 받아들이지 않을 수 있겠는가? 꿈은 의식적으로 만들어서 꿀 수 없다. 그렇다면 이런 치유의 이미지를 우리에게 가져다주는 우리 내면의 주체를 어떻게 신뢰하지 않을 수 있겠는가?

심리학적 관점이 갖는 이 과제는 매우 어렵다. 믿음의 도약, 실존적인 신뢰의 행위를 요구하기 때문이다. 이는 물리적인 세계 그 밑을 흐르고 있는, 눈에 보이지 않는 세상을 직관으로 이해하고 제대로 평가할 것을 요구한다. 대부분의 현대인은 고대 세계를 이롭게 했던 부족의 이미지들을 잃어버렸다. 그런 까닭에 우리에겐 유형의 세계의 유혹과 한계만이 남았다. 그럼에도 우리 조상들에게 그랬듯이, 우리에게도 개인의 인간 정신은 외부 세계와 내부 세계가 만나고 경험되는 무대이다. 당신에게 실재하는 것은 무엇이든 심리적인 사건이며, 오직 당신만이 검증하고 존중할 수 있는 하나의 경험이다.

그러나 우둔하고 연약하고 불안한 자아는 두려움과 구원의 약속, 감언이설, 즉각적인 변화에 대한 보장 등의 유혹에 아주 쉽게 넘어간다. 우리 문화는 상업적·정치적·종교적 수사를 총동원해서 늘 이런 유혹을 쏟아내고 있다. 연봉을 많이 받는 사람들은 우리를 설득하고 조직하고 심지어 자신들의 이익을 도울 가치를 창조해내기 위해 우리의 심리를 연구한다. 우리도 그들이 유혹해주기를 바라고 있다. 우리의 의식에 대해, 우리 자신에 대해 혼자 책임을 지는 것보다 유혹을 당하는 편이 훨씬 쉽기 때문이다. 바로 이것, 즉 영혼의 부름으로부터의 도피가 바로 일상의 심각한 정신병리학이다.

세상을 심리학적으로 읽는 것은 자신의 삶을 보다 사려 깊게 읽는 데서부터 시작된다. 숨겨진 동기와 오래된 의제, 반복적인 패턴, 타인에게로 투사된, 살지 못한 삶 등을 식별하는 것이다. 언제나 의식적일 수 있는 사람은 아무도 없다. 상당히 긴 시간 동안 의식을 똑바로 차릴 수 있는 사람도 없다. 그렇기 때문에 삶의 많은 부분이 자동적으로 돌아간다. 우리는 의식을 상실하는 대가로 인간관계의 악화를 겪거나 자기 파괴적인 태도를 갖게 되거나 자신의 가치에 대한 통제권을 남에게 넘기게 된다.

심리학적인 존재가 되기 위해서는 내면에서 개인적인 신화를 새롭게 발견할 필요가 있다. 아무리 의도가 훌륭한 이데올로기나 제도일지라도, 거기에서는 그런 신화가 절대로 발견되지 않을 것이다. 왜냐하면 이데올로기와 제도가 과거에는 이롭게 작용했을지라도 반드시 영속화를 꾀하게 되고, 또 초창기의 중요한 경험을 형식적인 교리와 원칙으로 굳히는 경향을 자주 보이기 때문이다. 그러면 사람들은 조만간 이데올로기와 제도에서 원래의 정신이 사라졌다는 사실을 깨달을 것이다.

올바른 사고도, 이성적인 행동 원칙도 영혼을 만족시키지 못할 것이다. 우리는 불안, 깊은 절망의 순간 그리고 문 앞에 낫을 들고 선 자와의 약속을 피할 수 없을 것이다. 아무리 깊은 기도도, 아무리 건강에 좋은 운동도, 아무리 건전한 동기도 영혼의 깊이를 측량하지 못할 것이다. 영혼은 이따금 우리가 듣고 싶지 않은 방식으로 우리에게 말을 걸 것이다. 하지만 영혼은 언제나 말하고 있으며, 눈에 보이는 세상을 알리고 움직이고 형성하는 눈에 보이지 않는 세계에 대해 우리에게 들려준다.

심층 심리학의 가장 훌륭한 선물은 이 신비와 깊은 대화를 할 가능성을 다시 우리에게 돌려준다는 점이다. 심리학적인 존재가 된다는 것은 치료를 받아야 한다는 뜻이 아니라 표면 아래에서 어떤 일이 벌어지고 있는지를 과거 어느 때보다 훨씬 더 근본적으로 묻는다는 뜻이다. 우리 모두는 표면에 너무 쉽게 홀린다. 그러나 우주를 움직이고 있고, 또 위대한 신화들을 움직였고, 우리 조상들을 움직였던 그 에너지는 지금도 당신의 내면에서 움직이고 있다.

심리학적인 존재가 된다는 것은 표면 아래에 있는 에너지의 원천이 겉으로 드러날 때까지 그 표면에 대해 끊임없이 질문을 던진다는 의미이다. 또 현대인이 된다는 것은 의미와 선택, 행동에 전적으로 책임을 지는 존재가 된다는 의미이다. 우리는 이곳에 아주 짧은 시간 동안 머문다. 이곳을 떠나기 전에, 우리가 자신의 인생 여정과 다시 연결되었다고, 우리 신화를, 진정으로 가치 있는 신화를 다시 발견했다고 생각할 수 있다면 정말 멋지지 않을까. 일상생활의 정신병리학 속에서 떠오르는 신화는 당신이 오늘 밤에 꿀 꿈에서, 늑대의 시간에 당신에게 오는 직감에서 그리고 우리 각자의 삶을 통해 영원히 스스로 새롭게 태어나는 신비 속에서 이미 형성되고 있다.

9장
물질 시대에 성숙한 영성 회복하기

선한 사람들에 대한 많은 것이 나를 혐오스럽게 한다. 그들의 악함을 말하는 것이 아니다. 나는 그들이 이 창백한 범죄자처럼 파멸할 수 있는 광기를 지니기를 얼마나 바랐는지 모른다. 진실로 나는 그들의 광기가 진실이나 충성 또는 정의라고 불리기를 바란다. 하지만 그들은 비참한 안락함 속에서 오래 살기 위해 그들의 미덕을 소유하고 있다.

프리드리히 니체

환상적인 바다의 신들이 소금으로 덮여 있고 물고기처럼 반짝반짝 빛나는 세상의 끝자락을 거닐고 있다.

소피아 드 멜로 브레이너 Sophia de Mello Breyner, 「해변 Beach」

최근에 뇌종양 환자들과 그들을 돌보는 가족들과 대화를 할 기회가 있었다. 절망적인 병 앞에서, 사람은 누구나 희생자가 되었다는 느낌을 받고, 자율성의 상실을 느끼고, 거대하고 복잡한 의료 및 병원 시스템 안에서 이리저리 떠밀려 다니면서 인격을 박탈당하는 느낌을 받는다. 치명적인 질병으로 힘들어하는 사람은 의학적 위험에 처해 있을 뿐만 아니라 자아감이 크게 훼손되고 전반적으로 위축되는 느낌까지 받는다. 그래서 나는 그들 앞에서 그런 감정의 불가피성과 함께 분노와 비판, 두려움과 절망이 찾아온다는 점을 인정했다. 많은 사람이 고개를 끄덕였다. 아마 특별한 의견을 내놓아서가 아니라 누군가가 자신들의 경험을 확인해주고 있다는 생각에서였을 것이다.

　나는 또한 그들이 자율성의 느낌을 되찾고 그들의 인생 여정에서 더 깊은 의미와 다시 연결될 수 있는 방법에 대해 들려주었다. 또 우리 모두의 내면에 있는 목소리를 다시 찾는 수단으로, 꿈의 해석과 표현 예술의 활용, 명상에 대해 설명했다. 그들 모두는 내가 자신들이 처한 상황을 인정하고 삶의 의미를 추구할 수 있는 길을 제시한 데 대해 고마움을 느끼는 것 같았다. 그러나 나의 발언에 대한 최초의 반응은 의학적 기적을 위해 기도해야 한다는 것이었다. 이런 생각은 꽤 자연스럽다. 그럼에도 나는 그 사람이 내적 삶과 개인의 권위라는 개념 자체에 저항하고 있다는 느낌을 지울 수 없었다. 한 여성 환자의 지향점은 전적으로 외부로부터의 구원을 향해 있었다. 물론 의료 분야에서도 매일 기적적인 사건이 일어나고 있지만, 우리는 또한 매일 죽음을 향해 가는 존재이기도 하다.

나는 그들과의 만남을 마치고 집으로 차를 몰면서 여러 가지 상념에 빠졌다. 용감한 영혼과 그들이 병과 맞서며 벌이고 있는 힘든 투쟁에 대해서만 생각한 것은 아니었다. 혹시 그 여자 환자는 자신의 삶에 대한 책임을 져야 한다는 부담을 벗고 싶어 한 게 아닐까, 하는 생각도 머리를 떠나지 않았다. 성숙한 영성을 회복하는 일은 우리 시대에는 너무나 힘든 임무이다. 너무나 많은 진부함과 주의를 산만하게 하는 것들 때문만은 아니다. 우리가 성장하고 자신의 경험에 대해 전적으로 책임지는 것을 회피하기 때문이다. 책임을 두려워하고 좁은 안목으로만 살아온 슬픈 유산이 계속 우리의 능력을 빼앗고 또 우리를 유아화한다.

카를 융은 특히 정신적인 충격을 받은 상황에서 신들의 손을 볼 수 있다며 도발적이면서도 수수께끼 같은 종교적 확언을 했다. 그는 이렇게 썼다. "(신은) 계획적인 나의 길을 폭력적으로 무모하게 가로막는 모든 것을 이르는 이름이다. 또 나의 주관적인 견해와 계획, 의도를 뒤엎고 내 인생의 길을 좋은 쪽으로든 나쁜 쪽으로든 바꿔놓는 모든 것을 이르는 이름이 신이다."[30] 이 관점은 우리에게 매우 많은 것을 요구한다. 말하자면, 희생자라는 인식을 버리고 그 대신에 인생 여정의 의미를 직접 추구하고, 모든 사건에 심지어 외상적 사건에도 내면의 깊은 것과 신비를 더욱 간절히 만나라는 초대장이 들어 있다는 사실을 인정할 것을 요구한다.

개인의 권위 회복하기

인생 후반에 반드시 해야 할 중요한 과제가 두 가지 있다. 첫 번째 과제는 개인의 권위를 회복하는 것이다. 무슨 뜻일까? 우리 모두는 어릴 때 순진하고 의존적이었다. 그랬기 때문에 가족, 사회경제적 조건, 문화적 명령 등 환경이 부과한 조건에 적응함으로써 우리의 욕구를 충족시키고, 어떤 경우에는 생존하기 위해 노력해야 했다. 각각의 적응은 직관적인 진리, 개인적 욕구와 선호, 영혼의 욕망 등을 희생시킬 것을 요구했다. 필요한 적응을 일상적으로 되풀이하다 보면 점진적으로 권위를 자신의 밖에 두게 된다. 시간이 지나면 이 외적 권위는 콤플렉스로 내면화되고, 내부로부터 우리를 지배하기 시작한다. 겉으로 보기에 대단히 강해 보이는 사람조차도 이런 내면의 폭군에게 지배를 받는다. 우리는 스스로를 의식적 주체라고 믿는다. 하지만 사실 대부분의 시간 동안 우리는 개인적 역사의 우연성과 우리 시대의 다양한 가치관에서 파생된 이러한 권위 집단의 지배를 받고 있다.

개인적 권위의 회복은 영혼이 우리 모두에게 부과하는 일상적 과제이다. 대개 우리는 되도록 오랫동안 이러한 영혼의 요구를 회피하려 한다. 적어도 우리 자신이나 주변 사람들에게 고통이 참을 수 없는 수준이 되어 주의를 기울이지 않을 수 없게 될 때까지 말이다. 우리 각자가 권위를 외부의 것으로 경험하도록 조건화되어왔고, 그런 충고와 의제, 반사적인 반응을 콤플렉스로 내면화했기 때문에 개인적 권위의 회복이라는 임무를 떠안는 것은 대단히 힘들고 심지어 위협적으로 느껴진다. 물고기는 자신이 물속에서 헤엄을 치고 있다는 것을 알까? 우리는 우리가 반사적 인식과 반응의 매개체를 통해 헤엄치고 있으며, 이 모든 것이 외부의 권위가 아닌 역사와 연결되어 있다는 것을 이해하고 있을까? 기대와 그 결과 사이의 불일치가 더 이상 부정할 수 없는 상황에 이를 때까지, 우리가 암묵적 권위를 포함한 이 영향력의 장場에 의문을 제기할 가능성은 아주 작다.

'개인의 권위'란 무엇인가? 간단히 말하면, 개인의 권위는 자신에게 진정으로 다가오는 것을 발견하고 세상에서 그것을 살아간다는 의미이다. 우리에게 진정으로 다가오는 것이 세상 속에서 실현되지 않고 있다면, 그것은 아직 우리에게 진정한 것이 아니다. 그런 경우 우리는 아직 사르트르가 '그릇된 믿음bad faith'이라고 부르고, 신학자가 '죄sin'라고 부르고, 심리치료사가 '신경증neurosis'이라고 부르고, 실존주의 철학자가 '진정하지 못한 존재inauthentic being'라고 부른 것 안에 머물고 있을 것이다. 타인의 권리와 견해를 존중하는 개인의 권위는 자아도취적이지도 않고 제국주의적이지도 않다. 개인의 권위는 우리를 통해서 존재하고자 하는 것들을 겸허히 받아들이는 것이다. 만약에 자아가 우리를 통해서 살기를 바라는 그 에너지의 길에서 비켜서지 않는다면, 그 에너지가 병리적 발작으로 우리를 짓밟거나 우리 내면의 무엇인가 중요한 것이 죽을 것이다. 비록 우리 육체는 그 후에도 수십 년 동안 계속 움직일지라도 내면은 그렇게 시들어갈 것이다. 우리 모두는 매일 이 같은 긴급한 소환이 일어나고 있다는 사실을 은밀히 알게 된다. 애써 피하려 해도 소용이 없다. 당신에게 진정으로 중요한 것을 발견하고 또 세상에서 그것을 살아갈 용기를 발견하라. 그러면 (처음에는 사람들이 당신을 보고 혼란을 겪으며 무서워할지라도) 때가 되면 세상이 당신을 존경하게 될 것이다.

자신이 진정으로 원하는 것을 얻거나 과거의 굴레에서 벗어나는 일과 밀접히 연결되어 있는 개인의 권위는 바로 개인의 영성을 발견하는 일이기도 하다. 이처럼 결정적으로 중요한 초대장을 자신의 문화나 어린 시절의 경험으로 더럽히는 사람이 너무 많다. 그들은 더 성장하고자 하는 영혼의 갈망을 익숙한 제도나 교리, 관행과 혼동한다. 과거의 감상으로 후퇴하는 것을 두려워하며, 영적 삶을 지속적으로 성찰하는 과제를 포기한다.

또 오늘날 영적 '재화'를 전파하는 사람 가운데 많은 이들이 비누 판매원만큼이나 매끄럽고 교활하다. 머리를 매끈하게 손질하고 TV 전도사를 닮은 화려한 언변을 자랑하는 그들은 자신의 추종자들이 각자 원하는 존재가 되도록 용기를 불어넣을 생각은 하지 않고 추종자들을 어린애처럼 다룬다. 그들은 간단한 조치만으로도 삶의 고통에서 자유로워질 수 있다는 메시지를 전한다. 말하자면 그들이

하라는 대로만 하면 깊이를 추구하라는 인생의 부름을 피할 수 있다는 식으로 유혹하는 것이다. 오늘날 우리 문화는 그런 가짜 영적 만병통치약으로 가득하다. 카를 융은 몇십 년 전에 이미 이렇게 관찰했다.

형이상학적 관념이 원래의 경험을 상기시키고 환기시키는 능력을 잃으면, 그것은 쓸모없어질 뿐만 아니라 더 넓은 발전의 길에서 실제 장애물이 된다. 사람들은 한때 부富를 의미했던 소유물에 집착한다. 그리고 그것이 더 무효하고, 이해할 수 없고, 생명력을 잃을수록 사람들은 더 완고하게 그것에 매달린다 (…) 그 결과 나타나는 것은 오만과 히스테리, 흐릿한 사고, 범죄적 성향의 비도덕성, 독선적 광기, 조악한 영적 재화의 전파자, 싸구려 예술, 철학적 궤변, 유토피아를 내세운 속임수 등이다. 모두가 오늘날의 대중 사회를 구성하고 있는 개인들에게 대량으로 공급하기에 적절한 것들이다.[31]

개인적 경험을 통해서 영성을 직접 확인하고 뒷받침하는 것이 가장 중요하다. 역사나 가족으로부터 받은 영적 전통은 개인의 삶에 실질적인 차이를 만들어내지 못한다. 그 사람이 조건화된 반사적 반응으로만 살아가고 있기 때문이다. 오직 경험적으로 진실한 것만이 성숙한 영성에 합당하다. 경험적 영성은 우리를 확장시키고 가끔은 우리를 시험하기도 하지만 언제나 우리가 더욱 성장하기를 요구한다. 예수가 주변 사람들에게 십자가를 들고 자신을 따르라고 권했을 때, 그의 뜻은 무엇이었을까? 편안함이나 집단의 인정을 추구하는 삶으로의 초대를 의미하지 않은 것은 분명하다. 마찬가지로 예수는 아버지와 어머니 곁에 남는 사람은 자신과 함께 여행하지 못할 것이라고 말했다. 여기서 우리는 여전히 부모의 콤플렉스를 위해 사는 사람은 누구나 개성화의 임무를 실천하지 않고 있다고 말할 수 있다.

성숙한 영성은 좀처럼 우리에게 대답을 제시하지 않으며 오히려 점점 더 큰 질문을 던질 것이다. 성숙한 영성은 인생 후반에 결정적으로 중요하다. 왜냐하면 이 문제를 대면하지 않으면 우리를 기만하고 더욱 작게 만드는, 가족이나 과거로부터 물려받은 가치들에 종속된 상태에서 살게 될 것이기 때문이다.

종종 영성은 거짓 자기와 마찬가지로 두려움에 의해 추동된다. 이를 판단할 필요는 없지만 두려움 때문에 일어난 영성은 항상 확장보다는 축소를 가져올 것이다. 종교는 지옥에 가길 두려워하는 사람들을 위한 것이고, 영성은 이미 지옥을 다녀온 사람들을 위한 것이라는 말이 있다. 선과 악의 어려운 질문을 교묘히 피하려고 하거나, 다른 것을 희생양으로 삼으려 하거나, 외적 대상이나 인물에 권한을 위임하는 모든 영적 관점은 어떤 것이든 사람을 유치하게 만든다. 사람들에게 죄의식을 느끼게 하거나 판단받는다고 느끼게 하는 모든 영성은 그들이 이미 갖고 있는 콤플렉스에 또 다른 콤플렉스를 추가하는 것에 지나지 않는다. 사람들을 두려움, 전통, 또는 그들의 개인적 경험에 의해 검증되지 않은 그 어떤 것에 속박시키는 모든 영성은 영혼에 폭력을 가하기 마련이다.

이러한 기준으로 볼 때, 영적인 관행 중 대부분은 아니더라도 많은 것이 우리가 부름받은 더 큰 삶에 오히려 장애가 되고 있다. 우리의 자기에 대한 정의 자체가 지나치게 좁은 것과 똑같이, 신에 대한 우리의 정의 또한 지나치게 좁다. 우리가 이처럼 자신에 대한 정의를 좁히는 것과 신에 대한 정의를 좁히려는 것 사이에 어떤 상관성이 있지 않을까? 이를테면 성장하라는 요구를 피하고 싶어 하는 마음이 작용하고 있는 것은 아닐까? 영적으로 성장한다는 것은 우리의 가능성을 두루 찾아내고, 우리 내면에서 공명을 일으키는 것을, 말하자면 다른 사람의 경험이 아니라 우리의 경험으로 확인되는 것을 발견하고, 우리에게 진실한 것으로 확인된 것을 기꺼이 지지하는 것을 의미한다. 이런 이유로, 개인의 권위를 발견하고 또 성숙한 영성을 발견하는 과제는 쌍둥이처럼 서로 밀접히 연결되어 있다.

우리가 아는 한, 인간과 다른 동물을 구분하는 가장 중요한 기준은 바로 인간만이 의미에 대한 욕구로 고통을 받는다는 점이다. 인간은 다른 동물과 달리 본능만으로 들판에서 풀을 뜯거나 가을 하늘을 날아 이동하거나 깊은 물속을 헤엄치거나 하지 않는다. 인간은 상징을 만들고, 상징을 활용하고, 상징을 필요로 하는 동물이다. 삶을 상징적으로 영위하는 능력이 바로 문화를 가능하게 하고 또 영적 삶을 필요하게 만든다. 상징은 우리를 우주의 신비, 자연 현상, 서로 간의 관계 그리고 우리 자신의 신비로운 내면으로 이어주는 다리 역할을 한다. 신비는 원래 직접적으로 알 수 없다. 만약 신비가 알려질 수 있는 것이라면, 그것은 더 이상 신비가 아닐 것이다. 그런 것은 단지 우리 의식의 인공적 산물에 지나지 않을 것이다.

연인의 이미지나 자연의 이미지, 혹은 신의 이미지 등은 어떤 사건에서 생겨나며, 그 이미지 덕에 우리는 신비의 경험을 의식이 이해할 수 있도록 설명할 수 있다. 세 명의 탁월한 과학자 혹은 사상가인 찰스 다윈Charles Darwin과 윌리엄 제임스, 카를 융의 이야기는 상징의 발생을 현상학적으로 보여주는 한 가지 예이다. 그들은 각기 다른 시기에, 다른 나라에서 지진을 경험했다. 그들은 모두 그 위압적인 자연의 경험을 똑같은 상징으로 전하고 있다. 즉 그들을 내던져버리려는 의도를 가진 커다란 짐승의 등에 올라탄 것 같은 느낌을 받았다는 것이다. 이어 그들은 그것이 지진이라는 것을 알았지만, 첫 순간의 느낌은 그들의 의식적 삶에서 어떤 짐승의 상징적 이미지로만 파악될 수 있었다. 이 자연의 원형적인 힘은 아주 깊고, 의식적 참조의 모든 범주를 압도할 만큼 강했으며, 또 세 사람이 심오하고 포괄적인 '타자', 즉 신비를 경험하도록 했다. 이 같은 동물의 이미지는 내면의 경험도 아니고 외적 현상도 아니지만 이 둘을 서로 연결했다. 이것이 바로 상징symbol과 은유metaphor의 어원이 암시하는 바이다.

상징과 은유는 인간의 가장 탁월한 재능이다. 왜냐하면 그것이 문화와 영성을 가능하게 하기 때문이다. 동물은 신비를 산다. 그러나 인간은 신비를 신비로 경험한다. 인간은 분명 제한적이지만, 그럼에도 은유와 상징이라는 도구를 통해 광대한 신비에 접근할 수 있다. 우리 꿈에 나타나는 이미지들이 그런 식으로 저절로 형성되는 상징, 말하자면 유한한 의식과 초월적인 것을 서로 연결하는 상징의 좋은 예이다.

4세기 전으로 거슬러 올라가서, 현대의 가장 두드러진 특징은 의미 추구와 개인적인 삶의 영위에 대한 책임이 점진적으로 부족의 신화와 신성한 제도로부터 개인의 어깨로 옮겨졌다는 점이다. 오늘날에는 그 누구도 당신이 실제로 경험한 것을 정의할 권위를 가지고 있지 않다. 교황에게도 그럴 권리가 없고 군주에게도 그럴 권리가 없다. 지난 몇 세기는 외부 권위자들에게 가혹했다. 다양한 종교 및 정치 지도자는 지금도 신으로부터 권력을 받았다는 식으로 주장하지만, 우리는 이 지도자들도 우리와 다를 바 하나 없는 결함 많은 인간이라는 사실을 잘 알고 있다. 그들도 우리와 마찬가지로 잘못 판단할 수 있고 이기적으로 해석할 수 있다. (예를 들어, 영국 왕실의 문장 紋章에 새겨진 모토는 지금도 여전히 '신과 나의 권리Dieu et Mon Droit'이지만 우리는 영국은 입헌군주제이며 국민의 뜻을 따른다는 것을 잘 알고 있다.)

영혼은 우리를 부르고 있다

19세기 초, 쾨니히스베르크의 현자 이마누엘 칸트Immanuel Kant는 인간은 결코 현실을 직접적으로 알 수 없고 오직 현실의 내적 경험만을 알 수 있을 뿐이라는 점을 간파함으로써 전통적 형이상학을 종결짓고 현대 심리학을 필연적으로 만들었다. 그는 외부 현실이 존재하지 않는다는 게 아니라 우리가 그것을 주관적으로만 알 수 있다고 말한 것이다. 우리의 정신은 날것 그대로의 자극을 받아들이고 시간과 숫자, 공간성을 비롯한 우리 마음의 여러 다른 요소의 범주에 따라 그 자극을 일관성 있게 조직한다.

예를 들어보자. 당신이 앉아 있는 의자는 에너지와 열린 공간의 소용돌이치는 집합체로, 우리가 물질이라고 부르는 상태로 나타나지만 동시에 끊임없이 운동하고 변형되고 있다. 자아가 영구적이고 고정된 어떤 것 위가 아니라 일시적인 에너지의 일치 상태 위에 앉아 있다고 상상하기는 어렵다. 하지만 양자물리학에서 이는 1세기 동안 알려진 것이었다. ('물질은 눈에 보일 만큼 서서히 이동하는 정신'이라고 말한 고생물학자 테야르 드 샤르댕Teilhard de Chardin이 이 두 세계를 가장 잘 표현한 것 같다.) 자아는 자신의 주관적인 상태를 객관적인 현실과 혼동하는 경향이 있다. 우리는 늘 이 같은 혼동에 빠져 비틀거린다. 종교에서도 똑같은 상황이 벌어진다.

모든 종교는 대체로 초월적인 것과의 결정적인 만남에 그 기원을 둔다. 이 조우는 어느 개인에게 일어나기도 하고 부족에게 일어나기도 한다. 그리고 이때 이미지가 생겨난다. 지진을 겪으며 떠올린 그 성난 야수와 별로 다르지 않다. 이 이미지는 신비와 지각하는 의식 사이를 연결한다. 자아는 오랜 세월을 두고 자신의 구성물을 특권화하고, 또 그것을 외부 현실이나 신비와 혼동하는 경향을 보인다. 우리의 유한한 감각은 '신'이라고 불리는 무한한 신비를 궁극적으로 알 수 없다. 우리는 초월의 경험을 하고 그것을 '신'이라는 이름으로 부르지만, 우리가 신이라고 부르는 것은 이름이나 이미지가 아니라 그 이미지 뒤에 있는 깊은 에너지다. 이 에너지가 이미지에 신비한 힘을 불어넣는다. 이에 대해 카를 융은 이렇게 설명한다.

사실, 자발적으로 생겨났거나 전통에 의해 신성시된 이미지들을 사용하지 않고서는 신의 실재를 스스로에게 증명하기란 불가능하다. 순진무구한 사람은 이 이미지의 정신적 본질과 효과를 불가지不可知한 초자연적 배경과 절대로 떼어놓지 않았다. 순진무구한 사람은 인상적인 이미지와 그 이미지가 가리키는 초월적인 무엇인가를 즉시 동일시한다. (…) 그 이미지와 그에 대한 설명은 그것들의 초월적 대상과는 다른 정신 작용이라는 점을 기억해야 한다. 그 이미지와 그에 대한 설명은 초월적인 대상을 상정하지 않고, 다만 암시할 뿐이다.[32]

우리는 신에 대한 이미지나 자연의 심오함, 혹은 정신적 황홀 상태를 경험할 뿐, 그것들이 생겨나는 에너지의 원천을 경험하는 것은 아니다. 그 원천은 신학자 카를 바르트Karl Barth의 말을 빌리자면 '절대적인 타자Wholly Other'로 남아 있다. (바로 그 점이 절대적인 타자를 신비하게 만든다!) 얼마나 자주 부족들이 일치, 순응, 합의를 통해 안전을 추구하려는 불안한 집단적 자아의 욕구로 인해 서로를 공격해왔는가? 미성숙한 개인 혹은 문화는 어린애처럼 '우리 신이 당신의 신보다 더 우월하다'라는 식으로 선언한다. 정말 슬프게도, 야만적인 세계사를 보면 종교적 은유를 어떻게 해석할지를 놓고 벌인 싸움으로 인해 살해된 인간이 다른 명분으로 죽은 인간보다 월등히 많다.

"나의 은유, 나의 상징적 개념이 당신의 은유나 상징적 개념보다 월등히 강력하고 주술적 힘을 더 많이 가지고 있어!"라고 외치면서 이교도를 죽이려 행진하는 사람을 상상할 수 있는가? 자신이 상징이나 은유를 사용하고 있다는 사실을 아는 사람은 심리학적으로 더 성숙한 수준의 의식을 갖고 있으며, 또 그런 종교적 선언의 주관적 성격을 객관적 특성보다 더 잘 인식할 수 있다. 이런 사람은 글자의 뜻을 그대로 해석하는 망상으로부터 자유로울 수 있다. 만약 내가 어떤 특정한 아이스크림 향을 좋아하는데 당신도 그 향을 좋아할 것이라고 말한다면, 당신은 나의 취향에 동의할 수도 있고 그렇지 않을 수도 있다. 그러나 그때 만약에 내가 내 취향이 옳고 당신의 취향은 그르다고 고집을 부린다면, 나는 당신 경험의 실체를 부정함으로써 당신의 인간성을 해치게 된다. 우리는 개인으로서, 문화로서, 배우자로서, 부모로서 서로에게 이런 종류의 폭력을 늘 행사하고 있다.

근본주의와 무신론 사이의 간극은 가끔은 어리석음에서, 또 가끔은 부적절한 이해에서 그리고 종종 정신병에서 비롯된다. 근본주의의 입장에서 보면 종교적 가치는 사실로서 방어되어야 하는데, 이 사실은 상식을 거스르고 종종 방어자를 좁은 골짜기로 몰아붙인다. 그러면 방어자는 그 좁은 골짜기를 지키기 위해 영원히 투쟁을 벌이게 된다. 무신론자는 그런 것을 '사실'이라고 주장하는 것은 터무니없다고 생각하면서 종교적 이미지가 암시하는 보편적 통찰을 단호히 거부한다. 그러면서 무신론자는 사실이 뒷받침되지 않는 믿음은 그 동기까지도 무가치하다는 식으로 결론을 내린다. 이러한 양자택일적인 태도는 영구한 무엇인가를 놓치고 있다. 말하자면 이미지들이 구현하고 있는, 깊은 신화적 진리를 보지 못하고 있는 것이다. 더욱이, 그런 의미 있는 순간이 오직 심리적인 것일 뿐이라고 말하는 사람은 영혼이 의식을 완전히 초월하는 자율적인 에너지의 한 경험으로 존재한다는 사실을 무시하고 있다. 비록 영혼의 현존에 대한 경험이 우리 자신의 심리적 이해력 안에서 이루어질지라도 영혼은 어디까지나 의식을 초월하는 그 무엇이다.

'영혼soul'이라는 단어는 당신 안에서, 내 안에서, 자연 안에서, 혹은 꿈의 이미지 안에서 이 세상의 물질을 가장하여 흐르고 있는 자율적인 에너지를 일컫는 단어임을 기억하라. 그 에너지는 우리에 의해 경험됨으로써, 우리를 통해 영혼이 된다. 그래서 한 예로, 타인이 우리 내면에 사랑을 일으키고 구현할 수 있지만 이는 우리의 주관적인 상태로 경험된다. 종교적 경험의 진실성은 우리의 밖에서 시작되지만, 타자를 찾는 우리 내면의 무엇인가를 건드린다. 내부와 외부가 서로 관여하고 결합할 때, 우리는 이것을 의미로 경험한다. 따라서 영혼은 우리 밖에 존재하지만 우리 본성의 중심적인 무엇인가는 유사한 특성을 가지고 있으며 서로 연결되기를 바란다.

영혼의 이러한 외부적 움직임이 바로 '누미노스numinous'라는 단어가 의미하는 바이다. 이 단어의 어원은 '우리를 향해 고개를 끄덕이거나 손짓해 부르다'라는 뜻이다. 따라서 우리가 영혼을 찾는 것처럼 영혼도 우리를 손짓해 부른다. 독일 시인 프리드리히 횔덜린 Friedrich Hölderlin은 이 역설을 이렇게 표현했다. "그대가 찾고 있는 것은 가까이 있으며, 이미 그대를 만나러 다가오고 있다."

유감스럽게도, 이 문제를 둘러싼 공개적인 논의의 질은 너무나 형편없다. 그 결과 많은 현대인이 자신의 내면 깊숙한 곳에 원래부터 자리 잡고 있던 종교적 열망을 버리게 되었다. 현대인이 이런 식으로 정신을 제대로 평가하지 않게 된 것은 비극이 아닐 수 없다. 정신에 대한 평가절하는 많은 사람이 초월적인 것의 존재 가능성을 부정하게 만들었고, 또 이 같은 중대한 상실에 따른 고통을 달래는 해독제로 약물에 중독되거나 통속적인 문화에 심취하도록 만들었다. 이로 인해 냉소주의자가 되거나 우울증을 겪는 사람들도 있다. 미국정신의학학회는 최근에 와서야 '종교적 어려움'을 심리치료사가 관심을 가질 만한 주변적 진단 범주로 인정할 가능성을 겨우 허용했다. 그러나 우리 문화와 공통된 상황에 대해 깊이 성찰하는 사람이라면 누구나 영적 삶의 상실이 사실상 우리 문화의 모든 병폐와 개인적 정신병리의 근저에 있음을 알아차릴 것이다. 더 깊은 상징적 드라마에 참여하고 있다고 느끼지 않는 사람은 조만간 다양한 증상을 겪게 될 것이다. 융이 일찍이 주장한 바와 같이, 이 문제는 모든 사람의 인생 후반을 관리하는 데 결정적으로 중요하다.

그 사람은 무한한 무엇인가와 연결되어 있는가 그렇지 않은가? 이것은 그의 삶에 있어 결정적인 질문이다. (…) 만약 우리가 지상의 삶에서 이미 무한한 것과 연결되어 있다는 것을 이해하고 느낀다면, 욕망과 태도가 변한다. 궁극적으로, 우리는 오직 우리가 구현하는 핵심적인 그 무엇 때문에 가치를 지닌다. 만약 우리가 그것을 구현하지 않는다면 인생을 낭비하고 마는 셈이다.[33]

싸구려 영적 재화가 넘쳐나는 시대에 성숙한 영성을 회복하거나 재구성하기 위해서는, 먼저 영성이 무엇을 의미하는지에 대해서뿐만 아니라 그것이 어떻게 형성되고 개인에게 어떤 식으로 이바지할 수 있는지 그리고 우리가 영성의 과거로부터 무엇을 배워야 하는지에 대해서도 성찰해야 한다.

19세기에 프랑스 사상가 오귀스트 콩트August Comte는 이 세상의 복잡한 신비가 원래 '애니미즘'이라고 불리는 정신적이고 종교적인 지각을 통해 경험되었다고 지적했다. '영혼'을 의미하는 라틴어 단어인 '아니마anima'에서 나온 애니미즘은 외적 실체와 내적 실체, 즉 객관적 실체와 주관적 실체의 순진한 혼동에서 비롯되었다. 인류 초기의 문화는 세상을 '영혼이 깃든' 것으로 경험했다. 말하자면 모든 것은 영혼 에너지의 구현체이거나 운반체였다.

나무도 영혼을 갖고 있었다(우리는 여전히 '나무를 두드리다knock on wood'라는 표현을 사용하는데, 이는 나무 안의 아니마를 불러 행운을 빌기 위해서이다). 대지에도 영혼이 있었고, 사람들은 그 영혼의 선의와 풍성한 결실을 일으키기 위해 동물이나 인간의 희생, 들판과 사원에서의 의식적 교접 등과 같은 교감의 주술을 필요로 했다. 사람들도 저마다 영혼을 지니고 구현했다. 또 힌두교 사람들이 상대방의 내면에 있는 영혼에 감사한다는 뜻으로 서로 손바닥으로 인사를 나누었듯, 사람들은 종종 상대방의 내면에 있는 그 영혼을 알아보았다. 사람들은 심지어 홀림의 경우에서처럼 서로에게 영혼을 투사하기도 했다.

잘 아는 바와 같이, 아주 먼 고대 이래로 인간의 역사는 투사나 환상에 사로잡히지 않기 위해 객관과 주관을 엄격히 구분하는 방향으로 발전해왔다. 그 결과, 세상 안에서 영혼의 현존을 경험하는 예가 점점 더 적어졌으며, 세상은 정신적 깊이를 더욱 많이 잃었다. 오늘날 우리는 물활론자animist를 순진하다고 여기지만 그들이 일상에서 두려움이나 위로의 표현을 통해서 풍성하게 누렸던 그 영적 활기를 부러워하기도 한다. 우리는 자신이 그들보다 우월하다고 생각하지만 여전히 우리는 악을 물리치는 의식儀式을 치르는 등 미신을 생활화하고 있다. 또 자신만의 은밀한 순간에는 예전에 흔했던 주관과 객관의 혼동을 보여주는 주술적 사고를 곧잘 한다. (볼링공을 던진 후에도 공이 원하는 방향으로 굴러가기를 바라며 몸을 이리저리 비트는 모습을 보라.)

콩트는 자아 의식이 커지면서 애니미즘의 무대가 신학적 무대로, 예를 들면 고대 세계의 신들이나 레반트*에서 일어난 형식적인 종교로 대체되었다고 지적했다. 예를 들어 바다의 무시무시한 힘이 '땅을 뒤흔드는 존재'라는 뜻의 이름을 가진 포세이돈이라는 특별한 신으로 구체화될 때, 여기서 우리는 애니미즘에서 신학으로의 전환이 일어나는 것을 본다. 호메로스의 작품에 나오는 선원들은 검푸른 바다로 나가기 전에 자신들을 손쉽게 전멸시킬 수 있는 포세이돈 신에게 자비를 간구했다.

위대한 종교들이 개인적 경험의 측면에서 점점 더 멀어지고 집단적 안전을 위한 권위로 더욱 변모함에 따라, 종교는 제도적 및 문

---

* 역사적으로 근동近東의 팔레스타인과 시리아, 요르단, 레바논 등의 지역을 가리키는 말. — 옮긴이

화적인 형태로 자체적인 생명력을 얻었다. 각 개인은 이러한 문화적 형식에 깊은 영향을 받고 이는 정서와 가치, 반응의 콤플렉스로 내면화된다. 하지만 대부분은 개인적 계시를 점점 더 경시하면서 개인적 경험보다는 주어진 형식에 대한 믿음을 강조하는 쪽으로 바뀌었다. 19세기 중엽, 키르케고르에서부터 니체, 도스토옙스키Dostoevskii에 이르기까지 저명한 많은 사상가들은 "신은 죽었다"고 결론을 내렸다. 그들은 우리가 알고 있는 그런 학문으로서의 심리학이 정착되기도 전에 형이상학적 주장이 아닌 심리학적 주장을 펴고 있었다. 말하자면, 이 사상가들은 대부분의 사람들에게 문화적 형식의 신과 그 가치체계가 더는 개인적 경험을 불러일으키지 않는다는 심리적 현실을 목격하고 있었던 것이다. 이러한 영혼과의 연결 상실은 소외감, 방향감각 상실로 느껴졌고, 한편으로는 향수를 불러일으켰으며 다른 한편으로는 과학주의와 물질주의 같은 세속적인 '대리 종교'의 부상을 야기했다.

콩트는 이 같은 변화를 적극적으로 환영했다. 그것이 실증주의 시대를 향한 '진보'라고 생각했기 때문이다. 그는 객관적으로 검증되지 않은 것은 권위 있는 것으로 간주될 수 없다는 의미로 '실증주의positivism'라는 표현을 썼다. 여기서 가장 중요한 증명은 감각의 증명이며, 현대 과학은 감각의 증명에 아주 적절했다. 분명 현대 과학은 삶의 물질적 조건을 크게 개선함으로써 인류에게 안락과 통제력을 안겨주었다. 그러나 현대인에게도 영향을 미쳐온 콩트의 19세기적 관점, 즉 물질적 및 과학적 진보가 영적 진화의 한 형태라는 생각은 최근의 역사를 직면하면서 순진하고 일방적인 것으로 판명되었다. 과학 기술은 20세기를 인류 역사에서 가장 야만적인 세기로 만들었으며, 모더니즘의 실패한 신들은 현대인이 물질주의의 바다에서 표류하도록 만들었다. 이 물질주의의 바다에서 기업 제국들은 장부를 조작하고, 정부들은 거짓말을 일삼고, 지식인들은 자신의 신경증을 기념할 비석을 세우는 데 급급해 있다.

현대인은 옛날의 물활론자를 낮춰볼 수 있지만, 적어도 그들의 세계는 우리 세계와는 달리 영적으로 충만했다. 그들은 생존과 의미가 보이는 세계에서 작용하는 보이지 않는 것의 징후를 읽는 능력에 달려 있다는 것을 이해했다. 물활론자는 물리적 생존을 위해 자연의 신호를 잘 읽어야 했을 뿐만 아니라, 인지된 영적 힘에 복종해 자신의 선택을 조율해야 했다. 그러나 현대인은 물리적으로 입증 가능한 것으로만 진리를 제한함으로써 이 세상에 더 깊이 접근하기 어렵게 만들었으며 다양한 방법으로 세상에서 영혼을 배제했다.

현대의 심리치료 대부분이 행동의 변화나 인지의 재구성, 약물치료에 국한되고 있는 현실에서도 이러한 경향을 볼 수 있다. 물론 이러한 방법도 모두 유용하지만, 그 자체로는 피상적이며 우리의 가장 깊은 존재를 의도치 않게 평가절하한다. 대중적인 신학에서도 심리학에서와 마찬가지로 이미지와 그 이미지에 생명력을 불어넣는 에너지를 혼동하는 현상을 볼 수 있다. 따라서 사람들은 그 형태가 잠정적으로 구현하는 문제와 씨름하지 않은 채 믿음의 형태를 숭배하거나, 그것들이 정말로 더 충만한 삶에 기여하는지 의문을 제기하지 않고 행동을 모방한다. 이에 따라 신성을 상징하는 이미지는 그 역사적 주장 때문에 옹호되거나, 아니면 현대적 감수성에 비춰 무가치한 것으로 부정당하고 있다.

어떠한 경우든, 이 세상은 영혼을 절실히 필요로 하는 때에 탈脫영혼화하고 있다. 개인은 열린 마음으로 대화할 수 있는 확장의 길이 아니라 엄격한 입장을 갖도록 좁히는 그런 신앙체계에 희생되고 있고, 신비는 추방되어 우리와는 아무런 관계가 없는 것으로 여겨지고 있다. 마찬가지로, 대학 진학이 오히려 진정한 교육*을 향한 문을 닫는 결과를 낳고, 교회에 나가는 것이 종교적 경험을 피하는 결과를 낳고, 심지어 심리치료마저도 정신의 현실을 피하는 결과를 낳는다. 이 모든 관행은 무의식적으로 신비와 더욱 멀어지는 결과를 야기하며, 개인적 경험을 경시하고 개인적 권위를 왜곡시킴으로써 삶의 범위를 축소시킨다.

이것이 모더니즘의 슬픈 현실이다. 종교적 스펙트럼에서 어느 위치에 서 있든, 우리는 앞서 말한 결과에서 자유롭지 못하다. 여론조사에 따르면, 미국인들은 다른 어떤 선진국 시민들보다 신에 대한 믿음을 더 많이 고백하고, 종교의식에 더 많이 참석하며, 동시에 물질적 편안함에 더 많이 의존한다. 그렇다면 미국인의 신앙심은 그다지 종교적이지 않을 수 있다는 뜻이다. 그들의 종교성은 오히려 콤플렉스와 집단사고를 더욱 공고히 하고 개인의 정신적 성숙을 방해하고 신비를 멀리하게 할 수 있다.

---

* 교육Education은 '내면으로부터 끌어내다'라는 뜻의 동사 'educe'에서 유래했다. 소크라테스의 원래 교수법은 대체로 학문적 권위를 인정받는 교수에 대한 존중으로 대체되었다. 대체로 우리 학생들은 시험 보는 방법은 배우지만 생각하고, 글을 쓰고, 자신만의 길을 찾는 법은 배우지 않는다.

정말이지, 종교적 경험을 경계해야 한다. 왜냐하면 우리가 피하고 싶어 하는 무엇인가를 요구할 수도 있기 때문이다. 대부분의 사람들은 이 위협을, 말하자면 보다 큰 삶으로의 소환을 직관적으로 느낀다. 이러한 이유로 신앙심의 문화적 표출은 사실 실제 종교적 경험을 피하려는 은밀한 노력이다. 그렇기에 사람들이 대중적 이데올로기와 복장, 행동, 사고의 일시적인 유행에 그렇게 쉽게 휩쓸리며 표류하는 것처럼 보이는 것도 당연하다. 영혼을 잃은 문화가 누구든 이끌겠다고 제안하는 사람, 가치관의 명확성을 선언하는 사람, 또는 더 자주 시민들의 주의를 분산시키겠다고 약속하는 사람과 무의식적 계약을 맺는 것은 자연스럽다. 매일 텔레비전에 복종하는 것이 우리 시대의 중요한 최면제가 되고 있다. TV 시청은 우리 모두가 갖고 있을지 모르는 개인적인 악을 보지 않도록 해줄 뿐만 아니라 종교적 탐구와 지적 성장, 가치에 대한 식별까지 대체하고 있다.

이 모든 도피는 일종의 '영혼의 병Seelenkrankheit'이라 불릴 수 있다. 그런 한편, 신의 부재 앞에서도 여전히 금욕적으로 고결한 모습을 잃지 않고 사는 사람들도 있다. 시인 스티븐 던Stephen Dunn이 말했던 것처럼 말이다.

그들에게 말하라, 결국 나는 신을 필요로 하지 않게 되었다고
신은 그저 내가 한때 사랑했던 이야기 중 하나가 되었을 뿐
숨겨진 것들과 늦은 밤의 구원,
고상한 문장과 화려함이 있는 많은 이야기 중 하나로.

사실은 내가 희망 없이 살아가는 법을 배웠다는 것

할 수 있는 한 거의 행복하게,

황폐하고 빛나는 이 순간 속에서.[34]

신을 잃은 현재는 분명 정령을 믿던 조상들의 영적 세계만큼 풍성한 영적 세계를 물려받지는 못했지만 그래도 여전히 빛을 발하고 있다. 그 빛이 이 순간에도 여전히 인류를 움직이고 있으며, 또 그런 경험에서 은유적 이미지들이 인류를 그 신비와 연결시키기 위해 생겨나고 있다. 자발적으로 나타나는 이런 이미지들이 그 광휘를 잃은 뒤, 우리는 교리나 의식儀式, 숭배 등 문화적 형식을 통해서 그 경험을 재창조하려 한다. 교리는 그때그때 제기되는 질문들에 대한 대답을 제시하고 확인하는 프로그램의 역할을 한다. 말하자면 이미지를 직접 경험하지 않은 사람들을 위해서 그 이미지를 설명하고 의사소통을 하고 또 때가 되면 과거를 옹호하는 것이다.

교리 자체가 신비를 담고 있는 것은 아니다. 그럼에도 교리는 신비의 효과를 지켜나가려고 애쓸 것이다. 의식은 신비와의 조우를 재현하고 정령들을 소환하고, 그렇게 함으로써 원초적 만남을 다시 일깨우려는 의도로 만들어졌다. 그러나 의식은 반복되면서 오히려 원래의 에너지와의 연결을 잃는 경향을 보이고 따라서 점점 더 공허해진다. 시간이 지나면서 의식은 큰 삶으로의 부름이 아니라 경직되고 유연성 없는 영혼의 덫으로 작용하는 경향이 있다. 마찬가지로, 한 집단을 다른 집단과 구별하는 복장, 행동, 윤리의 문화적 형태는 점차 자의적이고 단절된 것으로 변할 수 있다. 이는 사이비적인 성격을 띠게 되어, 결국 같은 경험을 다른 방식으로 표현하는 집단에 소외를 야기할 수 있다.

마지막으로, 이런 문화적인 형태를 중심으로 제도가 생겨난다. 이 제도들은 처음에는 원래의 사건에 대한 경의로, 그다음에는 그 사건의 역사에 대한 수호자로 그리고 궁극적으로는 원초적 경험의 불꽃이 사그라진 지 오래된 후에도 그것들을 간직하는 보루 역할을 한다. 모더니즘의 주요 프로젝트, 즉 지난 200년 동안 전개된 문학과 그림, 음악, 심리학, 철학의 운동은 그런 제도의 침식된 권위를 목격하고, 그 주장을 해체하기 위한 것이었다. 근본주의는 시나이산에서 방주를 찾거나 아니면 처녀생식을 영적 은유가 아니라 생물학적 사건으로 받아들이는 등 역사적 주장의 부차적인 세부사항을 방어하면서 불안한 시간을 보냈다. 그 과정에서 쓸데없는 논쟁에 엉터리 과학과 엉터리 신학을 끌어들였다. 인간의 본성을 지배할 수 있다고 주장하는 제도는 반드시 인간의 본성을 부정한 데 대한 대가를 치를 것이며 또한 그 영향 아래에 있는 사람들을 학대하게 될 것이다. 일부 사람들은 혐오감이나 절망감 때문에 문화적인 형식의 모든 종교를 버리고 무신론과 물질주의의 황량한 왕국으로 걸어 들어가는데, 거기서는 어떠한 초월적인 표현도 발견되지 않을 것이다.

영성을 회복하는 방법

그렇다면 무미건조한 물질주의가 팽배하고, 각종 제도가 실패를 겪고 있고, 엉터리 영적 재화의 행상인들이 설치는 시대에 어떻게 해야 건전한 영성을 다시 구축할 수 있을까? 과거로 되돌아감으로써 생명력을 얻으려고 하는 프로젝트는 어떤 것이든 실패의 운명을 맞게 되어 있다. 오래된 포도주병에서는 새 포도주가 나올 수 없다. 그럼에도, 과거에도 탐구해볼 가치가 있는 길들은 있다. 우리 각자는 대단히 풍부한 상징적 태피스트리를 물려받았다. 우리 모두의 전통에는 지금도 여전히 우리에게 강한 호소력을 지니는 이미지들이 있다. 다른 시대와 장소에서 생겨난 이미지들 중에도 보편적인 이슈를 구현하는 이미지가 있을 수 있는 것이다.

우리가 주의를 기울일 만한 신화적 이미지 혹은 문화적 형식이 어떤 것인지를 검토할 때, 다음 네 가지 질문이 큰 도움을 줄 것이다.

1. 이 형식이나 이미지, 혹은 내러티브가 다루려는 보편적이고 시대를 초월한 질문은 무엇인가?
2. 이 인물 혹은 이 전설이 이 보편적인 질문에 대해 제시하는 대답은 무엇인가?
3. 나의 동시대 문화는 이 문제를 어떤 식으로 다루고 있는가?
4. 동시대 문화가 이 문제를 다루는 방식 중에서 어느 정도가 나 자신의 경험으로 확인되는가?

익숙지 않은 문화적 형식의 각 이미지 아래에는 시간을 초월한 문제들이 공명한다. '우리는 죽음을 어떻게 이해하고 있는가?' '우리는 어떤 가치를 바탕으로 어려운 선택을 하는가?' '우리는 이 시대의 가시나무들을 어떤 식으로 헤쳐나가면서 자신의 길을 찾고 있는가?' 우리 문화는 이런 종류의 물음에 매우 부적절한 대답을 제시하고 있다. 이런 종류의 질문은 결코 사라지지 않기 때문에 적절한 대답을 듣지 못하면 지하로, 말하자면 무의식으로 들어간다. 아니면 영화와 노래를 통해서 문화적 가면 속으로 투사된다. 그도 아니라, 이 물음들이 철저히 부정당한다면 우리는 이 광대한 우주에 홀로 남겨진다. 그러면 우리는 이 질문들을 정직하고 공개적으로 겪지 못하고 오히려 시시하고 진부한 것들에 빠지게 된다.

그렇다면 역사적인 것을 많이 내재하고 있는 이미지의 잔해를 분류할 때, 어떤 기준으로 옥석을 가릴 수 있을까? 이미지들의 제도적 권위만이 기준이 될 수는 없다. 가족이나 민족적 전통이 포용하는 이미지라는 사실도 기준이 될 수 없다. 우리 마음을 움직일 수 있는, 말하자면 우리 내면에 어떤 공명을 일으키는 이미지라야만 진정으로 유익한 이미지가 될 수 있다. 만약 그런 공명이 일어난다면, 어떤 숨겨진 조화 속에서 같은 것끼리 활성화되는 것이며, 이때 우리는 그 이미지가 우리에게 어떤 의미를 지닌다는 것을 알 수 있다. 우리는 그 의미를 느낀다. 아무리 강한 의지도 아무리 깊은 신앙도 그 자체로는 우리에게 그러한 공명을 불러일으키지 못한다. 영혼이 떠나버렸다면, 우리는 의지로 그것을 되찾지 못한다. 그 이유를 이해하지 못할지라도 영혼이 이곳에 존재할 때 우리는 감동을 받을 것이다.

깊이 생각해보면, 세 가지 근본적인 사항이 분명해진다. 첫째, 영구히 제기되는 질문은 모든 시대에 매우 다른 모습으로 나타나며,

우리가 의식하든 그렇지 않든 우리 삶의 가치를 결정하는 데 영향을 미친다. 둘째, 우리 선조들은 지금 우리를 자극할 수도 있고 그러지 못할 수도 있는 형태로 삶의 심오함을 경험했다. 그러므로 우리는 그들과 우리 자신을 위해 진지하게 탐구할 의무가 있다. 셋째, 우리 문화는 우리 인간성에 깊이를 더하고 인생 여정에 가치와 무게를 부여하는 이러한 질문으로 우리를 이끄는 데 처절하게 실패하고 있다. 이 마지막 사실은 영혼의 광대함에 대한 배신이며, 따라서 집단이 각 개인을 기만하고 있다는 점을 보여준다.

이 '공명'을 기준으로 한 테스트는 삶에 깊은 연결과 의미를 안겨줄 영성을 키우는 우리 능력에 매우 중요하다. 앞에서 본 바와 같이 우리의 많은, 아니 대부분의 가치관은 시대정신과 남녀 역할, 경제 개념 그리고 자신이 태어난 가족의 정신 역학에 의해 부과된다. 때로는 이러한 가치관이 우리 영혼의 의제와 일치할 수도 있지만 많은 경우 그렇지 않다. 그럼에도 누구나 기억하듯이, 아이는 무시당하고 도움의 손길을 필요로 하고 의존적이기 때문에 내면적 삶의 진실보다 외적 삶의 요구와 모델을 더 중요하게 여길 수밖에 없다. 어린 나이에 느낄 수 있는 내면의 항의는 종종 검토되지 않은 채로 남고, 시간이 지나면 한때 알았거나 느꼈던 것조차 망각하고 만다. 내면의 항의가 더 이상 거부하지 못할 만큼 아주 고통스럽게 다가오기 시작하거나, 아니면 우리가 세상에서 다른 예시들을 발견할 특권을 얻었거나, 또 우리가 스스로를 보살필 능력을 획득했을 때에야 우리는 자신의 역사로부터 자기 인생을 되찾을 수 있다. 현대의 중요한 특징 가운데 하나가 가치를 선택하는 책임이 부족과 제도로부터 개인으로 이동했다는 것임을 기억하라. 이는 특권인 동시에 책임이기도 하다.

공명의 원칙, 즉 외부 권위가 아닌 내적 증거가 영혼에 충실한 삶을 영위하는 데 가장 확실한 안내자로 받아들여질 때, 우리는 심리학적인 존재가 되지 않을 수 없다. 우리는 '메타노이아metanoia', 즉 의식의 긍정적 변모를 경험한다. 말하자면 우리 자신이 물질의 시대에 물질의 형태로 다듬어진 영적인 존재라는 사실을 인식하게 된다는 뜻이다. 우리 현대인은 옛 에너지를 제거했거나 자신의 통제력 아래 두었다고 생각하지만, 사실 그것들은 무의식 속에서 가상의 신들로 다시 형성된다. 융은 이에 대해 이렇게 설명한다. "우리 이전의 모든 세대는 어떤 형태로든 신들을 믿었다. 오직 비할 데 없는 상징의 빈곤만이 우리로 하여금 신들을 정신적 요소, 즉 무의식의 원형으로 재발견할 수 있게 했다. (…) 이 모든 것은 상징을 소유한 시대나 문화에서는 전혀 불필요할 것이다."[35]

미국인의 신앙심이 높아지고 있음을 보여주는 여론조사 결과에도 불구하고, 미국인에게 호소력을 발휘하는 가치, 즉 에너지를 실제로 모으고 움직이는 것은 전통적인 종교가 아니라 과잉 평가된 '대리 종교', 즉 경제와 권력, 풍요, 쾌락주의, 통속적 오락 등이다. 의식하든 안 하든 우리는 모두 '종교적인 인간Homo religiosus'이다. 신학자 폴 틸리히Paul Tillich가 관찰했듯이, 우리의 종교는 우리의 종국적인 관심사가 표현되는 곳에서 발견될 것이다. 여기에 이런 말을 덧붙일 수 있을 것 같다. 우리의 가장 깊은 에너지가 투자되는 곳에서 사실상의 종교가 발견될 것이라고 말이다. 많은 사람들에게 그것은 그들의 영혼을 지배하고 있는 경제적 강박에서 발견될 것이다. 또 다른 이들에게는 신경증으로 나타날 것이며, 아마도 어떤 대가를 치르더라도 다른 사람들의 호의를 얻으려는 시도로 드러날 것이다. 다시 한번 융은 다음과 같이 정곡을 찌른다.

> 문제는 종교의 유무가 아니라, 어떤 종류의 종교인가이다. 그것이 인간의 발전, 특히 인간의 능력을 펼치게 하는 것인지, 아니면 그것을 마비시키는 것인지가 중요하다. (…) 우리는 신경증을 개인적 형태의 종교로, 더 구체적으로는 공식적으로 인정받은 종교적 사고 패턴과 충돌하는 원시적 종교 형태로의 퇴행으로 해석할 수 있다.[36]

의식적인 종교적 신념과 실천을 고백하는 사람들조차도 만약 그 가치관이 단순히 무의식 속에서 그들에게 강요된 것이라면 사실은 자신과 진실한 관계를 맺고 있지 않을 수 있다. 집단 참여를 더 편안하게 만드는 것이나 불안 관리의 수단이거나 혹은 영적 태만의 결과에서 비롯된 가치관도 마찬가지다. 우리가 자기 자신에게조차 너무나 낯선 이방인일 수 있기 때문에 우리가 믿는다고 고백하는 것 대부분은 검증되지 않은 '대리 종교'이거나 강요된 가치일 수 있다. 너무나 많은 사람이 전통이 야기한 죄의식으로 고통받는다는 사실은 슬프게도 신경증만 낳는 엉터리 종교적 구조가 반복된다는 예시이다. 실제로 보면, 우리가 채택하고 소중히 여기는 의식적인 가치관은 종종 악에 대한 방어적 수단이거나 상처를 합리화하는 노

력이거나 홀로 있는 데 따르는 공포로부터의 도피이거나 인생을 자
신의 책임으로 영위해야 한다는 생각에 따르는 두려움을 은연중에
고백하는 것에 지나지 않을 수 있다.

문화적으로 유도된 우리 종교 생활을 신중히 검토하는 것은 결
코 위대한 세계 종교의 전통을 폄하하는 것이 아니다. 우리에게 설
득력을 발휘할 가르침을 발견하겠다는 진지한 의도를 갖고 종교
적 전통을 탐색해야 함을 기억하라. 그 위대한 이미지들은 지금도
여전히 대단한 연결의 힘과 치유의 힘을 발휘하고 있다. 그러나 우
리 각자는 그 발견을 스스로의 힘으로 해내야 한다. 예이츠William
Butler Yeats는 「외투A Coat」라는 제목의 시에서 현대라는 엄동설한
에 입을 외투를 많은 신화적 전통의 조각을 이용해 짜냈다고 묘사
했다. 윌리엄 블레이크William Blake는 한 알의 모래에서도 영원을 볼
수 있다고 말했다. 나도 그가 그럴 수 있었으리라고 믿는다. 만약
당신이나 내가 그럴 수 없다면, 우리는 세상의 표면을 읽고 또 그
깊은 속의 흐름을 볼 수 있는 자신만의 길을 찾을 필요가 있다. 이
과정은 심리학적으로 생각하는 것, 즉 모든 것을 주관적인 경험으
로 환원하는 것이 아니라, 자아가 아무리 강하게 진실이라고 우기
더라도 주관적인 증거가 없다면 결국 아무것도 우리에게 진실이 될
수 없다는 점을 인정하는 것이다. 융은 이에 대해 이런 식으로 설명
한다.

나는 사물들의 형이상학적 포장을 벗겨 그것들을 심리학의 대상
으로 만든다. 그렇게 함으로써 나는 (…) 내 이해를 넘어선 상징

에 가려져 있던 심리학적 사실과 과정을 발견할 수 있다. 그렇게 하면서 나는 아마 충실한 신도들의 걸음을 따르고 있을 것이고 또 그들과 유사한 경험을 할 수도 있다. 그리고 만약에 그 모든 것 뒤에 말로 표현할 수 없는 형이상학적인 무엇인가가 남았다면, 그것은 그때 자신의 모습을 드러낼 가장 좋은 기회를 누리게 될 것이다.[37]

융이 주장하는 바는 이미지 안에 있는 '진실'은 그것이 하나의 심리적 사실이 될 때, 즉 우리가 내면적으로 이해하고 경험할 때에만 우리에게 진실이 될 수 있다는 것이다. 항상 그래왔다. 융은 단지 이미지가 신성해지거나 반대로 에너지를 상실하는 과정을 더 의식적으로 만들어 우리에게 보여줄 뿐이다. 부와 권력, 심지어 건강까지도 무의식적 신앙심을 일으키는 문화적 인공물로 여겨질 수 있다. 왜냐하면 그것이 많은 이들에게 심리적 반응을 일으키기 때문이다. 융이 말하는 '충실한 신도들의 걸음을 따르는 것'은 종교적 전통의 원초적 이미지들이 현대인의 영혼 속에서 새롭게 불타오르는 과정을 의미한다. 그러나 어떤 전통적 이미지는 우리에게 이미 의미를 잃었을 수 있다. 이런 경우에는 그 상실을 애도할 수 있고, 그러는 편이 현재의 우리에게 아무런 의미도 주지 않는 과거에 맹목적으로 충성하는 것보다는 낫다. 과거의 이미지를 무의식적으로 섬기는 것은 가장 오래된 종교적 이단인 우상숭배가 될 수 있다. 우상숭배는 자아에 위안을 줄 수 있지만, 영혼의 갱신과 성장은 방해한다.

깊은 곳에서 우리를 감동시키며 경외감을 불러일으킨다면 무엇이든 종교적이다. 그것이 어떤 경로를 통해 우리에게로 오는가 하는 문제는 전혀 중요하지 않다. 이런 이유로 대중적인 형식의 오락 중 많은 것이 우리가 알든 모르든 우리에게 종교적 기능을 하는 이미지들을 가득 담고 있다. 예를 들어, 우리 문화의 성과 폭력에 대한 집착은 우리가 의식적인 삶과 관행에서 의도적으로 차단하려 하더라도 이러한 원초적 에너지가 항상 우리 일상을 관통하고 있음을 보여준다. 다른 문화였더라면 아마 이렇게 선언했을지도 모른다. "이런 강력한 경험이 바로 신이다. 우리가 아레스나 아프로디테라고 부르는 신들이 바로 이런 경험이다. 당신은 그들을 존경해야 하고, 그들에게 의식적으로 경의를 표해야 한다. 그러지 않으면 그들이 당신과 당신 가족에게 심각한 해를 입힐 것이다." 우리는 여전히 우리가 그 신들을 거부하거나 억압하면 그것들이 신경증, 강박적 환상, 다른 이들에 대한 투사, 또는 다양한 사회적 무질서로 우리의 의식적 삶을 침범한다는 사실을 깊은 당혹감 속에서 배우고 있다.

꿈의 이미지는 영혼의 놀라운 선물이다

우리를 위한 에너지를 담고 있는 이미지들은 '이미지의 세계 mundus imaginalis', 즉 물질세계에 생명을 불어넣는 정신세계에서 나오며, 볼 수 있는 세계와 볼 수 없는 세계 사이의 연결을 제공한다. 더 깊은 영역이 의식적으로 구현되도록 하는 영혼의 이 같은 자율적 활동을 융은 '초월적 기능'이라고 불렀다. 이는 의식의 영역과 무의식의 영역 사이의 장벽을 초월하려고 노력하는, 우리의 자기와 우주의 상호작용을 말한다.

'초월적 기능'의 익숙한 한 예는 일상적으로 꾸는 꿈에서 발견된다. 우리는 꿈을 불러들이지 않는다. 만약에 꿈을 본인이 불러들인다고 생각한다면, 특정 범주의 꿈을 주문해보고 영혼이 당신에게 주의를 기울이는지 확인해보라. 꿈을 주문하지 않는데도, 우리는 이러한 다른 세계의 방문을 하룻밤에 평균 여섯 번씩 받는다. 물론 이 다른 세계도 우리의 세계이다. 그런 엄청난 에너지의 소비는 절대로 무작위로 이루어지지 않으며 목적이 없는 것도 아니다. 자연은 에너지를 낭비하지 않는다. 내적 세계와 외적 세계가 만나는 지점에 주의를 기울이는 것이 심층 심리학의 중요한 임무이며 세계 종교들의 신비적 전통이고 또한 우리 모두의 일상적 과제이다. 이 접합점으로부터 창조적인 에너지가 일어나고, 계시가 나타나고, 또 우리 각자가 더 크고 발달된 영성의 세계로 들어가게 된다.

매일 밤 나타나는 이미지들은 그 자체로 신성은 아니지만, 방문하는 신들이 그 이미지들에 신성한 에너지를 불어넣는다. 따라서 우리는 이러한 이미지를 통해 다시 신들과 연결된다. 꿈의 이미지는 영혼이 주는 놀라운 선물이다. 그렇다면 꿈의 이미지들을 부정하면서 영혼이 우리에게 들려주고자 하는 이야기에 주의를 기울이지 않고 그것들을 아무렇게나 다루는 우리는 과연 누구인가? 나는 많은 내담자에게 "당신의 꿈은 어디서 왔나요? 당신이 만들어냈나요?"라고 묻는다. 그럴 때면 환자들은 언제나 "아니요, 물론 아닙니다"라고 대답한다. "그렇다면 당신은 당신의 내면에 있는 그 장소를, 말하자면 당신에 대해 너무나 많은 것을 알고 있고 또 당신의 이익을 중요하게 여기는 것 같은 그곳을 찾아내서 존경하는 법을 배워야 합니다." 이것이 바로 우리가 내면의 권위를 발견하고 개인의 정신적 고결을 회복하는 길이다.

성숙한 영성의 발견은 우리의 자아가 더 큰 신비의 작은 일부분에 지나지 않는다는 사실을 내면화할 수 있을 때만 가능하다. 이 신비는 우리 내면에서뿐만 아니라 우리 밖에서, 우주 안에서, 자연 속에서, 타인들의 내면에서도 작용하는 신비이다. 우리는 우리 자신에 대해 더 진지하고 용기 있는 질문을 던지라는 요구를 받고 있다. 왜냐하면 이러한 탐구적 질문이 없다면 우리는 자신에게도 이롭지 않고 우리 문화에도 이롭지 않은 옛날의 패턴으로 아주 쉽게 되돌아갈 것이기 때문이다.

우리는 주변 세상과 내면의 세계를 주의 깊게 조사함으로써 심리학적인 존재가 되어야 한다. 우리는 우리 세계의 거의 모든 것들에 존재하는 종교성을 보고, 그런 형태들이 영혼에 합당한지 스스로에게 물어야 한다. 우리는 이 해방의 원리인 공명에 주목하는 위험을 감수해야 한다. 만약 무엇인가가 우리 내면에서 공명한다면, 그것은 어쨌든 우리에 관한 것이고, 우리를 위한 것이다. 그렇지 않다면, 자아가 아무리 의지하고 전통이 아무리 뜨겁게 숭배한다고 해도 결국 그것은 영혼을 배신하고 말 것이다.

성숙한 영성은 성숙한 개인을 요구한다. 성숙한 영성은 이미 우리 각자의 내면 안에, 그러니까 신비가 우리에게 다가올 때 그것을 신비로 받아들일 줄 알고 그 신비에 질문을 던지고 변화와 성장의 위험을 감수하고 살아 있는 한 우리 인생 여정을 재조명할 수 있는 우리 잠재력 안에 있다. 우리가 이 개인적 권위에 대한 책임을 향한 발걸음을 내딛을 준비가 얼마나 되어 있는지는 두고 봐야 할 것이다. 그것은 우리 각자가 지켜야 할 약속이다.

새로운 신화는 위로부터 오지 않는다. 그런 식으로 나타날 수 있는 것은 전체주의 이데올로기뿐이다. 새로운 신화는 늘 그렇듯 우리 내면 깊은 곳에서 나오고, 부족을 환영하고, 개인들에게 자신을 축소하지 않고 확장할 수 있는 것에 이바지하라고 요구할 것이다. 새로운 신화, 즉 깊은 울림을 일으키는 에너지의 장은 이미 당신 내면 깊은 곳에서 탄생하고 있다. 당신의 소명은 당신에게 다가오고 있는 것을 존경하고, 인류가 역사적으로 인격화하고 '신들'로 받들어 온 그 깊고 신비로운 에너지의 끊임없이 변화하는 형태를 새롭게 받드는 것이다. 릴케가 이렇게 말했듯이.

신들, 우리는 대담한 이미지로 신을 먼저 투영하고
구속하는 운명이 그것들을 다시 우리에게서 파괴한다.
하지만 그들은 불멸의 존재이니
결국에는 우리의 소리를 들어줄 이들이다.[38]

10장

마음의 늪지대에서 벗어나기

나는 한창 나이에 지옥 문으로 들어가는가 싶었다.

『이사야서』 38장 10절

주여, 각 사람에게 각자의 죽음을 허락하소서.
그가 살았던 삶, 사랑과 지성과
고난이 있었던 삶에서 벗어나는 죽음 말입니다.

R. M. 릴케

우리 시대 문화의 표면 아래에는 진보에 관한 아주 막강한 환상이 도사리고 있다. 우리 모두가 어떤 형태로든 동의한 환상이다. 지난 2세기 동안 과학 및 기술의 발전이 우리 삶의 안락과 수명을 크게 개선한 것은 사실이지만, 그에 걸맞은 도덕적 진보는 이루어지지 않았다. 20세기의 피비린내 나는 역사는 대부분 그런 기술적 능력 때문이었다. 인류는 더 효율적으로 사람들을 죽이고 지구를 피로 물들이는 방법을 배웠다. 그런 아픈 역사에도 불구하고, 진보의 환상은 지금도 여전히 우리 문화의 깊은 곳을 흐르고 있다. 한때 물질적 진보와 정신적 향상을 혼동하지 않은 사람이 과연 몇 명이나 될까? 이 같은 환상은 건강과 젊은 이미지의 추구, 노화와 죽음에 대한 저항에서 가장 분명하게 드러난다. 이 같은 불안은 절대로 새로운 것이 아니다. 17세기에 이미 시인 토머스 내시Thomas Nashe는 「전염병 시대의 기도A Litany in Time of Plague」에서 이렇게 썼다.

　아름다움은 한 송이 꽃에 지나지 않네
　주름들이 언젠가 삼켜버리고 말 그런 꽃

광휘가 하늘에서 떨어지고
공주들이 아리따운 젊은 나이에 죽었네
흙이 헬렌의 눈을 덮었네.
나는 병들어, 죽어야 하네
주여, 우리에게 자비를 베푸소서!³⁹

내시는 삶의 무상과 아름다움의 덧없음 그리고 세월의 조수가 어떻게 차례대로 찾아오는지를 잘 이해하고 있다. 그와 그의 동시대인 대다수는 하늘에 계신 신과 내세의 약속에 대한 확고한 믿음에 자주 호소할 수 있었다. 그런 믿음은 지금도 여전히 많은 사람에게 받아들여지고 있지만, 대부분의 현대인에게 아득히 먼 하늘의 동산은 그 빛을 많이 잃었다.

대신, 우리의 공통적인 조건에서 위안을 찾으려 하던 노력은 비타민이나 운동, 성형수술, 낙천적 사고방식, 옳은 행동 등을 통해 삶을 연장하고 노화를 피하고, 미래의 어느 날엔 아마 복제를 통해서 죽음 자체를 물리칠 수 있다는 환상 쪽으로 옮겨갔다. 나 자신을 포함해서 그 누구도 개선된 영양과 의학적 개입이 인류에 기여한 바를 부정하지는 않지만, 그러한 환상에 얽매이는 것은 장기적으로 자연의 섭리로부터 우리를 더욱 소외시키고, 최악의 경우 이 짧은 여정 동안 경험할 수 있는 맑고 빛나는 의식의 순간으로부터 우리를 멀어지게 한다.

좋은 건강 같은 것이 '환상'일 수 있다는 생각이 기이하게 들릴 수 있을 것 같다. 이 환상은 심리적 에너지가 많이 투자되어, 실제로 사람들이 인생 여정의 깊이와 존엄성으로부터 눈을 감도록 만들 수 있다. 나는 건강과 장수에 반대하지 않는다. 단지 이런 강박증이 우리를 자연스러운 삶으로부터 더욱 멀어지게 하는 현상에 반대할 뿐이다. 이는 결코 우리의 최고 이익과 부합하지 않는다. 이러한 투자를 환상이라고 부르는 것은 그것이 비현실적이라는 뜻이 아니라, 결국 우리를 배신할 가치에 투자하도록 우리를 부추긴다는 뜻이다. 환상은 하나의 가공된 이미지로, 그것이 지속되는 동안 거기로 의식을 집중시키거나 의식을 흩뜨려놓을 수 있다. 그렇다면 어떤 이미지들이 우리 영혼의 투자를 받고 있는지에 관심을 기울이는 것이 중요하다. 장기적으로 우리에게 해를 끼칠 이미지들을 가려내기 위해서다.

인간이 죽음과 덧없음을 피하려 드는 것은 병적인 노력이다. 너무도 연약한 우리의 운명을 병적이지 않은 방식으로 마음 깊이 새긴다면, 우리 삶에 진정으로 중요한 것과 중요하지 않은 것이 무엇인지를 언제나 기억할 수 있을 것이다. 내 경험상 노화와 죽음을 가장 잘 다루지 못하는 사람들은 자신이 이 삶에 존재하지 않았다고, 여기에 있지 않았다고, 살도록 부름받은 삶을 살지 않았다고 두려워하는 사람들이다. 외모에 가장 집착하는 사람들은 일반적으로 내적 권위의 과제에 가장 저항하는 사람들이다. 그들은 계속해서 외부 세계로부터의 인정을 추구하기 때문이다.

이 자연적 현실을 초월하려는 환상에 더해야 할 것이 있다. 내가 '영혼의 늪지대'라고 부르는 곳을 피하고자 하는 욕망이다. 이는 운명과 행운, 우리의 영혼이 우리를 자주 데리고 가는 컴컴한 곳을 피하려 하는 것으로, 충분히 이해가 되는 욕망이다. 그러나 올바른 생각이나 올바른 행동을 아무리 많이 해도 우리가 영혼의 늪지대를 방문하는 것을 피할 수는 없다.

이른바 뉴에이지 사고가 일반 대중의 의식에 깊이 스며들었다. 대중 영합적인 이 철학은 고통의 문제를 처리하는, 유혹적이긴 하지만 영적 근거가 전혀 없는 관행을 제시한다. 뉴에이지의 영적 관행은 영혼의 늪지대를 초월한다는 암시를 풍기고, 우리를 대신해서 극히 단순하게 사고해줄 구루를 제시하고, 의식을 보다 크게 가꾸는 데 따르는 고통으로부터의 해방을 약속한다. 또 이 영적 관행은 나르시시즘과 유치함, 자기도취, 타인에 대한 무관심을 조장하고, 일상적 삶의 영위에 필요한 일 대신에 마법을 약속하고, 지금 이곳에 존재하는 데 따른 경의와 공포를 오직 피상적으로만 접할 기회를 제공한다.

우리는 고통pain과 고난suffering을 구분할 필요가 있다. 고통은 육체적이며 가능하면 늘 누그러뜨려야 할 대상이다. 왜냐하면 고통이 정신의 활력을 갉아먹을 수 있기 때문이다. 고난은 영적인 것으로, 불가피하게 의미에 대한 질문을 제기한다. 우리가 고난에서 자유롭다면, 우리는 궁극적으로 우리가 누구인지를 정의하는 질문을 좀처럼 던지지 않을 것이다. 고난이 제기하는 물음의 준엄함과 깊이는 우리를 안일함에서, 평온한 삶의 무심한 반복에서 벗어나게 하고, 확장 아니면 축소라는 딜레마를 매일 직시하도록 만든다. 오래된 중세의 격언에 따르면 '고난은 온전함으로 가는 가장 빠른 말'이다.

그리스도, 부처, 모세, 아브라함, 무함마드 등의 고난이 없었다면 세계의 위대한 종교들이 인류의 유산이 될 수 있었을까? 코란이 묻듯이, '지복의 동산'에 닿는 길이 우리의 선조들보다 우리에게 덜 험할 것이라고 기대할 수 있을까? 오래 삶으로써 영혼의 늪지대를 더 자주 경험하는 일이 없도록 하기 위해, 그리스 비극이 이른 죽음을 얼마나 자주 찬미했던가? 그런데도 우리는 더 긴 삶을 갈망한다. 무엇을 위해서인가? 어떤 가치를 위해서인가? 단순히 동물적으로 존재하기 위해서인가?

서아프리카에는 누군가의 '두 발이 좌우 일치를 이루고 있다'라는 은유가 있다. 이는 죽음을 의미하는 완곡한 표현이다. 오직 죽은 사람만이 두 발을 대칭적으로 정렬한다. 사는 동안에 두 발은 우리의 삶처럼 언제나 모순과 역설을 살아야 한다.

충분히 오래 산다면, 우리 모두는 죽음과 상실, 불안과 우울 그리고 심연의 다른 음침한 거주자들을 반드시 만나게 되어 있다. 운명과 행운, 무의식의 자율성은 우리를 방문하고 싶어 하지 않는 곳으로 자주 데려갈 것이다. 늪지대에 도착할 때 우리는 언제나 어떤 과제에 직면한다. 그 과제는 우리에게 그동안 습관적으로 해오던 것보다 더 큰 무엇인가를 요구한다. 그때 우리는 암묵적으로 이런 질문을 받는다. '이곳에서 의식을 어떻게 확장할 것인가? 위험이 도사리고 있는 이곳에서 어떻게 삶을 포용할 것인가? 이 고통에서 나를 위한 의미를 어떻게 발견할 것인가?' 이 과제를 확인하고 받아들이는 것 자체가 영혼의 확장에 기여한다. 이 임무를 피하면 우리는 삶이 희생되고 있다는 느낌을 언제까지나 계속 안고 살 것이며, 또한 더 큰 삶과 신들로부터 계속 도망치게 될 것이다.

우리 자아의 중심 프로젝트는 자신과 편협한 자신의 견해를 특권화하는 것임을 기억하라. 그 의제에 대한 어떠한 도전 없이 우리는 결코 어린 시절의 메시지와 운명이 우리를 데려다놓은 가족 및 문화적 환경의 한계보다 더 크게 성장하지 못한다. 강화, 편안함, 질서, 통제, 안전이라는 자아의 의제는 판단의 대상이 아니라 우리의 인간성을 잠재적으로 제한하는 것으로 인식되어야 한다. 우리 모두는 갈등이 없는 평원이나, 투쟁도 없고 의식을 키우라는 요구도 없고 또 우리의 바람 이상으로 깊이 들어가는 여정도 없는 그런 햇살 가득한 골짜기에 닿는 환상을 품고 있다. 정말 흥미롭게도, 이 세상에 그런 곳이 있다. 바로 죽음이라 불리는 곳이다. 인생의 여정이나 모험, 갈등이 없으면 우리는 이미 영적으로 죽은 것이나 마찬가지이며 단지 육체가 쓰러질 날만을 기다리고 있는 셈이다. 그렇게 되면, 우리는 애초에 우리가 여기에서 사는 의미를 놓치고 말 것이다.

가장 흔한 늪지대 몇 곳을 방문해보자. 고통 없는 삶이라는 환상과 대조적인 곳으로, 현대인이 반드시 찾아야 하는 곳들이다. 불화와 고통이 있는 이 늪지대에서, 우리는 상반된 것들이 빚어내는 갈등을 목격할 것이다. 그럼에도 융이 명확히 밝혔듯이, "자기에 대한 충실성은 서로 상반되는 방향으로 나타나며 그것들 사이에는 갈등이 있게 마련이다. (…) 따라서 자기에게 이르는 길은 갈등에서 시작된다."[40]

죄책감
〜〜〜

　예민한 영혼을, 특히 인생 후반으로 접어들면서 자신의 과거와 그 영향을 돌아보려는 영혼을 자주 괴롭히는 갈등 중 하나가 죄책감이다. 살아 있는 사람 가운데 죄책감에서 자유로운 사람은 아무도 없다. 다만 자신과 타인에게 가한 고통에 대한 책임감을 느낄 능력을 억압할 정도로 영혼이 손상된 사람들은 예외다. 때로는 반사회적이고 때로는 정신병적인 그들의 삶은 죄책감에서 자유로워 보이지만, 대신 그들은 정서적으로 불모의 황무지에서 살아야 한다. 우리 대부분에게 죄책감은 어디나 따라다니는 동반자이며, 그러는 가운데 자주 우리 삶을 간섭하며 우리가 알든 모르든 우리를 대신해서 선택을 하기도 한다.

　먼저 '죄책감'이라는 단어를 우리가 어떻게 사용하고 있는지, 어떤 맥락에서 사용하고 있는지를 명확히 알 필요가 있다. 죄책감은 본디 가치를 추구하는 삶에 반드시 필요한 동반자로 이해되었다. 책임이 강조되고, 도덕적 비전이 중요한 삶에는 당연히 죄책감이 따르게 되어 있다는 뜻이다. 우리가 자기 자신이나 타인에게 해를 입혔을 때, 그에 대해 책임을 지는 것은 성숙의 척도이다. 큰 인기를 끌고 있는 '12단계 회복 프로그램'의 현명한 규칙 하나는 개인들에게 자신이 저지른 잘못을 인정하고, 가능한 곳에서 그것을 바로잡거나, 적어도 상징적 보상과 회복을 시도하도록 요구한다. 만약에 이 회복의 임무를 떠안지 않는다면, 해로운 죄책감이 무의식으로 들어가서 훨씬 더 심각한 자기 파괴적인 행동과 고통의 영역을 만들어내고, 이는 중독적 순환을 더욱 강화한다.

집단적으로, 국가가 다른 국가에 가한 피해에 대해 죄책감을 품을 수도 있다. (남아프리카 공화국의 투투 주교Bishop Tutu와 넬슨 만델라Nelson Mandela와 같이 매우 현명하고 강력한 지도자들만이 자기 나라를 정의의 법정에 세우고 용서를 구할 수 있을 것이다.) 대단히 강한 사람만이 자신이 의식적으로나 무의식적으로 타인에게 가한 피해를 직시할 수 있다. 그럼에도 불구하고, 피해에 대한 이런 식의 책임 인정은 인정하지 않은 죄책감에 비해 무의식으로 스며들 확률이 낮다. 죄책감은 영혼을 짓누르고 영혼의 에너지를 빨아들인다. 부인된 죄책감은 결국 다른 방식으로 대가를 치르게 될 것이다. 이런 피해 혹은 하거나 하지 않은 선택에 대한 책임을 받아들이는 능력이야말로 자아의 성숙도를 보여주며 영혼에 깊이와 무게를 더한다. 이세상을 깨끗한 손으로 살아가는 사람은 아무도 없다. 오직 무의식적인 사람만이 그렇게 생각하는데, 이들은 자신의 그림자를 다른 사람들에게 투사하는 죄를 저지르고 있다.

최소한의 의식을 가진 사람이라면 절대로 피할 수 없는 두 번째 형태의 죄책감이 있다. 이 형태의 죄책감을 우리는 집단적 혹은 실존적 죄의식이라고 부를 수 있다. 왜냐하면 이는 우리 삶의 상호 연결된 환경에 따른 피할 수 없는 부산물이기 때문이다. 이른바 '제1세계' 사람들은 타고난 운이 그리 좋지 않은 사람들의 등을 밟고 살아간다. 각자의 사회 안에서도 우리는 자신의 의도와는 상관없이 착취적인 환경에서 살고 있다. 우리는 식량을 위해 동물을 도살한다. 또 인위적 소비주의를 위해 쇼핑몰을 만들어 자연을 모독한다. 우리는 악의 존재 앞에서 수동적이다. 우리 모두는 나름의 편협한 믿음과 편견을 통해서 세계의 불행을 심화시키고 있다. 우리는 스스로 내세운 가치와 기준에 미치지 못하면서도 자신의 행동을 언제든 정당화할 준비가 되어 있다. 그리고 우리는 모두 도덕적 책임과 행동을 요구하는 무언가를 보지 않기 위해 외면한다. 이런 결점이나 태만을 인정하는 것은 감상주의가 아니다. 이는 우리의 역할을 인정하는 도덕적 감수성과 심리적 성숙이다. 이 실존적 죄책감은 가장 윤리적으로 섬세한 사람조차도 피할 수 없으며, 이러한 죄책감을 인정하는 것은 단지 정직한 것일 뿐이다.

그러나 죄책감에 대해 생각할 때면, 우리 대부분은 스멀스멀 뭔가가 몸을 기어다니는 것 같은 느낌을 떠올린다. 전신을 타고 오르며 우리를 비참하게 만들고, 조금은 무력하게 만드는 듯한 느낌 말이다. 정직한 고백에 적절한 두 가지 형식의 정당한 죄책감을 인정했으니, 이제 세 번째 형식의 죄책감은 우리가 한 행동이 아니라 우리라는 존재에 대한 것이라는 점을 인정하도록 하자. 이 죄책감의 상당 부분은 불안으로 위장된다.

어린 시절에 우리는 이 세상을 안전하게 통과하려면 우리가 속한 환경이 우리를 위해 정해놓은 조건을 충족해야 한다는 점을 배운다. 이리하여 성인이 될 시점에는 '타자', 즉 부모나 배우자 혹은 제도의 사랑, 인정, 협력을 상실하지 않을까 하는 두려움이 깊이 내재화된다. 우리의 직관이 삶을 안내하고 나서면서 우리 자신을 진정으로 표현하려 할 때, 우리는 옛날의 케케묵은 경고 시스템을 활성화한다. 그러면 죄책감이 내적 통제 장치로 작용하여 우리의 타고난 자기를 억누르고 진정성보다는 적응이라는 의제를 다시 앞세운다. 이런 경우에 사실 죄책감은 대부분 불안 관리의 한 형식에 지나지 않는다.

얼마나 많은 삶이 이런 죄책감, 즉 자신이 있는 그대로의 모습으로는 받아들여지지 않을 것이라는 두려움에 의해 억제되는가? 얼마나 많은 재능이 표현되지 못하고, 얼마나 많은 시도가 죄책감이라는 침대에서 태어나기도 전에 끝나는가? 이 모든 것이 겉보기에는 '합리성'이라는 이름 아래 이루어진다. 이러한 형태의 죄책감은 원초적 체계와 연결되어 있고, 우리의 가장 흔한 반사적 체계인 불안 관리와 관련되어 있기 때문에 너무나 익숙한 적이다. 이는 가능성을 중단시키고, 역량을 방해하며, 삶의 여정에 기쁨으로 몰입하는 것을 막는다.

사람을 무력하게 만드는 이러한 죄책감에 대한 유일한 해독제는 바로 결단이다. 말하자면 우리를 과거에 묶어두지 않고 더욱 확장시킬 선택을 함으로써 우리가 되어야 할 존재가 되는 위험을 감수하려는 결단이다. 이런 식으로 당사자를 무기력하게 만드는 죄책감은 언제나 그의 과거와 연결되어 있다. 따라서 과거를 극복하지 않고는 미래로 나아갈 수 없다. 죄책감 앞에서 더 정직한 행동으로 나아가고자 하지 않고는 미래도 없다.

비탄과 상실

지난주에 나는 90세의 나이에도 여전히 활발하게 활동하며 삶을 충실히 살고 있는 부인과 대화를 나눴다. 그 부인은 곧 둘째 딸을 저세상으로 보내야 하는 상황에 처해 있었다. 만약 우리가 충분히 오래 살고 우리 문화가 아주 소중히 여기는 불멸의 환상을 믿는다면, 우리는 불가피하게 자신이 소중히 여겼던 것의 상실을 경험할 것이다. 그렇지 않으면 우리가 소중히 여긴 사람들이 우리를 잃음으로써 고통을 겪을 것이다. 상실은 풍요로움의 대가처럼 보이며, 삶의 풍성함에 대한 균형추로 항상 존재하며, 심지어 성취의 순간에도 침묵 속에서 필요한 동반자로 남아 있다.

비탄grief은 어원적으로 '견디다' 또는 '지니다'라는 뜻의 라틴어 그라비스gravis에서 유래한 '중력gravity'과 관련이 있으며, 이는 삶에 우리가 얼마나 헌신했는지와 비례한다. 우리는 높이 날아오를수록 이 땅의 한계와 애착과 상실의 흐름과 리듬에 더 강하게 묶인다. 상실을 피하는 유일한 길은 애착을 피하는 것이지만, 우리 모두가 잘 알듯이 헌신 없이 사는 것은 메마른 황무지에 사는 것과 같다.

우리 삶은 예외 없이 상실로 시작하고 상실로 끝난다. 우리는 모든 필요가 충족되고 가장 안전하며 요구사항이 적은 장소를 잃고, 위험과 불확실성으로 가득한 세상으로 떨어진다. 그런 다음에 우리는 필멸의 상태를 상실함으로써 인생의 여정을 끝낸다. 붙잡고자 하는 것은 자연스러운 일이지만, 상실의 불가피함은 오히려 우리가 가진 것을 소중히 여기고 그것이 우리 삶에 잠시 머무는 귀중한 존재임을 감사하며, 그것의 선물이 바로 그 일시성에 있음을 깨닫기를 요구한다. 영원히 우리 것이 될 것은 덜 소중하게 여겨진다. 반면 잠시 머무는 것은 가장 소중하다.

그리스 신화에서 불멸의 티토노스는 자신의 삶이 무의미하다고 느꼈다. 매 순간의 선택이 조금 있으면 거꾸로 뒤집힐 수 있기 때문이다. 그래서 그는 신들에게 필멸의 운명을 달라고 간청했다. 위험이 따르는 선택을 통해 자신의 삶을 의미 있게 경험할 수 있도록 말이다. 신들은 티토노스의 요구를 들어주었다.

비탄은 상실을 정직하게 인정하는 것이며, 상실은 가치를 정직하게 인정하는 것에 바탕을 두고 있다. 가치가 없으면 상실도 있을 수 없다. 우리는 상실을 슬퍼하면서 우리에게 주어진 선물들을 정직한 마음으로 찬미한다. 예를 들어, 사랑하는 사람을 잃는 슬픔은 매우 고통스럽지만 그 비탄 자체가 삶이 우리에게 가져다준 풍요로움을 기념하는 것이다. 우리는 풍요로움을 상실의 가능성 없이 가질 수 없으며, 상실 없이는 우리가 받은 선물을 온전히 소중히 여길 수 없다.

다시 말해, 통제를 추구하는 것은 우리 자아의 자연스러운 경향이며 자아가 가장 무서워하는 것은 상실과 쇠퇴이다. 따라서 자아는 인정하든 안 하든 상실의 심연 위를 떠돌며 언제나 공포에 가까운 상태로 살아간다. 12단계 프로그램의 그 유명한 기도문은 우리가 다스릴 수 있는 힘과 다스리지 못하는 힘을 구분하는 데 초점을 맞추고 있다. 이러한 일상의 분별력만이 마음의 평온을 얻을 수 있는 유일한 길을 제공한다. '평온'을 뜻하는 독일어 단어는

'Gelassenheit'인데, 이 단어를 글자의 뜻에 충실하게 옮긴다면 '내려놓음의 상태' 정도로 번역할 수 있다. 부처의 평온한 표정은 통제, 지배, 억제하려는 어리석음을 인식한 데서 비롯된다. 그는 상실에 대한 두려움과 지배에 대한 욕망을 극복했기에 자유롭고, 따라서 평온하다. 그런 평온은 시장 주도적 환상이 만들어내는 소유와 통제, 획득의 광기와 거리가 아주 멀다. 이 같은 광기로 인해 우리는 언제나 상실의 공포에 시달리고, 비탄의 정직성으로부터도 끊임없이 멀어지고 있다. 다시 말하지만, 누구든 소중한 것을 영원히 소유할 수 있다는 환상에서 자유로워져야만 마음의 평온을 경험할 수 있고 동시에 삶의 충만함을 온전히 음미할 수 있다.

배신

누가 다른 이를 배신해보지 않았으며, 누가 배신당해보지 않았겠는가? 우리는 너무나 연약한 그릇이어서 우리가 지지하고자 하는 이상에 훨씬 못 미친다. 우리는 자녀들을 위해 양심적으로 희생하는 데 많은 시간을 보내면서도, 그들을 위해 우리가 될 수 있는 최선의 모습이 되지 못함으로써 자녀들을 배신한다. 자신의 은밀한 의제가 끼어들 때마다 우리는 친구와 파트너를 배신한다. 늘 일어나는 일이다. 그러나 누가 그 숨겨진 의제를 억제할 만큼 강하거나 의식적일 수 있을까?

우리 중 누가 실존적 배신을 느끼지 않았겠는가? 욥처럼 인생과 계약을 맺었다고 가정하고 살다가 삶의 가혹함에 배신을 당했다는 느낌을 받아보지 않은 사람이 있을까? 우리가 우주와 그런 계약적 관계를 맺지 않았다는 사실이 우리를 배신감으로부터 보호해주지는 않는다. 그리고 그런 거래를 가장 많이 가정하는 사람들이 가장 큰 배신감을 느낄 것이다. 치료를 시작하며 어느 환자가 이렇게 묻는다. "치료를 받으면 암의 고통에서 벗어날 수 있을까요?" 여기에 등가교환은 없으며, '배신'은 그런 계약을 바라는 우리의 기대가 배신당한 것이다. 『전도서』가 몇천 년 전에 인정했듯이, 비는 정의로운 사람에게나 정의롭지 못한 사람에게나 똑같이 내린다. 거래는 이렇게 무의미하다.

그럼에도 삶은 우리가 서로를 신뢰하는 분위기에서 나아갈 것을 요구한다. 우리는 교차로에 닿으면 일단 정지하고 자기 차례를 기다릴 것이라고 서로 믿는다. 간혹 사고가 일어나곤 하지만 그래도 신뢰의 필요성은 여전하다. 신뢰하지 못하는 사람은 음모와 두려움이 팽배한 세상에서 살며, 동시에 배신을 과도하게 일반화하면서 피해망상에 시달리게 된다. 이처럼 배신에 민감하게 반응하는 행태는 종종 과거에 실제로 겪은 경멸이나 불공정, 학대 등에서 비롯된다. 그러나 정말로 무서운 것은 그처럼 상처받은 영혼이 과거의 유아적인 메시지에 얽매이고 또 두려움과 제한적인 인간관계의 지배를 받게 된다는 사실이다. 그런 사람은 배신을 지나치게 경계한 나머지 인간관계의 풍성함과 깊이를 절대로 경험하지 못할 것이다. 그들은 자신의 취약성을 보호하려다가 그만 자신의 모든 가능성을 날려버릴 수 있다.

그럼에도 배신의 늪지대에서도 우리는 어떤 과제에 직면한다. 배신은 우리를 축소시킬 수 있지만 동시에 우리를 확장시킬 수도 있다. 배신에 치를 떨면서도 사람은 이런 식의 건설적인 질문을 던질 수 있다. "그 사람에게 그것을 기대하는 것이 진정으로 옳은 일이었는가?" 대부분의 인간관계, 특히 친밀한 관계는 그 자체로 늘 실망의 여지를 안고 있다. 왜냐하면 상대방이 우리가 그 관계에 대해 은밀히 품고 있는 의제를 충족시키기란 실로 어렵기 때문이다. 상대방이 우리의 은밀한 목적을 몰라주면, 우리는 그 사람이 우리를 배신하고 있다는 느낌을 받는다. 앞에서 이미 확인한 바와 같이, 그런 기대는 자신이 책임져야 할 무엇인가를 타인에게 투사한 것이다. 우리는 언제나 타인을 실망시키고 있다. 타인도 마찬가지로 우리를 실망시키고 있다. 심지어 우리나 타인이나 똑같이 상대방을 실망시키지 않으려 노력하고 있을 때에도 그런 일이 벌어진다. 이런 은밀한 의제를 가지고 있다는 인식과 그에 따라 불가피하게 일어나는 배신은 우리로 하여금 가능성을 보다 현실적으로 평가하게 하고 또 자신의 인생 여정을 더 많이 책임지게 함으로써 관계를 부드럽게 만든다.

배신은 우리의 숨겨진 의존성을 드러낼 수도 있다. 우리가 타인에게 진정으로 원한 것은 무엇인가? 그들이 우리를 위해 무엇을 해줄 것으로 기대했는가? 혹시 타인이 우리를 삶의 요구사항으로부터 보호해줄 것이라고 기대하면서 우리가 성장을 멈춘 것은 아닌가? 잭 스플랫과 그의 아내는 확실히 합리적인 분업을 하고 있었지만, 우리는 결국 그릇을 스스로 비워야 한다. 어떤 인간관계에나 있는 상반된 요소들, 말하자면 호혜주의에 대한 합당한 기대와 책임 완수 사이의 긴장을 적절히 유지하면, 당사자들은 각자의 의식을 더욱 발달시키고 관계를 더욱 돈독히 할 수 있다. 대부분의 관계를 깊이 들여다보면, 당사자의 독립을 지원하려는 노력보다 의존성이 더 뚜렷이 보인다.

'자기'의 경험이 종종 자아에 대한 경멸로 느껴지는 것처럼, 이 영혼의 늪지대는 자아의 자율성을 뒤엎어버린다. 이 '패배'를 통해 자아가 성장을 이루고, 그렇게 함으로써 세상에서 더 큰 자율성을 성취할 수 있어야 한다.

회의와 고독

회의는 심오하고 또 효과적인 영적 동기부여 요소이다. 회의가 없으면 어떠한 고정관념도 극복될 수 없고, 어떠한 새로운 지식도 발견될 수 없으며, 상상력의 확장도 불가능하다. 회의는 자아를 불안하게 만든다. 확실성을 제시하면서 회의를 추방하겠다고 약속하는 이데올로기에 끌리는 사람은 절대로 성장을 이루지 못할 것이다. 그들은 확실성을 추구하면서 영혼의 죽음을 자초한다. 영혼의 본질은 영원히 가능성을 탐구하고, 더 큰 것을 추구하며, 확실성이라는 빙하의 녹아내리는 모서리를 밟고 있는 것이기 때문이다.

회의를 억누르면, 온갖 형태의 광신을 낳을 씨앗이 은밀히 생겨난다. 따라서 회의에 대한 억압은 편협한 신앙과 성차별, 동성애 혐오, 근본주의 그리고 다른 온갖 형식의 인공적인 확실성을 낳는 숨겨진 동력으로 작용한다. 융은 우리에게 이렇게 상기시킨다. "단지 믿기만 하고 생각하지 않는 사람은 최악의 적인 회의에 자신을 지속적으로 노출시키고 있다는 사실을 망각하고 있다. 믿음이 지배하는 곳이면 어디든, 그 뒤에는 회의가 웅크리고 있기 마련이다. 그러나 생각하는 사람은 회의를 환영한다. 왜냐하면 회의가 더 훌륭한 지식을 얻을 소중한 디딤돌 역할을 하기 때문이다."[41]

회의를 억압하는 것은 전형적으로 신경증에 대한 방어이며, 삶의 역설에 대한 방어이다. 그런데 우리 인간은 삶의 역설을 통해서 성장할 수 있다. 사실, 대부분의 경우 우리는 성장하기를 바라지 않는다. 자신이 어떤 종류의 예술을 좋아하는지, 또 어떤 종류의 신을 좋아하는지, 혹은 어떤 종류의 도덕적 구조를 좋아하는지를 안다고 말하는 사람은 자신이 아는 종류의 예술이나 신, 도덕적 구조를 좋아한다고 말하는 것이나 다름없다. 즉 자신을 더 편안하게 만드는 것을 좋아한다는 뜻이다. 영적 제약에서 벗어나는 것이 회의가 가져다주는 선물이다. 회의가 억압당하면 부분적 진실, 일방적 가치만 남고, 삶이 가져다주는 풍요로움을 훼손할 편견에 머물 것이다.

젊은 시절에 나는 연장자들의 믿음과 관행 일부를 회의하는 데 큰 죄책감을 느꼈다. 지금은 당시의 '죄책감'이 실제로는 나 자신의 영적 여정을 시작하는 데 따른 불안이었다는 사실을 잘 안다. 나는 연장자들의 인정을, 그들의 보증이 안겨줄 편안함을 그리고 그들의 동행을 잃을까 봐 두려워했다. 그러나 더 깊은 곳의 무엇인가가 나의 등을 더욱 세게 떠밀었고, 나는 회의가 언제나 나를 더욱 큰 세계로,

모순을 두루 포용하는 그런 세계로 안내한다는 사실을 확인했다.

더욱이 회의는 민주주의가 진정으로 작동하는 데 필수적이다. 전체주의는 권력과 확실성 혹은 규칙에 대한 회의를 두려워한다. 그러나 민주주의는 시민이 정책이나 지도자의 동기에 의문을 표현할 때에 번창한다. 자신의 몸과 자동차를 온통 국기로 휘감아서 모호한 상황을 벗어나거나, 정직한 토론을 광신적 애국주의의 구호로 압도하거나, 더 세련된 판단을 끌어낼 진지한 대화를 침묵시킴으로써 국가에 해를 끼칠 사이비 애국심을 고무하는 사람들과 민주주의 체제 아래의 사람들을 비교해보라.

역설적이게도, 정치 및 종교 기관이 전파하는 병적인 확실성은 사실 그들 자신의 불안정에 대한 무의식적 고백이다. 확실성이 그토록 격렬하게 과시되는 곳마다, 그 확실성은 대체로 무의식적 회의에 대한 보상이며 따라서 정직하지 못하다. 불안이 우리로 하여금 확실성을 움켜잡게 한다. 확실성은 독단적 주장으로 이어지고, 독단적 주장은 경직성으로 이어지고, 경직성은 우상숭배로 이어지고, 우상숭배는 언제나 신비를 추방하고 따라서 영적 편협을 낳는다. 한편 회의의 불안을 견디면 개방성으로 이어지고, 개방성은 계시로 이어지고, 계시는 발견으로 이어지고, 발견은 확장으로 이어진다.

회의는 또한 신비에 근본적으로 마음을 여는 데도 필수적인 요건이다. 우리 조상들이 진리로 열렬히 받아들인 생각을 그대로 받아들이기가 얼마나 쉬운가. 그럴 경우 우리도 검증되지 않은 사상을 영속화하는 데 일조하게 된다. 인류가 거듭해서 깨닫고 있는 진리는 우리가 더 많이 알게 될수록 신비가 더 커진다는 것이다. 수십 년 전에 배운 물리학, 화학, 유전학은 오늘날의 증거와 새로운 질문들에 부적절하다. 신체의 메커니즘이나 몸과 마음의 상호작용, 단순한 관찰을 초월하는 어떤 힘의 존재에 관한 지식은 갈수록 모호해지고 있다. 세상은 너무나 넓은데 우리의 의식적 능력은 너무나 제한적인 상황에서, 어떻게 모든 것에 회의를 품지 않을 수 있겠는가? 그렇다면 우리의 회의는 일종의 근본적인 신뢰이다. 세상은 우리가 알고 있는 것보다 훨씬 더 크다는 신뢰 말이다. 이 세상은 우리가 감당조차 하기 어려울 만큼 풍성하다. 그래서 우리의 성장은 회의가 세상의 진리에 닿는 열쇠라는 역설을 기꺼이 끌어안겠다는 의지를 필요로 한다.

그러나 회의는 우리를 근본적인 외로움의 장소, 외부의 인정이 없는 장소, 우리가 진정한 자신이 되고 진정으로 느끼는 것을 느낄 수 있는 곳으로 데려가기 때문에 위험하다. 외로움 자체는 영혼의 장애가 아니지만, 외로움에 대한 두려움은 영혼의 장애이다. 우리 모두는 외롭다. 군중 속에 있을 때도 그렇고, 누군가와 헌신적인 관계를 맺고 있을 때조차도 그렇다. 홀로 있을 때, 그때도 우리는 누군가와 함께 있다. 우리 자신과 함께 있는 것이다. 문제는 우리가 어떻게 우리 자신과 함께 있느냐이다. 자기 자신을 존중하는 법을 배우고, 자신과 대화하는 법을 배우며, 꿈과 같은 현상들이 자신의 내면 깊은 곳에서 자신과 소통하고 있음을 발견하는 사람은 진정으로 혼자가 아니다. 우리는 앞서 죄책감의 무력하게 만드는 힘 그리고 우리가 타인과 우리 자신의 기대를 충족시키기 어렵다는 인식에 대해 이야기했다. 그렇다면 자기 수용, 자기 용서, 자기 사랑 그리고 자신의 고독을 끌어안는 과제가 얼마나 절실한가.

우리는 자기애가 필요하다는 이야기를 자주 듣는다. 그러나 대부분은 그것이 어떻게 가능한지, 혹은 자기애가 무슨 뜻인지에 대해서 제대로 모르고 있다. 나르시시즘은 자기애가 아니며 자기 자신을 사랑하지 않는다는 고백이라는 사실을 우리는 잘 알고 있다. 이웃을 자기 자신처럼 사랑해야 한다고 말한 그 떠돌이 랍비의 말을 다시 되새길 필요가 있다. 우리 대부분은 그 계명에 대해서는 들었지만, 그런 사랑은 자기 자신을 사랑하는 만큼만 가능하다는 말은 아직 듣지 못했거나 이해하지 못했다. 자기 자신을 받아들이지 못하고 다른 사람을 받아들이기란 불가능하지는 않더라도 대단히 어려운 일이다. 그렇게 하려는 욕망이 있어도, 그것이 말처럼 쉽게 되지 않는다. 융은 성경의 이런 가르침에 대해서도 아주 유려한 글을 남겼다.

자기 수용은 도덕적 문제의 핵심이며 동시에 인생에 대한 전반적인 관점을 점검하는 리트머스 시험지와 같다. 거지에게 먹을 것을 주거나, 모욕적인 말을 용서하거나, 그리스도의 이름으로 적을 사랑하는 것도 의심할 여지없는 위대한 미덕이다. 나 자신이 형제 가운데 가진 것이 없는 자에게 하는 것은 곧 그리스도에게 하는 것이다. 그렇지만 만약에 그들 중에서 가장 허약한 자, 모든 걸인 가운데 가장 가난한 자, 모든 위반자 가운데 가장 무례한 자 그리고 악마 자체가 내 안에 있는 것으로 확인된다면 어떻게 할 것인가? 만약 내가 바로 나 자신의 친절이라는 자선을 필요로 하고 내가 바로 사랑받아야 할 적이라는 것을 발견한다면, 그때는 또 어떻게 할 것인가?[42]

우리 주변에 타자들이 아무리 많다 해도, 자기 자신으로부터 고립된 상태에서 영혼의 여정을 걸어가야 한다면 그 삶은 훨씬 더 외로울 것이다. 외로움으로부터의 도피는 곧 우리 자신으로부터의 도피인 것으로 드러난다. 태어난 순간부터 우리와 함께해온 유일한 존재인 우리 자신과의 관계를 무시할 때, 우리는 인간관계를 외로움에 대한 치료로 여기며 그 관계에 큰 부담을 안길 수밖에 없다. 융은 이 역설에 대해 이런 식으로 관찰했다. "외로움은 동반자 관계의 적이 아니다. (…) 왜냐하면 그 관계는 각 개인이 각자의 개별성을 기억할 때에만 번성하기 때문이다."[43] 자기 자신과 함께 있는 것도 견뎌내지 못하는 마당에, 어떻게 다른 사람에게 우리와 함께 있어달라고 요구할 수 있겠는가? 우리가 유한하고 불완전하고 깊은 결점을 안고 있는 존재이기 때문에, 사실 우리 자신과 함께하는 능력은 외로움에 대한 '치료'일 뿐만 아니라 다른 사람들에게 전하는 우리의 비밀스러운 선물이 될 것이다.

우울

한 동료가 몇 년 전에 미국 노스캐롤라이나주 애쉬빌 교외의 자그마한 산촌을 방문했다. 항우울제 프로작이 널리 쓰이고 있을 때였다. 그는 그곳 약국에 들렀다. 마을에서 유일한 약국이었다. 약사는 자기 마을의 성인 중 과반이 프로작을 복용하고 있다는 사실을 자랑스럽게 늘어놓았다. 약사는 이 산골에서도 '진보'가 더 이상 낯선 표현이 아니라고 강조했다. 정말로, 정신약리학의 성공은 대단하다. 미국은 '프로작 공화국'이라는 소리까지 들을 정도이다. 오늘날 정신의학은 정신치료를 위한 노력이라기보다 약리학적 도박에 가깝다. 미국인은 알약에서 행복을 찾을 수 있다고 믿는 사람들이 되어버렸다.

3장에서 시작한 주제인 우울증을 다시 살펴보자. 우울증을 다루기 위해서는 '우울depression'이라는 단어가 놀랄 만큼 서로 다른 원인, 존재 상태, 의미 수준을 지칭하는 데 사용되고 있음을 인식해야 한다고 한 대목을 상기하라. 아마 미국인의 4분의 1 정도가 체내의 화학적 불균형으로 고통받고 있을 것이다. 당뇨병과 같은 화학적 불균형은 약물로 가장 쉽게 치료된다. 그러나 의사들이 훈련받은 방식과 서구 문화의 사고방식 때문에, 우울증 증후로 고통받는 너무나 많은 사람들이 단순히 처방전을 받고 그 선에서 치료를 마무리한다. 삶의 의미가 우울증에 문제로 작용하는지, 부작용은 없는지 등은 전혀 신경을 쓰지 않는 분위기이다. 당신의 의사나 보험회사, 제약회사 판매사원이 당신이 알약을 복용하고 있다는 사실만 확인하면 그만이라는 식이다. 우울증을 앓는 사람을 놓고 삶에 관한 질문을 던질 생각은 조금도 하지 않는다.

또 다른 종류의 우울증은 그 성격상 반응적이며 대체로 일종의 상실을 겪을 때 나타난다. 사랑하는 사람을 잃었거나 외부 세계의 급변, 혹은 한때 소중히 여겼던 가치를 상실했을 때에도 이런 우울증이 나타난다. 이 같은 상실 앞에서는 반응을 보이지 않는 것이 오히려 병일 것이며, 혹은 처음부터 그것에 아무런 가치를 부여하지 않았다는 것을 암시할 것이다. 반응성 우울은 아주 오래 이어지거나 우리 삶의 수행에 지나치게 간섭할 때에만 병이 된다. 하지만 그 기간이 아주 길다거나 우울증이 삶에 지나치게 많은 영향을 미치고 있다고 판단하는 사람은 누구인가? 반응성 우울은 주관적인 상태로, 오직 주관적인 기준, 말하자면 당신이 어떤 식으로 우울을 겪고 있는지, 우울증이 당신에게 가하는 피해는 무엇인지, 우울증 때문에 당신이 하지 못하는 일은 무엇인지에 의해서만 판단될 수 있다. 이때 약물 처방은 이러한 유용한 질문을 혼란스럽게 하거나 모호하게 할 가능성이 있다.

우리 모두가 때때로 겪는 세 번째 종류의 우울은 정신내적 우울이라 불리며, 우리의 문화 혹은 선택이 우리의 영혼에 가하는 충격에 대한 정신의 자동적 반응으로 나타난다. 우리가 외적 세계에서 외적인 기준으로 제아무리 큰 성공을 거두었다 하더라도, 영혼의 뜻에 따라 살고 있지 않다면 우울증이 나타날 가능성이 크다. 내가 무엇인가를 열심히 하는데 그것이 영혼이 의도한 것이 아닐 경우, 나는 우울증을 심하게 겪을 것이다. 이러한 내적 갈등의 순간에 우리가 불쾌한 감정을 떨쳐낼 방법보다 더 큰 질문, 이를테면 '그렇다면 내 영혼의 소명은 무엇인가'라는 질문을 던질 수 있다면 우울증의 잠재적 가치가 드러날 것이다. 만약 내가 겸허하게 이 질문에 자신을 내맡길 수 있다면, 나는 외부 생활의 큰 변화, 내가 지나치게 의존해왔던 오래된 가치관의 대체, 또는 나를 위협하는 성장의 의제에 직면할 수 있다. 그러나 나는 덜 우울해질 것이다.

'우울'이라는 일반적인 단어로 두루뭉술하게 표현되고 있는, 서로 꽤 다른 상태를 엄격히 구분하는 것이 매우 중요하다. 만약 우울의 기원을 제대로 이해하지 못하고 공통적인 증후와 다양한 원인을 혼동한다면, 우리는 우울을 파고들면서 그 잠재적 의미를 찾는 데 실패하고 말 것이다.

언젠가 고환암을 앓고 반응성 우울증에 빠진 젊은 남성을 상담한 적이 있다. 그는 자신을 대단히 강하게 압박하면서 우울하게 만들었던 가족으로부터 멀리 떨어지려고 노력하고 있었다. 게다가 그는 생물학적 우울증까지 겪고 있었다. 그에게는 약물치료와 심리치료의 결합이 필요했다. 두 가지를 병행한 결과 그는 둘 중 하나만 선택했을 때보다 훨씬 더 빨리 그리고 훨씬 더 의식적으로 진정한 삶의 궤도로 다시 올라설 수 있었다. 그러나 우리 정신과 의사나 내과 의사, 또는 심리치료사는 얼마나 자주 이러한 우울증의 종류를 설명하고 소통하는 것을 소홀히 하고, 모두를 똑같이 치료하면서 많은 문제를 미해결 상태로 남겨두는가?

우리 중 과반은 심각한 무기력을 유발하는 우울까지는 아니더라도 적어도 부분적인 가벼운 우울증을 겪는다. 문화적 의제를 따르려 노력하면서 그와 동시에 영혼의 목소리와 완전히 조화를 이루는 삶을 영위할 수 있는 사람은 그리 많지 않기 때문이다. 이 실존적 조건을 살펴보면, 우리 모두가 답해야 할 질문이 있음을 알게 된다. 우울증이란 무엇인가? 삶이 스스로를 표현하려 하지만 '억눌려 있는 상태'가 아닌가? 우리 내면에서 살아가기를 원하는 것은 무엇인가? 그것을 찾아내고 에너지를 부여하며, 가치를 인정하고 세상에서 실행에 옮긴다면, 우울증은 사라질 것이다.

따라서 우리는 스스로에게 이렇게 물어야 한다. '지금 나는 어디에서 막혀 있는가? 해묵은 두려움에 갇혀 옴짝달싹 못 하면서 무력한 우울증이 일어날 조건을 거듭 강화하고 있지 않나?' '어떤 새로운 생명력이 나를 통해 살기를 원하고 있고, 그 생명력을 현실로 살려내기 위해 내가 할 일은 무엇인가?' 결국, 정신내적 우울은 우리의 본성이 정신 역학적으로 반응한 결과이다. 그렇다면 우리 본성의 의도를 존중하는 것이 바로 치유의 시작이다.

중년과 인생 후반에는 우울증을 자주 겪는다. 우리가 선택했거나 혹은 선택당한 삶에 대해 영혼이 더욱 강하게 항의하기 때문에 나타나는 현상이다. 자아의 태도는 그것이 제아무리 솔직하고 문화적으로 강화될지라도 언젠가는 소진되며, 그러면 우리는 노력을 배가한다. 이런 마당에 우울해지지 않을 도리가 있겠는가?

융은 이에 대해 은유적으로 이렇게 표현했다. "하나의 신경증은 하나의 모욕받은 신이다."[44] 융이 뜻하는 바는 우리 내면의 어떤 에너지가 억눌리고 억압되고 분열되고 타자에게 투사되고 그리하여 상처받거나 '모욕받았다'는 뜻이다. 고대 세계가 영적 고통의 기원을 무시당하고 있는 신으로 설명한 것과 똑같이, 우리의 치유도 심층적인 심리와의 대화를 요구한다. '신성'에 대한 존중이란 우리 내면을 흐르면서 더 충만한 표현을 추구하고자 하는 에너지를 존중하는 것이다. 그 에너지를 부정하는 것은 우리 안에 있는 신성을 병리화하며 자기 소외를 심화시키는 것이다.

따라서 정신내적 우울은 더 깊은 차원의 회복을 꾀하라는 초대장이나 다름없다. 말하자면 삶의 표면을 그 깊이에 맞춰 재조정하라는 부름인 것이다. 우울증이 간청하는 의제를 인정하면 더 큰 불안이 엄습할 수 있다. 그러나 성장과 변화 그리고 더 큰 삶으로의 이동에 따른 동요가 삶을 저해하는 우울증의 비참함보다는 훨씬 낫지 않은가. 영혼의 진정한 고통에 대한 완화제로서 대중문화처럼 오락을 강조하거나 많은 심리치료사처럼 약물치료를 강조하는 접근법은 그 의도가 아무리 좋을지라도 우리의 더 큰 이익을 배반한다. 우울증을 치료하는 비결은 생화학적 물질을 이용한 진압이 아니라 우울의 의미를 묻는 데서 발견된다. 이러한 탐구적 접근은 우울증을 겪는 본인의 삶을 확장시키며, 마음을 열 의지가 우리에게 있다면 영혼은 반드시 방향을 제시할 것이다. 나를 포함한 일부 사람들은 결과적으로 우울증을 큰 축복으로 바꿔놓을 수 있었다. 왜냐하면 우울증이 우리로 하여금 더 의식적인 존재가 되도록 하고 삶을 변화시키도록 만들기 때문이다.

중독

잘 아는 바와 같이, 우리는 지금 중독을 낳는 문화에 살고 있다. 중독이 심한 이유는 우리의 정신적 뿌리가 깊은 신화적 바탕과 단절되어 있기 때문이다. 신화와의 단절은 불안의 웅성거림을 꾸준히

증가시키는데, 이 소음은 언제나 가장 무심한 형태의 도피 바로 아래에서 들려온다. 중독에서 자유로운 사람은 하나도 없다. 중독이 불안 관리의 한 기법이고, 또 불안 관리의 목적이 우리가 느끼는 정신적 고민을 누그러뜨리는 것이기 때문이다. 이런 불안 해소의 패턴이 없는 사람은 아무도 없다. 어떤 사람은 담배로, 어떤 사람은 음식으로, 또 어떤 사람은 친구에게 전화를 거는 것으로 스트레스를 푼다. 또 일로 스트레스를 푸는 사람도 있고, 집 청소 같은 단순 반복적인 활동이나 간절한 기도로 스트레스를 푸는 사람도 있다.

서로 다른 이 모든 행위는 의식적으로든 무의식적으로든 실존적 불안을 다룬다는 공통점이 있다. 이들은 강박적 성격을 지니며, 이는 곧 우리의 의식적 통제나 자각 밖에서도 생명력을 발휘한다는 것을 의미한다. 또한 이 행위들은 기껏해야 스트레스를 부분적으로만 해소해줄 뿐이다. 만약 그 행동을 통해 어떤 안도감도 얻지 못한다면, 우리는 안도감을 얻을 수 있는 다른 행동으로 옮겨갈 것이다. 하지만 그러한 안도감은 언제나 일시적이다. 조금 있으면 다시 불안이 일어나고, 그러면 불안을 누그러뜨린 그 행동을 다시 행해야 한다. 바로 거기에 중독의 낚싯바늘이 숨어 있다.

우리가 만들어낸 삶이나 받아들인 삶, 또는 우리에게 강요된 삶이 우리 영혼의 욕구를 충족시키지 못할수록 우리는 중독으로 이어지는 불안을 더 많이 겪을 것이다. 그래서 지금 우리 사회처럼 소외를 피하기 힘든 사회에서 중독은 뿌리를 내릴 수 있는 터전을 언제든 발견한다. 남은 문제는 중독적인 행동의 부작용에 따른 피해가 어느 정도인가 하는 점이다.

중독을 '치료'하거나 마약 거래를 억제하거나, 새로운 사회적 프로그램을 만들려는 선의의 노력은 실패의 운명을 맞게 되어 있다. 왜냐하면 핵심적인 문제, 즉 자연적 가치가 아니라 인공적인 가치를 기준으로 살아가는 문화에 만연한 불안은 결코 의식적으로 다루어지지 않기 때문이다. 마찬가지로 겉으로 드러나는 중독적인 행동을 퇴치하려는 종교의 노력도 단순히 그 불안을 지하세계로 몰아붙일 뿐이다. 지하세계에서 불안은 아동 또는 배우자 학대, 건강 문제, 간신히 통제되는 분노 등의 다른 출구를 찾을 수밖에 없다. 억압된 감정은 불가피하게 다른 출구로 누출된다.

"그냥 거절하세요just say no"라고 외친 미국의 어느 퍼스트레이디의 충고는 얼핏 매력적으로 들리지만, 결국 어떤 식으로든 방어책을 찾게 만드는 불안의 침범 앞에서는 효과가 없다. 아마도 가장 미묘하고 가장 만연한 중독 관리 기술은 습관 그 자체일 것이다. 우리가 불안이나 모호함을 물리치는 한 수단이 바로 습관이기 때문이다. 당신의 습관이나 일상적으로 하는 일, 혹은 늘 품어왔던 기대가 방해를 받을 때 얼마나 짜증이 나는지, 즉 얼마나 불안한 마음이 커지는지에 한번 생각해보라.

이렇듯 중독적인 행동의 기원은 이해도 되고 용서도 되긴 하지만, 그 행동이 우리의 삶과 주변 사람들에게 미치는 영향은 그야말로 파괴적이다. 중독적인 행동에 빠지면 우리는 진정하고 성숙한 자세로 삶에 임하지 못할 뿐만 아니라 다람쥐 쳇바퀴 도는 듯한 태도를 보이게 된다. 더욱이 이 반복적인 사이클 안에서 중독은 우리를 과거에 얽매이게 함과 동시에 미래를 불안한 마음으로 보도록 만든다.

그보다 더 나쁜 것은 중독이 '치료 계획'에 강박적으로 매달리게 함으로써 우리의 삶 자체를 좁혀놓는다는 사실이다. 중독에 빠진 사람은 반복적인 행동을 통해서 불안을 '치료'한다. 흡연자는 다음 흡연에 대해 걱정하고, 술꾼은 기분을 전환할 수 있을지에 대해 걱정하고, 쇼핑 중독자와 도박꾼은 눈덩이처럼 불어나는 지출에 대해 걱정한다. 한편 폭식하는 사람은 칼로리를 계산하고, 강박적 완벽주의자는 다음에 저지를 죄나 결점에 대해 걱정하며, 워커홀릭은 모든 것을 완수해야 한다는 불가능한 부담 아래 끙끙거린다.

치료가 치료하려는 대상보다 더 나쁠 수 있을까? 중독의 굴레를 깨기 위해서는 강박적 행동이 무엇을 지키고자 하는지 직시해야 한다. 그 불안 상태 속으로 깊이 들어가서 우리가 이미 느끼고 있는 것을 정말로 느끼고 그것에 의해 실제로 파괴되지 않을 것이라는 사실을 확인하는 과정이 중독을 '통과하여' 중독의 반대편에 닿는 방법이다. 이는 불안을 여전히 느끼면서도 불안에 지배당하지 않는 상태에 도달한다는 의미이다.

대체로 사람들은 불안에 따른 대가가 너무 큰 탓에 절망에 빠져 달리 어떻게 해볼 수 없는 막다른 상황에 처할 때만 불쾌한 감정을 직시하려 한다. 금전적 비용, 건강 악화, 인간관계에 지워진 부담, 좁아진 삶 등은 불안 자체에 비하면 터무니없을 만큼 대가가 크다. 불안을 의식적으로 인정하려면 분명 결단이 필요하겠지만, 중독적 순환의 대가만 제대로 이해해도 불안을 의식적으로 인정할 수 있을 것이다. 불안이 아무리 크더라도 우리가 개발한 '치료 계획'이 우리 삶을 강탈하는 것을 무시해서는 안 된다. 원래 하인이었던 치료 계획이 거꾸로 우리의 주인이 되어버리고, 그래서 이런 상황을 받아들일 수 없다고 결론을 내릴 수도 있다. 어쨌든, 하이데거가 관찰했듯이 '끔찍한 일'은 이미 일어났다. 이 같은 사실을 인정한다는 것은 곧 자신이 느끼는 것을 느끼고, 이미 겪은 고통을 겪으며, 자신의 여정을 다시 한번 새롭게 시작할 힘을 모으겠다고 결단할 수 있다는 뜻이다.

불안

근본적으로 우리 문제를 거슬러 올라가면 예외 없이 불안에 닿는다. 앞에서 본 바와 같이, 우리는 공통적으로 광대한 우주 앞에서 느끼는 압도나 버림받을지 모른다는 걱정으로 인한 실존적 불안을 안고 있다. 우리 삶에서 불안이 맡는 특정 역할은 삶이 우리에게 가져다준 다양한 조건, 우리 자신의 본성과 성격의 반응, 그 반응이 낳을 다양한 결과에서 비롯된다. 이 세 요소의 상호작용이 각 개인의 독특한 불안 경험을 형성한다.

먼저 '앙스트angst(실존적 불안)'와 불안anxitey 그리고 두려움fear을 구분할 필요가 있다. 앙스트는 인간 조건에 수반되는, 충분히 예상할 수 있는 불안 혹은 공포를 뜻하는 독일어 단어이다. 이는 우리의 첫 숨부터 마지막 숨까지 절멸의 위협이 뚜렷하고 현재적인 까닭에 누구나 느끼게 되는 불안을 의미한다. 우리의 허약한 생존 상태는 거대한 심연 위에 떠 있으며, 우리의 전략이 아무리 주의를 딴곳으로 돌리더라도 우리가 이 단순한 사실을 모르는 채로 지나가는 날은 없다. 이 앙스트를 정상적인 것으로 받아들이는 것은 건전하다. 오히려 그것을 부정하는 것이 병리적이며 또 조만간 삶의 궤도를 벗어나게 할 행동을 낳거나 더 심하게는 삶의 여정을 망쳐놓고 말 것이다. 우리에게 주어진 과제는 무서운 절멸의 위협 속에서도 자신의 삶을 충실하게 사는 것이다. 그렇게 하지 못하는 것은 곧삶을 폐기하는 것이며, 그러면 우리는 삶을 제대로 영위하지 못한실패한 존재가 될 것이다. 철학자 토머스 홉스Thomas Hobbes가 말했듯 삶이 역겹고 잔혹하고 덧없다면, 그럼에도 불구하고 그것을살아라. 불안을 심하게 느낀 나머지 스스로를 부적절하거나 결함을안고 있는 존재라는 식으로 쉽게 판단해버리는 내담자를 자주 만난다. 분명히 말하지만, 정신병을 앓고 있거나 무의식적으로 사는 사람만이 불안에서 자유로울 수 있다. 불안에서 벗어나기 위해 그들이 치르는 대가가 너무나 크지 않은가?

불안은 마음대로 떠돌고 어디에도 매이지 않는다. 우리가 자동차를 몰고 있는 도로를 뿌옇게 덮고 있는 안개와 다르지 않다. 그러나두려움은 꽤 구체적이다. 만약 불안을 구체적인 두려움으로 전환할수 있다면 강력한 한 걸음을 내딛은 것이다. 이 대목에서 당신은 분명히 불안과 두려움을 맞바꾸는 것은 결코 승리가 아니라고 생각할것이다. 불안은 모호하고 사람을 무력하게 만든다. 그러나 두려움의 구체성은 의식이 충분히 다룰 수 있다. 우리의 두려움은 대체로무력했던 우리의 과거에서 비롯되므로, 의식적이고 또 권능이 훨씬 더 세진 지금이라면 두려움에 맞설 수 있다.

대부분의 경우, 예상 가능한 이런 두려움은 그 증후가 육체적으로 나타나지 않을 수 있다. 만약에 육체적으로 나타난다면, 우리는 대체로 그것들을 다루거나 극복할 수 있다. 아이에게 압도적이었던 것이 심리적으로 더 성장한 어른에게는 단지 문제가 되는 선에서 그친다. 그러나 현재의 불안 그 아래에 어린 시절의 두려움으로 거슬러 올라가는 실마리가 묻혀 있다는 사실을 알게 될 때, 그 사람은 자신을 무기력하게 만드는 불안의 비밀을 알게 될 것이다. 불안의 안개 속에서 두려움의 구체성을 보고, 어른으로서 그 두려움에 맞서면 불안의 폭정을 깨부술 수 있다. 그러나 어떤 사람의 정신적 근육이 아무리 튼튼하고 또 '치료 계획'이 아무리 중독적일지라도, 불안에서 완전히 자유로워질 수는 없다. 이는 비현실적이고 또 기만적이다. 적어도 인간이 공통적으로 안고 있는 불안의 조건에 수치심이라는 '부식腐蝕의 힘'까지 보태서는 안 된다.

충분히 깊이 들여다본다면, 자신이 하는 행동 중 많은 것의 뿌리에서 불안이나 불안 관리를 발견할 수 있을 것이다. 이 발견이 물론 당혹스럽지만, 우리 삶과 주변 사람들의 삶에도 불안이 작용하고 있다는 사실을 깨달으면서 자신과 서로에 대해 더 큰 연민을 느낄 것이다. 알렉산드리아의 필론Philo of Alexandria은 "친절하라. 그대가 만나는 사람은 모두 힘든 싸움을 하고 있다"라고 말했다고 한다. 만약 자기 자신만이 아니라 다른 사람도 그런 싸움을 하고 있다는 점을 받아들이고, 불안을 정상적인 상태로 받아들이고, 그 불안에서 두려움의 뿌리를 찾아내고, 그런 다음에 우리가 할 수 있는 최선을 다하고 나머지는 용서한다면, 우리는 마침내 불안을 덜 느끼게 될 것이다.

영혼의 늪지대를 어찌 피할 수 있을까

우리 문화에는 일반적으로 지금까지 묘사한 그런 늪지대로의 방문 자체를 피하거나 해결할 수 있다는 환상이 있다. 우리는 인생의 후반부가 혼란 없이 말끔하기를 바란다. 여기서 다시 생각해보자. 운명과 자연의 심오한 힘, 우리 역사의 자율적 힘, 우리 자신의 선택 등이 수시로 우리를 늪지대로 이끈다. 올바른 생각과 올바른 행동, 올바른 신학 심지어 올바른 심리학이 아무리 많아도 우리를 그런 하강으로부터 구해내지 못할 것이다. 그렇지 않다고 약속하는 사람은 모두 사기꾼이다.

늪지대의 스트레스 아래에서, 우리는 우리를 거기까지 데려온 바로 그 이해와 전략, 태도를 계속해서 사용함으로써 더 퇴보할 가능성이 크다. 만약 어떤 사람이 깊은 구덩이에 빠졌는데 손에 삽이 한 자루 쥐어져 있다면 그 삽을 쓰고 싶은 유혹이 강하게 일어날 것이고 그러면 그는 더욱 깊이 빠져들 것이다. 그럴 것이 아니라, 영혼의 늪지대를 우리가 가진 힘에 대한 환상을 견제하는 불가피하고 필연적인 대응물로 여겨야 하지 않을까? 우리가 외부 세계를 더 많이 정복할수록 내면세계의 동요가 그만큼 심해지는 것이 그저 우연일까? 삶의 지속적인 과정은 우리에게 고통을 피할 것을 요구하지 않는다. 오히려 고통 앞에서 더 의미 있게 살 것을 요구한다.

대중문화의 달콤한 말과 달리, 삶의 목표는 행복이 아니고 의미이다. 고통을 교묘히 피함으로써 행복을 추구하는 사람들은 삶이 더욱더 피상적이 되어가는 것을 발견할 것이다. 앞에서 확인한 바와 같이, 모든 늪지대에는 과제가 있다. 이 과제를 수행하면 그 사람의 삶은 축소되지 않고 더욱 확장될 것이다. 삶은 최종적으로 해결해야 할 어떤 문제가 아니고, 우주와 끊임없이 교감하는 과정이다. 이 교감을 통해서 우리는 삶을 최대한 충실하게 살라는 부름을 듣는다. 우리는 그런 식으로 삶을 충실하게 살면서 우리를 통해 존재하게 될 초월적 의미를 섬긴다. 만약 삶을 충실하게 살라는 부름을 피한다면 바로 자신의 본질적인 목적을 위반하는 셈이 된다.

인생의 후반에는 패배와 실망을 많이 경험하게 된다. 친구를 잃고, 자식을 떠나보내고, 에너지를 잃고, 결국에는 삶 자체를 잃는다. 이처럼 패배로 보이는 상황에 누가 감히 인생을 가꾸겠다고 나설 수 있겠는가? 그럼에도 인생은 우리에게 인생 전반에 추구했던 획득의 의제와 마찬가지로, 이러한 상실의 의제를 강하게 끌어안으라고 요구한다. 카를 융은 이에 대해 이렇게 썼다.

인생의 정오라는 비밀스러운 시간에 포물선은 반전되고, 죽음이 태어난다. 인생의 후반은 상승이나 전개, 증가 또는 풍요를 의미하지 않고, 오히려 죽음을 의미한다. 왜냐하면 끝이 목표이기 때문이다. 삶의 완성을 부정하는 것은 삶의 종말을 받아들이길 거부하는 것이나 마찬가지이다. 둘 다 삶을 살길 원하지 않는다는 뜻이며, 살기를 원하지 않는 것은 죽기를 원하지 않는 것과 똑같다. 하나의 곡선은 차고 기욺으로써 완성되는 법이다.[45]

영혼의 늪지대가 의식적으로 아무리 불쾌하게 느껴질지라도, 그 늪으로부터 도피하는 것은 곧 삶의 전일성을 피하는 것이다. 삶의 전일성은 오직 역설로만 표현될 수 있으며, 역설을 배제하는 심리학이나 세계관은 삶의 절반을 배제하는 것이다.

좋은 기분을 느끼도록 하는 데에 초점을 맞추는 우리 문화의 심각한 역설은 우리가 불확실성을 점점 더 강하게 느끼고 우리 삶이 정말로 의미가 있는지 점점 더 의심하게 된다는 것이다. 좋은 기분은 삶의 척도로서 너무 허약하다. 그러나 의미 있게 사는 것은 삶의 척도로서 아주 훌륭하다. 왜냐하면 의미 있는 삶을 중요하게 여기면 퇴행적이지 않고 발전적인 삶을 살 수 있을 것이기 때문이다. 우리는 결코 삶을 매끈하게 살아내지 못한다. 삶은 남루하고, 진리는 그보다 더 남루하다. 자아는 편안해질 수 있다면 무슨 짓이든 하려 들 것이다. 그러나 영혼은 전일성에 관한 것이며, 이 사실은 자아를 더욱더 불편하게 만든다. 전일성은 안락이나 선함, 합의를 의미하지 않는다. 짧고 독특하며 깊이 뿌리내린 인생이라는 포도주를 그 찌꺼기까지 다 들이켜는 것을 의미한다.

인생 후반에 자아 의식의 임무는 그때까지 가던 길에서 벗어나서 더 큰 영적 의제를 받아들이는 것이다. 젊은 자아의 환상과는 달리, 더 큰 삶은 종종 고통의 대초원에서 발견될 것이다. 삶의 완성은 뉴에이지가 추구하는 초월의 높은 봉우리나 복잡성을 피하려는 근본주의의 두려움에 찬 도피가 아니라 예이츠가 "인간적인 기질의 격노와 수렁"이라고 불렀던 곳에서 발견된다. 이런 길을 통해서만 우리는 성장한다. 또 우리는 고통과 패배의 와중에서, 너무나 풍요로워서 다 끌어안지도 못할 만큼 큰 의미의 가능성을 발견한다. 고통을 끌어안고 모순을 받아들이려는 용기 덕분에 우리 인간은 높이 평가받을 가치를 지닌다. 융은 이를 이렇게 표현한다. "겉으로 보기에 견뎌낼 수 없을 것 같은 이 갈등이 당신의 삶이 제대로 되었음을 증명한다. 내면의 모순이 전혀 없는 삶은 반쪽의 삶에 불과하며 오직 천사들에게만 예정된 내세의 삶이다. 그러나 신은 인간 존재를 천사 그 이상으로 사랑한다."[46]

그 순간에는 이해하지 못할지라도, 각 늪지대의 방문은 삶의 확장으로 이어진다. 왜냐하면 그 방문이 더 깊은 의식으로 통하는 문이기 때문이다. 이러한 상반된 경험만이 삶의 확장을 가져온다. 솔직히 말하면, 우리는 성장하고 싶지 않다고 느낄 수도 있다. 그러나 인생은 우리에게 그 이상을 요구한다. 운명 앞에서 우리가 매일 해야 할 의무는 그리스 소설가 니코스 카잔차키스Nikos Kazantzakis가 묘사한 군인의 임무와 같아야 한다. 그 군인은 이렇게 말한다. "장군님께 올리는 보고입니다. 오늘 제가 한 일은 이것이고, 제가 맡은 구역 안에서 전체 전투를 위해 이렇게 싸웠으며, 이러한 장애물을 만났고, 내일은 이렇게 싸울 계획입니다."[47]

11장
어떻게 영혼을 치유할 것인가

비록 우리가 내륙에 있지만,
우리의 영혼은 우리를 이곳으로 데려온
불멸의 바다를 보고 있다.

윌리엄 워즈워스William Wordsworth,
「송시: 유년기 회상에서 얻은 불멸의 암시
Ode: Intimations of Immortality from Recollections of Early Childhood」

살아 있는 동안 당신의 밧줄을 끊지 않는다면
죽은 후에 유령이 대신 끊어줄까요?

카비르Kabir

아일랜드 시인 예이츠는 오랫동안 탁월한 창작 활동을 이어가면서 주제와 문체, 개인적 철학을 자주 바꿨으며, 가끔은 자신이 키워온 독자를 뒤로 하기도 했다. 이처럼 계속되는 혼란스러운 변화에 대한 비난이 제기되자, 그는 이렇게 대답했다.

친구들은 그게 나의 잘못이라고 하네.
나의 노래를 다시 다듬을 때마다
어떤 문제가 걸려 있는지 알아야 하네.
내가 다시 다듬고 있는 것은 나 자신이네.[48]

예이츠가 끊임없이 변화를 추구한 것은 자신의 재능에 충실하고 또 영혼의 부름을 따르자고 했기 때문이다. 둘을 함께 추구하는 것이 그의 소명이었다.

그렇다면 우리는 어떻게 우리 여정의 급격한 변화를 견디고, 어떻게 여정을 지속하면서 동시에 영혼을 치유할 수 있을까? 때로 영혼의 치유는 우리나 우리 환경이 그 과정을 방해하지 않을 때 자연스럽고 본능적으로 일어난다. 우리가 영적 치유의 문제를 다루어야 한다는 사실 자체가 문명의 역사에서 우리가 어디에 서 있는지를 보여주는 척도이기도 하다. 만약 대중문화의 이미지들이 영혼의 욕망을 효과적으로 지지한다면, 우리에게는 성찰이나 치료, 또는 확장된 의식을 일깨우는 책들이 필요하지 않을 것이다.

지금까지 몇 세기 동안 기술적으로 크게 향상된 문화는 물질세계, 의료, 교통, 통신 분야에서 엄청난 진전을 이루었고, 심지어 새로운 가상현실까지 만들어냈다. 그럼에도 우리는 천성으로부터 점점 더 멀어지고 있고, 자기 생명과의 본능적 관계를 점점 더 많이 잃고 있다. 이러한 괴리가 얼마나 심한지 심지어 '영혼'이라는 단어조차 한편에서는 뉴에이지의 교묘한 예술가들에 의해 전용되고, 다른 한편에서는 교육 및 과학 공동체에 의해 기피의 대상이 되고 있다. (심리학까지도 행동과 인지, 생화학이라는 더 작은 형태를 선호하며 마음이나 영혼을 진지한 고려의 대상에서 추방해버렸다는 사실을 상기하라.) 우리는 다른 곳에서 진보할수록 더욱 커지는 신비 앞에서 점진적인 용기 상실을 겪는다. 이러한 용기 상실은 우리를 더 작은 질문과 더 작은 삶으로 이끈다.

지난 4세기 동안 일어난 모든 변화 가운데서 가장 큰 손실은 아마 '영혼'이라는 단어가 가리키는 신비를 둘러싼 대화가 줄어들었다는 점일 것이다. 햄릿을 우리의 첫 번째 현대적 동지라고 부를 수 있을 것이다. 햄릿은 우리처럼 명확한 행진 명령을 받고 있지만, 그의 결심은 우리의 결심처럼 '허약한 사고의 틀로 인해 약해지고' 결심을 '행동으로 옮길 힘을 잃었다'. 달리 말하면, 그도 우리처럼 신경증 환자였다. 그의 의식적 의도는 우리의 의도처럼 내면의 알 수 없는 힘에 의해 좌절된다. 햄릿은 이렇게 고백한다. 현대인들처럼 악몽에 시달리지 않았더라면, 자신은 호두 껍데기 안에 갇혀 있으면서도 스스로를 무한한 공간의 왕으로 여길 수 있었을 것이라고 말이다. 그는 자신이 사는 세계에도 이방인이고 자기 자신에게도 이방인인데, 그런 그가 우리에게 대단히 친숙하게 다가온다.

괴테Johann Wolfgang von Goethe의 『파우스트』에서도 우리는 현대인의 형제를 발견할 수 있다. 그는 어떠한 대가를 치르더라도 모든 것을 알기를 원하지만, 막상 청구서가 날아들면 겁을 먹는다. 고귀한 파우스트가 지식 탐구를 더 이상 윤리적 기반과 연결할 수 없을 때 '물질적 이익을 위해 정신적 가치를 파는' 존재가 된 과정을 우리는 잘 알고 있다. 카프카의 「시골의사」를 통해 우리는 세상이 한때는 검은 가운을 입은 사제를 불렀다가 그가 제대로 구원하지 못하자 흰 가운을 입은 성직자를 불렀다가 그도 역시 구원할 수 없음이 증명되었다는 것을 알게 된다. 그런데도 우리는 아직 우리의 제도가 지닌 한계에 대해 그리고 심지어 우리의 가장 고귀한 이상에도 드리워진 그림자 같은 의제에 대해 모르고 있단 말인가?

그런 예언자 같은 예술가들로부터, 정신병동에 갇혀 있는 수백만 명의 목소리로부터, 길을 잃고 외로워하며 절망에 빠진 사람들의 고민에 찬 외침으로부터, 텔레비전 앞에서 말을 잃어버렸거나 길 잃은 양떼처럼 쇼핑몰을 떠돌거나 사교 모임에서 타인의 인정을 얻기 위해 무의미하게 치장을 하는 사람들로부터, 우리는 빛을 발하던 각자의 영혼이 얼마나 깊은 지하로 내몰렸는지 배운다. 만약 영혼의 치유를 본격적으로 생각한다면, 우리는 그 단서를 찾아 자신의 내면을 깊이 들여다보고 영적으로 조율된 눈으로 우리가 사는 세계를 근본적으로 다시 살필 의지를 갖춰야 한다. 그 이유를 융은 이렇게 설명한다.

인간의 정신을 알기를 원하는 사람은 누구든 실험 심리학에서는 거의 아무것도 배우지 못할 것이다. 그는 차라리 학자의 가운을 벗어던지고, 연구실에 작별을 고하고, 인간적인 마음으로 세상을 방랑하는 것이 좋을 것이다. 을씨년스러운 교도소와 정신병동과 병원에서, 칙칙한 교외의 선술집에서, 매춘굴과 도박장에서, 우아한 사교계의 살롱에서, 증권거래소에서, 사회주의자들의 회합에서, 교회에서, 부흥회에서, 사랑과 증오를 통해서, 자신의 신체로 온갖 형태의 열정을 경험함으로써, 그는 1피트 두께의 교과서가 줄 수 있는 것보다 더 풍부한 지식을 얻을 것이다. 그러면 그는 인간 영혼에 대한 진정한 지식을 바탕으로 병든 사람을 치료하는 방법을 알게 될 것이다.[49]

따라서 자신의 삶을 더욱 의식적으로 펼쳐나가고자 한다면, 우리는 이 여행을 시작하게 한 질문으로 반드시 다시 돌아가야 한다. 자아 혹은 문화의 불안에 이바지하는 질문만으로 삶을 산다면 우리는 단지 유치해질 뿐이다. 그런 질문은 무시하라. 대신 우리에게 성장을 요구하는 질문이 필요하다.

삶의 여정에서 당신이
이 순간 이 자리에 오게 된 계기는 무엇인가?

우리는 폭풍우에 이리저리 흔들리며 넓은 바다 위를 떠돌고 있
는 작은 배다. 드넓은 바닷속에서는 여러 조류가 서로 부딪치고 있
으며, 이 조류는 당신이 탄 작은 배의 뒤쪽 먼 곳의 어떤 근원에서
생겨나 미지의 항구 쪽으로 배를 밀어붙이고 있다. 우리는 자신이
자신의 이익에 반하는 행동을 하고 있다는 생각은 좀처럼 하지 않
았다. 또 자신이 무의식의 손아귀에 잡혀 있다고도 믿지 않았다. 이
유는 간단하다. 그것이 무의식이기 때문이다. 그러나 어쨌든 우리
는 지금 여기에 와 있다. 오늘 우리가 도착한 곳을 이전에 예측했던
사람은 아마 거의 없을 것이다. 또 자신이 함께할 파트너에 대해서
도 제대로 예측한 사람은 아마 거의 없을 것이다. 우리가 시작했거
나 포기한 경력이나 패배와 실망에 대해서도 제대로 예측한 사람은
아마 거의 없을 것이다.

그럼에도 언제나 두 가지 힘이 작용해왔다. 하나는 우리를 앞쪽
으로, 신들이 의도한 곳으로 보내려는 어떤 신비한 흐름이고, 다른
하나는 우리가 내면화하게 되어 있는, 주변 세상에서 나오는 수많
은 역류逆流이다. 고대 영웅 서사시 「베오울프」의 은유를 빌리자면,
우리는 한동안 이 '고래의 길whale-road'을 걸어왔다. 부분적으로는
운명에 이끌려, 부분적으로는 외부 압력에 떠밀려, 부분적으로는
높아진 의식을 통해 우리의 진로를 수정하며, 또 부분적으로는 피
할 수 없는 운명의 전개에 의해 강요받으며. ('운명destiny'은 원래 제방

안의 강처럼 때로는 마르기도 하고 범람하기도 하고 다시 채워지기도 하지만 항상 영혼이라는 크고 어두운 바다로 향하는 출구 쪽으로 흘러가는 과정을 뜻하는 단어이다.)

이따금 멈춰 서서 무엇이 이 여정의 이 지점, 삶의 이 순간으로 우리를 이끌었는지 하는 질문을 숙고하지 않는다면, 우리는 틀림없이 이 여정에 대한 모든 책임을 팽개치고, 선택과 그에 따른 의미를 파악할 능력을 상실하고, 마찬가지로 미래까지 포기하게 될 것이다. 우리가 모르는 것은 절대로 우리를 해치지 않을 것이라는 말이 있지만, 그 말은 틀렸다. 우리가 모르는 것도 우리를 해친다. 또 우리가 아는 것도 마찬가지로 우리를 해칠 수 있다. 이런 다양한 힘에 대해 깊이 생각하지 않는다면, 같은 힘이 계속해서 작용하고 우리는 이 힘에 무의식적으로 반응할 것이다. 이 질문을 피하는 사람은 지적일 수는 있지만 의식적이지는 않다. 의식은 매일 아침 새로 다듬어야 하는 어떤 과제이다.

어떤 신, 힘, 가족, 사회적 환경이 당신의 현실에 영향을 미쳤고, 그중 당신의 현실을 지지해준 것은 무엇이며 위축시킨 것은 무엇인가?

앞에서 보았듯이, 고대 그리스인의 상상력은 세상에서 작용하는 힘들을 의인화했다. 심지어 신들도 이 힘의 지배를 받았는데, '모이라moira(유전적 특징과 가족, 시대정신 등 우리를 구성하는 주어진 조건),

'네메시스nemesis(우리 선택의 결과로, 원치 않는 반복을 통해 우리를 추적하고 처벌한다), '소프로시네sophrosyne(오랜 시간을 두고 인과의 균형을 맞추는 것, 혹은 돌고 도는 것)' 등의 이름으로 불렸다. 게다가 고대 그리스인은 우리 성격의 측면을 식별했는데, 예를 들어 '휴브리스hubris'는 우리가 항상 의식적 결정을 내릴 수 있다고 생각하는 과도한 자기확신과 자기기만의 경향을 말한다.

그들은 더 나아가 이 세상에서 그리고 우리 자신의 영혼 안에서 작동하고 있는 이러한 힘을 모를 때 그 힘들의 원형적 구현인 신들을 화나게 한다고 상상했다. 따라서 우리가 격노할 때 미친 아레스에게 사로잡힐 수 있고, 사랑의 본질을 왜곡할 때에는 아프로디테에 의해 무너질 수 있으며, 기고만장해서 설칠 때에는 성난 신의 힘에 의해 자아가 땅바닥으로 내동댕이쳐질 수 있다.

고대 그리스인의 상상력은 우리가 알든 모르든 언제나 연기가 펼쳐지는 원형적 무대를 극화했다. 그리고 이 연기는 우리가 인정하든 안 하든 언제나 신들의 검열이 이루어지는 가운데서 펼쳐진다. 우리는 완벽해지라고 요구받지 않는다. 완벽은 신들의 영역이다. 그보다는 마음을 온전히 쏟고, 신성한 것과 관련 있는 분야에 감수성과 존경심, 겸손한 마음으로 접근하라는 요구를 받는다.

우리 시야의 편향을 조장하는 데는 운명에 의해 주조되는 어린 시절의 매트릭스가 중심적인 역할을 한다. 거기엔 우리 자신과 타인 그리고 우리와 타인들 사이의 교류에 관한 최초의 가르침이 입력되어 있다. 가족의 명시적이거나 암시적인 메시지는 우리 본성의 힘 다음으로 강하게 우리 삶을 좌우하는 요소이다. 우리가 가장 영향받기 쉽고, 가장 의존적이며, 합리적 성찰 능력이 가장 부족한 시기에 내면화되고 일상적 반복을 통해 깊이 새겨지는 원초적 메시지이기 때문이다.

점점 더 넓어지는 원을 그리며 우리는 이웃, 부족, 국가, 문화, 시대정신을 자아와 세계 그리고 사회적 계약에 따르는 많은 기대와 같은 중요한 문제에 더 많은 영향을 미치는 요소로 포함시켜야 한다. 어떤 사람에겐 가족과 문화가 자신의 본성을 지지하는 것으로 여겨지는 반면, 자신의 본성이 주변의 집단적인 힘과 맞서고 있다는 사실을 깨닫는 사람도 많다. 그 결과, 운명과 숙명, 결정론적 힘과 우리 모두에게 내재된 가능성 사이에 깊은 균열이 발생한다. 이 불가피한 균열은 누구에게나 공통적인 조건이다. 우리 사이의 유일한 차이점은 분열이 얼마나 깊은지, 우리에게 얼마나 병리적인지 그리고 영혼의 의제로부터 얼마나 벗어나 있는지이다.

각자의 역사에 나타나는 패턴에 대해 성찰하기 시작할 때, 우리는 자신이 상처 입은 과거 역사를 거듭 되풀이할 의도를 전혀 품지 않았고, 의식에 나타나고 있는 증후를 전혀 예상하지 못했으며 또 우리의 선한 의도와 그 의도가 다른 사람에게 끼친 효과 사이에 나타나는 불일치를 전혀 기대하지 않았다는 사실을 깨닫게 된다. 그 과정에서 우리 의식의 틀 밖에서 작용하는 다른 힘이 있다는 것을 알아차리고 이런 의문을 갖게 된다. '지금까지 나는 누구의 삶을 살아왔던 것일까?'

그 삶이 당신의 삶이 아니라면 도대체 누구의 삶인가? 우리는 삶의 각 장면에 어김없이 등장하는 유일한 인물이다. 그렇기 때문에 결국엔 우리가 모든 책임을 다 져야 한다. 많은 사람이 부모의 살지 못한 삶을 살고 있다. 부모가 막혔던 곳에서 우리도 막히거나, 그들의 한계를 극복하려는 욕망으로 고통을 받거나, 그것도 아니면 우리의 인생 여정에서 그런 딜레마를 멀리하려고 노력할 것이다. 가족의 무의식적 삶을 짊어질 때 우리는 대개 그 패턴을 반복하거나, 그것을 보상하려 하거나, 중독, 과로, 또는 삶이 가져오는 영혼의 과제를 무심하게 회피하는 것과 같은 '치료 계획'을 찾고자 한다.

자신의 삶 안에서 작용하는 수많은 힘들로부터 자신의 삶을 회복하는 것은 하나의 지상 과제이며, 그 회복은 삶에 대한 책임감으로부터 시작된다. 만약 당신의 삶이 마음에 들지 않거든, 그것을 변화시켜라. 그러나 다른 사람을 탓하는 태도만은 반드시 버리도록 하라. 왜냐하면 설령 타인이 당신을 상처 입혔다 할지라도, 성인이 된 뒤 선택을 한 당사자는 언제나 당신이었기 때문이다. 당신이 그 상처로 인해 선택을 했다 하더라도, 그 선택에 대해 여전히 책임이 있다. 당신은 항상 자신의 삶을 살아가는 것에 대해, 다른 누군가의 삶이 아닌 자신의 삶을 사는 것에 대해 책임이 있다. 당신의 삶은 절대로 다른 사람의 책임이 아니다.

이 문제들을 세 개의 장면으로 된 다음 꿈에 비춰가며 고려해보자. 성인이 된 후 대부분의 세월을 세일즈맨으로 보낸 40대 후반의 남자가 최근에 꾼 꿈이다. 그는 여자들과의 관계가 혼란스럽고 일회적이라는 사실을 깨달았다. 직업적 성공도 지속적인 만족감을 주지 못했고, 그의 유일한 피난처는 음악이지만 음악적 재능은 없고 열정만 있을 뿐이다.

나는 (빅토리아 시대의 분위기를 풍기는) 낡은 집의 커다란 거실에 있다. 거기서 일종의 심리상담이 진행되고 있다. 개인 상담이어야 할 것 같은데, 다른 사람들도 있어서 짜증이 난다. 거기 있던 사람들 모두가 시험을 쳤다. 나의 노트에는 좋은 점수가 적혀 있다.

키가 크고 지적이고 쌀쌀맞은 여인이 있다. 나는 그녀에게 끌린다. 그런데 그녀가 가끔 매춘부로 일하는 것을 알게 되었다. 나는 이 사실에 화가 나지만 동시에 그녀가 그 일을 계속하도록 격려한다. 내가 그 일을 얼마나 못마땅해하는지 그녀가 알아챌까 봐 걱정이 된다.

나는 새로운 아방가르드 음악 전시를 보고 있다. 전시물의 책 표지에는 만화가 그려져 있다. 그런데 갑자기 만화가 점점 생기를 띠는 것 같더니 마침내 살아 움직인다.

　몇십 년 동안 분석 실습을 했지만 나는 우리 각자의 내면에 있는 어떤 정신적 중심이 이토록 강력한 이미지들을 만들어내고 우리 의식에 제시하는 능력에 여전히 강한 인상을 받는다. 아니, 깜짝 놀란다는 표현이 더 적절할 것 같다. 누가 의식적으로 이런 이미지들을 만들어낼 수 있겠는가? 그러나 우리는 모두 매일 밤 이 드라마를 살아가고 있으며, 낮에는 그것들을 연기한다. 그런 내면의 정신적 이미지들이 우리의 기분과 선택을 지배하기 때문이다. 우리는 결국 신화적 존재이다. 신화의 작용에 따른 우리의 움직임은 눈에 보이는 사물들의 표면 바로 밑에서 윙윙거리고 있는, 가치가 실린 힘의 장에 대한 반응으로 나온다. 그럼 여기서 앞의 꿈을 조금 더 자세히 들여다보자.

이 남자의 딜레마를 기억하라. 만약에 돈이 성공의 증거라면, 그는 사업적으로는 대단한 성공을 거두었다. 그러나 그의 인간관계는 불안정했고, 전반적인 기분 상태는 우울증에 가까운 불편함을 보여준다. 이제 이미지들을 보자.

첫 부분의 꿈에서 그는 빅토리아풍의 낡은 집에 있다. 우리는 모두 그런 오래된 집에 산다. 집은 자아 구조를 상징하는 일반적인 이미지이고, 이 자아 구조에는 우리의 가치관과 삶의 각본이 담겨 있다. 세대가 바뀌어도 이러한 가치관과 각본은 여전히 우리의 선택에 영향을 미친다. 이처럼 많은 것이 응축된 역사의 맥락에서, 이해를 향한 노력이 일어나고 있다. 꿈 속에서 그가 의도적인 치료 관계를 시작했기 때문이다. 그의 치료는 물론 현재에 초점이 맞춰져 있지만, 그것들은 자연스럽게 우리 모두가 항상 지니고 다니는 역사적 존재들로 가득 차 있다. 그의 의식적인 삶이 그런 역사적인 존재들에 의해 방해를 받을 때 그는 짜증을 낸다. 그와 동시에 그의 자아 의식은 삶이 그에게 건넨 카드를 잘 다루었다고, 그에게 닥친 어떤 평가에서든 좋은 점수를 받았다고 느낀다. (물질주의 문화의 관점에서 본다면 그가 옳다. 그러나 정신생활의 관점에서 본다면 그는 고통을 받고 있다.)

두 번째 부분의 꿈을 보면, 그는 내면세계와의 관계에서 어려움을 겪고 있다. 그는 자신의 정신적 삶 중에서 이 부분에 끌리지만 동시에 그 삶이 매춘과 관련되었다는 것을 알게 된다. 그가 내면의 삶을 팔아넘기는 것을 못마땅해하면서도 동시에 삶을 파는 것을 고무할 때, 그의 내면적 삶의 균열이 분명하게 드러난다. 실제로 그는 그 문제를 논의하기를 두려워한다. 어쨌거나 남자는 돈을 벌어야 하고, 게임을 해야 하며, 결국 앞서 나가야 하기 때문이다.

세 번째 꿈에서 우리는 변화의 요소를 발견한다. 새롭고 창의적인 표현의 경계에 있는 음악이 등장할 때, 역사의 잔해들은 생동감을 얻고 영혼은 생명력을 얻는다. 의식적으로, 꿈을 꾼 사람은 음악이 그에게 지니는 본질적 가치와 음악이 그에게 의미하는 모든 것을 알고 있다. 그럼에도 우리 대부분이 대개의 시간에 그러하듯이, 그는 매일 자신이 사랑하는 것으로부터 점점 멀어지는 삶으로 터벅터벅 걸어간다. 영혼이 자기 의견을 제시할 때, 그가 약간의 우울증을 겪지 않을 도리가 있을까? 또 그가 여자들과 불안정하고 일관성 없는 관계를 맺지 않을 수 있을까? 정직한 대화에 대한 자아의 저항을 내려놓기만 하면, 그 모든 신비스러움에도 불구하고 영혼이 매우 명쾌하고 논리적이라는 것을 알 수 있다. 이 글을 쓰는 이 시점에 그는 자신의 꿈에 귀를 기울인 끝에, 플라멩코 기타 강습을 받고 있으며 그 노력이 계속 이어지고 있다는 사실은 아주 고무적이다.

우리는 매일 밤 이런 식으로 꿈을 꾼다. 그리고 세상은 영혼의 의지를 말해주는 단서로 가득 차 있다. 우리가 기꺼이 또는 절박하게 주의를 기울이기 시작한다면 보이지 않을 리 없다. 이 내면의 삶을 진지하게 받아들이기 시작한다면, 우리 감각의 중심, 우리의 정신적 중력이 변하기 시작한다. 이 내적 변화로부터 외부 세계의 심오한 변화가 가능해진다.

일이 잘 풀려가고 있을 때조차
뭔가 이상하다는 느낌이 드는 이유는 무엇인가?

세상은 단서로 가득하지만 대부분의 경우 우리는 그것들을 보지 못한다. 『도마복음서』에서 예수가 말했듯이, 신의 왕국은 온 세상에 퍼져 있지만 우리는 그것을 보지 못한다. 이러한 단서는 우리의 꿈뿐만 아니라 우리의 패턴, 다른 사람들이 우리와 관계 맺는 방식, 우리의 신체가 반응하는 방식, 가치에 대한 비판이나 평가에 따른 우리의 감정, 어떤 것에 에너지를 느끼고 다른 것에서는 느끼지 않는 방식 등에서도 발견된다. 한마디로, 도처에 단서가 있다.*

하지만 이러한 단서는 너무나 자주 우리 주변 세계에서 들리는 불협화음과 우리 내면의 콤플렉스 위원회가 내는 목소리에 묻혀버린다. 그들의 목소리는 이렇게 말한다. "부모님을 기쁘게 해드려." "돈을 벌어." "성공해야 해." "결혼해야지." "아이를 낳아야지." "자식들이 당신을 돌보도록 의무감을 길러줘야 해." "진실보다 안전을

---

* T. S. 엘리엇의 「마기의 여행The Journey of the Magi」은 베들레헴의 구유를 방문하는 동방박사 세 사람을 묘사한다. 그들은 힘과 마법, 놀라운 것을 찾지만, 주변에 흩어져 있는 단서들을 놓치고 있다. 역사의 전망대에서 이 장면을 바라보는 독자는 그 단서들을 이해하고, 이 세 현자가 어떻게 그렇게 무지할 수 있는지 의아해한다. 우리 모두는 단서들이 눈앞에 있을 때조차 그것을 보지 못한다.

택하도록 해." "동료들이 선택하는 것을 선택해." "합의에서 권의를 찾아."

이러한 방해의 목소리는 우리에게 매우 익숙하다. 오랫동안 그런 소리를 들으며 살아왔기 때문이다. 그 소리는 한때 부모님의 입에서 나왔거나 부족에게서 나왔고, 다른 사람들에게 인정받을 수 있는 길을 제시했다. 그런 유혹적인 부름을 누가 거부할 수 있겠는가? 그런데 이런 명령을 최선을 다해 따랐는데도 자신의 삶과 자신에 대해 그토록 불만족스럽고 불행하다고 느끼는 이유는 무엇인가? 이런 목표들을 '성공적으로' 달성했는데도 왜 그렇게 자주 공허하게 느껴질까? 그 계획을 따르고 행진 명령을 충실히 수행했는데도 왜 내면의 동의가 느껴지지 않고 그것이 옳았다는 생각이 들지 않을까?

왜 이토록 많은 것이 실망스럽고, 배신처럼 느껴지고, 기대를 저버리는 것처럼 보이는가?

이 질문에 대한 가장 간단한 대답은 우리가 하는 많은 일이 집단의 가치를 위해 봉사하고 우리 개인의 본질적 특성을 침해한다는 사실에서 찾을 수 있다. 이루고자 한 것을 성취한 때조차 그 성취가 우리와 별로 관계가 없기 때문에 좀처럼 옳게 느껴지지 않는다. 조지프 캠벨Joseph Campbell이 언젠가 TV에서 말했듯이, 우리는 수십 년 동안 사다리를 오르는데 너무 늦게서야 사다리를 엉뚱한 벽에 기대어놓았다는 사실을 깨닫는다. 그 벽은 당신의 벽이 아니고 다른 누군가의 벽일 것이다.

많은 것들이 기대를 배신하는 것으로 느껴지는 이유는, 관계를 논하는 장에서 살펴보았듯이 우리가 영혼의 매우 큰 의제를 유한하고 연약한 대상이나 연약한 사람들 그리고 연약한 역할들에 부과하고 있기 때문이다. 어떤 사람도, 아무리 보람 있는 인생의 역할도, 영혼의 완전한 열망을 감당할 수 없다. 전일성을 향해 나아가는 우리 자신의 노력만이 영혼의 의제를 수용할 수 있다.

전일성은 완벽함에서 발견되지 않는다. 완벽함은 성취할 수도 없고 바람직하지도 않다. 완벽을 성취할 수 없는 이유는 우리가 결함을 갖고 있고 그 결함을 바로잡을 수 있을 만큼 충분히 오래 살지 못하기 때문이다. 또한 완벽이 바람직하지 않은 이유는 그것이 반대되는 것을 배제함으로써 전일성을 훼손하기 때문이다.

앞에서 본 바와 같이, 젊은이들이 삶 속으로 뛰어들기 위해서는 투사가 필요하다. 만약에 커리어가 내면의 허기를 달래줄 만큼 정서적 만족을 충분히 줄 것이라고 믿지 못한다면 누가 집을 떠나 독립하려 하겠는가? 귀향, 양육 그리고 안전에 대한 환상이 없다면 누가 관계를 맺으려 하겠는가? 아이들이 부모들의 살지 못한 삶을 살기보다는 새로운 걱정과 취약성의 대상이 되리라는 것을 안다면 누가 아이를 세상에 데리고 오겠는가?

인생의 전반은 이런 투사에서 양분을 얻는다. 그러나 인생 후반으로 들어서면 이 같은 투사들이 일상의 마찰 속에서 자주 그 힘을 잃는다. 그러면 사람들은 무력감과 실망으로 힘들어하고, 심지어 짐작했던 계약이 파기되었다는 느낌마저 받는다. 투사된 가치는 승인을 얻고, 사랑과 성공, 안전, 공동체의 연대감을 얻기 위한 것이었다. 그런데 왜 권태, 표면 아래의 불편한 웅성거림, 불면의 밤, 위안이나 무감각을 위한 물질에 대한 의존, 부도덕한 관계의 유혹이 찾아오는 것일까?

이른바 이러한 증후가 우리가 찾는 단서가 될 수는 없을까? 이 증후가 그들만의 상징적인 방식으로 말하는, 지하세계의 거부당한 신들은 아닐까? 우리가 찾고 있는 것이 저기 밖이 아니라 우리 코밑에 있는 것은 아닐까? 만약 그러한 투사가 인생의 전반부에 필요하다면, 인생 후반부에는 그것들의 침식과 파산이 필요할 수 있다. 왜냐하면 인생 후반에는 투사를 깊이 탐구하고, 그 투사가 담고 있는 영혼의 가치가 무엇인지 발견하고, 그 가치를 우리의 커리어나 파트너 혹은 자식들의 과제가 아닌 우리 자신의 과제로 더 직접적으로 소유할 수 있어야 하기 때문이다. 정말이지, 투사가 제시하는 세상을 얻었는데 정작 알고 보니 그 대가가 자기 영혼과의 관계 상실이었다면, 여기서 우리가 얻은 것은 과연 무엇일까?

영혼과 개인적인 관계는 실망의 늪지대에서 되찾을 수 있다. 영혼이 우리를 늪에 빠뜨린 것을 감사하기는 어려울 수 있지만, 패배와 실망, 우울의 그 절망적인 깊이 속에서 우리는 각자가 수행하도록 되어 있는 영혼의 고고한 여정을 다시 시작할 수 있다.

투사의 성공에 힘을 얻으며 인생 여정을 이어가는 한, 우리는 무의식적으로 시시한 가치와 자신을 동일시하게 될 것이다. 언젠가 내가 새로 산 자동차를 몰고 출근했을 때, 누군가가 내게 "정말로 행복하겠어요"라고 말했다. 나는 그 말이 무슨 뜻인지 이해할 수 없어 당황했다. 그녀는 자기 친구가 자동차를 새로 산 다음에 대단히 행복해했기 때문에 나도 당연히 그걸 거라고 생각했다고 한다. 나는 할 말을 잃었다. 그래서 자동차는 나를 이 장소에서 저 장소로 이동시켜주는 쇳덩어리에 불과하다는 식으로 얼버무리고 말았다. 아마 자동차를 몰고 온 그 거리에 있는 모든 사람이 오늘 밤 먹을 양식과 몸을 누일 집을 갖는 그런 공평한 사회가 이루어진다면 훨씬 더 행복할 거라는 말은 덧붙이지 않았다. 다행히도 '배신', 즉 늪지대가 있어서 우리는 그러한 사소함에서 구출되어 영혼의 긴 여정에서 정말로 중요한 것들에 더 마음을 기울일 수 있게 된다.

우리가 고통받는다는 사실은 지배의 환상을 품고 있는 자아에게는 나쁜 소식이지만 영혼에게는 좋은 소식이다. 그런 고통은 우리로 하여금 삶의 의미와 방향을 근본적으로 다시 고려하도록 만든다. 나를 찾는 내담자 중에는 자신이 어떤 부름을 받았는지 완벽히 알고 또 어떤 결정을 내려야 하는지를 잘 알면서도 타인들의 거부나 외로움 그리고 무엇보다 성장해서 자기 자신에 대해 전적으로 책임을 져야 한다는 사실을 두려워하는 사람들이 많다. 다수의 내담자가 곧 있을 영혼과의 약속으로부터 달아나는 선택을 하고, 일부만이 영혼과의 관계를 재탄생시키는 고통을 겪는 쪽을 선택한다. 투사를 주의 깊게 살펴보면, 그것이 좁은 틀을 통해 삶을 축소시킨다는 것을 알 수 있다. 반면 성장은 삶을 확장하고, 삶을 더 흥미롭게 만든다. 그로써 우리는 수변 사람들에게 다소 덜 문제가 되는 존재가 될 수도 있다.

타인으로부터, 또 당신 자신으로부터도
왜 그렇게 많은 것을 숨겨야 한다고 믿는가?

자신을 솔직하게 드러내면 위험할 수 있다는 사실을 먼저 배운 탓에 우리는 자신을 숨기는 법을 배운다. 환경이 덜 우호적이고 가족이 문제를 안고 있거나 신경 쓸 일이 많을수록, 아이는 이기적인 욕구를 드러냈다가는 그 대가를 톡톡히 치러야 한다는 사실을 깨닫을 것이다. 따라서 대부분의 아이는 자신을 보호하고 자신의 욕구를 은밀히 충족시키는 방법을 배우거나 아예 그런 욕구를 채울 생각을 하지 않게 된다.

실제로, 간혹 아이들은 자신의 욕구에는 전혀 관심을 두지 않고 오직 주변 사람들의 요구에 카멜레온처럼 적응하는 모습을 보인다. 그 결과 아주 많은 사람이 자신에게조차 낯선 이방인으로 살아가게 된다. 우리는 자신이 근본적으로 무력하다는 메시지를 지나치게 믿는 경향이 있다. 그러다 보니 솔직한 자기 표현은 바람직하지 않다는 인식이 생긴다. 자신을 표현하도록 허가받았다는 느낌이 별로 들지 않는 것이다. 다시 말하지만, 이런 허가는 그냥 주어지지 않는다. 성인은 이 허가를 스스로의 힘으로 쟁취해야 한다. 한때 상냥함이나 협동정신, '친절'로 통했던 것이 인생의 후반에는 받아들이기 어려운 부담이 된다. 어린 시절에는 적응의 차원에서 이 순응적인 반사 행동이 꼭 필요했지만 성인에게 이는 매일 정직성을 희생하는 것이 된다. 그렇다면 그런 행동은 그다지 '좋은' 행동이 아니다.

우리라는 존재 자체가 살아내야 할 하나의 진실이며, 이 진실을 부정하는 것이 우리 자신뿐만 아니라 다른 이들에게도 해를 끼친다는 것을 깨닫고 나면, 우리는 훨씬 더 직접적으로 솔직하게 말하게 된다. 이 진실을 포기하는 것은 곧 영혼을 위반하는 것이며, 그러면 영혼은 조만간 이 불성실에 다른 방식으로 반응할 것이다.

어느 내담자의 어머니는 정서적으로 대단히 취약해서, 그가 외치거나 심지어 말을 조금만 크게 해도, 아니면 자신의 욕구를 표현하기만 해도 거의 언제나 히스테리에 가까운 반응을 보이거나 그에게서 애정을 거둬들였다. 이 사실을 알고 나서 그는 어린 나이에 자기 어머니를 다루는 법을 배웠다. 그는 자기 어머니의 욕구에 충실히 임하면서 자신의 욕구를 죽였다. 그런 그가 몇 년 뒤에 간호 분야의 직업을, 말하자면 의식적으로는 그의 봉사정신에 호소했지만 무의식적으로는 그의 가족 관계 패턴과 직결되는 직업을 선택한 것은 그리 놀랍지 않다. 그는 환자들 앞에서 분노를 폭발했다가 병원의 명령에 따라 심리치료를 받게 되었다. 타인의 욕구를 충족시키는 그 친절 밑에 그간 타자와의 진정한 상호작용을 한 번도 경험해보지 못한 성난 아이가 웅크리고 앉아 있었다. 이는 놀라운 일이 아니다.

이 환자가 직업 선택을 통해 무의식적으로 자기 자신을 어떻게 설정했는지에 주목하라. 그는 쇠약하고 도움이 필요한 환자들과의 관계에서 언제나 절반 이상의 책임을 떠안아야 했다. 그러던 그가 자신의 분노의 근원에 대해 깊이 생각하기 시작하자, 그 자신이 삶 자체에 의해 상처를 받았다는 것을 알고는 크게 당황했다. 그는 분노를 억누르다가 갑자기 폭발하는 형태로 화를 낸다는 것을 알아챈

후, 어린 시절 이후 처음으로 자신의 감정에 주의를 기울이기 시작했다. 그의 삶이 갑자기 나아졌다고 말하면 좋겠지만, 사실 어떤 면에서는 오히려 나빠졌다고 할 수 있다. 왜냐하면 자신에게 거부되어왔을 뿐만 아니라 그동안 자신을 부정하는 데 공모했던 더 큰 삶을 인식하게 되었기 때문이다. 이 같은 인식, 즉 그동안 잊었던 과제의 이행은 자신의 삶을 개혁하는 데 있어 필수적이다.

정직하게 표현하고 자신을 숨기지 않는 법을 배우기 위해서는 엄청난 용기가 필요하다. 특히 적응적 반사, 즉 콤플렉스가 큰 위험이 도사리는 옛 장소와 연결되어 있다는 사실을 고려하면 더욱더 그러하다. 그 위험이 어린 시절의 무력한 과거와 연결되어 있고, 성인이 되어 능력을 많이 갖춘 현재의 자신과는 아무런 관계가 없다는 사실을 반드시 깨달아야 한다. 종종 사람들은 케케묵은 콤플렉스를 지키기 위해 정직한 말이나 행동을 그 반대로 전환하여 표현한다. 솔직한 말을 자신의 진솔한 표현이 아닌 이기심으로 여기기 때문에 나타나는 현상이다.

우리 안에는 진보적인 에너지만이 아니라 취약성을 제한함으로써 성장을 제한하려는 매우 보수적인 힘도 있다. 모든 성장은 우리에게 두려워하는 것을 직면하라고 요구하기 때문에, 우리는 자연스럽게 그 두려움이 보호하는 패턴을 알게 된다. 만약 우리가 우리의 진실을 자신에게 말하지 못한다면, 세상에도 그 진실을 말하지 못할 것이다. 세상에 말하려면 먼저 자신에게 말하는 법을 배워야 하고, 그다음에는 우리의 진실이 우리 자신이라는 것을 깨달아야 한다. 우리가 체현하는 복잡한 진실을 부정하는 것은 개인적인 상처

이상이다. 그것은 세상에 참여하기를 거부함으로써 세상에 입히는 상처이며, 전체에 우리의 독특한 측면을 더하기를 꺼리는 것이다. 이런 맥락에서 본다면, 우리 모두는 자신의 참모습을 드러내는 위험을 기꺼이 감수해야 할 것이다. 왜냐하면 우리는 그 진실 중 우리의 작은 몫을 더하기 위해 이 세상에 왔기 때문이다. 말하자면 아주 큰 어떤 존재를 이루는 모자이크 중에서 독특한 색깔을 가진 조각 하나가 되는 것이 우리의 임무라는 뜻이다.

당신의 삶이 당신 뜻과는 상관없는, 남이 쓴 각본처럼 보이는 이유는 무엇인가?

초등학교 2학년이나 3학년 때 교실을 찾았던 방문객을 기억하는가? 당신이 현명하고 권위 있고 강력할 것이라고 믿었던 더 크고 나이 든 방문객 말이다. 또 유명한 인물은 세상 이치를 훤히 꿰뚫고 있으며 또 그 일의 대부분을 책임지고 있다고 믿었던 때가 기억나는가? 초등학교 교실을 찾던 그 방문객이 이제 당신일 수 있다. 교실 문을 들어서면서 그 안에 있는 아이들의 시선을 한 몸에 받던 그 방문객의 위치에 선 사람이 당신이라는 뜻이다. 당신은 단지 당신일 뿐이며, 아이들의 세계에서 겨우 벗어났을 뿐이라는 사실을 잘 안다. 그럼에도 불구하고 아이들은 당신을 경외심으로 바라본다. 당신은 적어도 그들의 눈에는 충분히 오래 살아서 큰 사람이 되었다. 적어도 아이들의 눈에는 그렇게 비친다. 당신이 정직한 사람이라면, 당신이 큰 역할을 하고 있을지는 몰라도 아직 큰 사람이 되지는 않았다. 그렇다면 그 아이의 시선에 따른 '큰 사람'이 아니라, 어린 시절의 역사를 의식적으로 성찰한 '큰 사람'이 되려면 무엇이 필요할까?

아이가 저 밖에 어떤 각본이, 바라건대 슬기롭고 생산적이며 지지적인 어떤 각본이 자기를 기다리고 있다고 생각하는 것은 터무니없지 않다. 또 아이가 그 각본을 알게 되면 자신이 가야 할 곳으로 더 쉽게 갈 수 있으리라고 생각하는 것도 엉뚱하지 않다. 나는 어릴 때 고등학교에 들어가기만 하면 '그들'이 나를 불러내서 그 각본에 대해, 또 그 각본이 어떤 것인지에 대해 알려줄 것이라고 짐작했다. 내가 그 시기를 고등학교로 잡은 것은 사춘기에 대해 잘 몰랐고 고등학교 아이들은 몸집도 크니 세상 돌아가는 이치를 잘 알 것처럼 보였기 때문이다. 나의 좁은 시각에 고등학생들은 분명히 나와 그들을 가르고 있는 경계선에서 성인 쪽에 선 것처럼 보였다. 그러나 훗날 '그들'도 존재하지 않고, 현명한 각본도 없으며, 우리에게 주어진 각본은 많지만 아무도 그것이 어떻게 생겼는지, 누가 썼는지, 또는 그것들이 정말 무엇에 관한 것인지 모른다는 것을 알게 되었을 때 얼마나 실망했는지 모른다. 그러면서도 누구 하나 그 각본을 버릴 생각을 하지 않는 것이 참으로 어처구니없었다.

앞에서 본 바와 같이, 삶의 가장 중요한 메시지는 어머니와 아버지, 형제들과의 관계에서 그리고 문화 전반에서 나온다. 이 메시지들은 내면화된다. 그러면 우리는 이 메시지에 순응하는 한편으로 피하려 노력하거나 무의식적으로 치료를 간구한다. 이 메시지, 혹은 콤플렉스는 일상에서 분열된 성격으로 표현되며, 여러 콤플렉스가 동시에 작용하면서 자아를 강화한다. 대부분의 경우 자아는 다르게 생각할 때조차도 이 각본에 충실하다. 심지어 이 각본에 의문을 제기하기 시작할 사춘기에도 우리는 성공적으로 반란을 일으킬 힘을 갖지 못한 채 이 각본을 계속 추구하면 마침내 우리가 목표한 곳에 도착하리라는 환상을 품는다. 그래서 우리는 결혼을 하고, 대학에 진학하고, 군에 입대하고, 아이를 낳고 경력을 쌓아가면서도 왜, 무슨 목적으로 그러는지에 대해서는 아주 드물게 물을 뿐이다.

그러나 무의식에서는 '왜'라는 질문이 계속 제기된다. 정신은 계속 수정을 가하고, 항의하고, 우리의 원형적인 본질을 보다 충만하게 받아들이려 할 것이다. 정신은 자율적이며, 우리가 가족이나 문화, 특별한 역사로부터 받은 것과는 다른, 훨씬 더 깊은 각본을 표현할 것이다. 그렇다면 우리의 과제는 파편화된 각본에 의지하던 태도를 버리고 우리를 전일성의 방향으로 안내할 더 큰 프로젝트를 향해 나아가는 것이다. 우리가 이런 전환을 이룰 수 있을 때(옛 물결이 너무나 강력하기에 우리의 작은 배를 돌리는 데는 인생 후반부 전체가 걸린다), 우리는 다시 한번 더 큰 어떤 에너지에 포용되고 지지받는 느낌을 받게 된다. 더 큰 이 에너지가 바로 '개성화'를 추구하려는 정신의 의지이다. 다시 말하지만, 융이 강조하는 개성화는 우리 내면에 있는 전일성을 추구하려는 욕구를 뜻한다. 역설적이게도, 개성화를 추구하려는 의지에 굴복해도 과대망상이나 고통으로부터 자유로워지지는 않지만 다시 한번 목적의식을 강하게 느낄 수 있다. 옳은 방향을 향하고 있다는 이러한 감각은 자아가 영혼의 의지와 일치함으로써 생겨난다.

우리 모두는 어린 시절 잠시 우리가 누구인지에 대한 감각을 가졌지만, 그것을 잃어버렸다. 지금 이 자리에서 우리가 살아온 삶이 충분하지 않았다는 점을 솔직히 고백할 만큼 겸손하다면, 다시 자신의 참모습을 확인하고 더 큰 삶을 살 수 있다. 영혼과의 조화 상실은 고통의 근원인 동시에 구원으로의 초대이다.

당신은 왜 이 책을 만나게 되었을까?
아니면, 왜 지금 이 책이 당신에게 다가왔을까?

곰곰 생각해보면, 이 책은 그저 당신이 이미 알고 있거나 언제나 알고 있던 내용을 말하고 있다. 그러나 당신은 알고 있던 것을 망각했거나 당신의 삶이 당신에게 요구하는 것들의 무게에 지레 겁을 먹었을 수 있다. 영국의 낭만주의 시인 워즈워스의 은유를 빌리자면, 우리는 모두 우리가 왔던 그 위대한 불면의 바다와 직관적 연결을 맺고 있다. 만약 이 책이 당신에게 어떤 식으로든 호소력을 발휘한다면, 그건 이 책이 당신에 관한 이야기를 하고 있기 때문이며, 그럼으로써 당신이라는 존재를 다시금 돌아보게 만들고 있기 때문이다.

게다가 인생에는 외면과 내면이 일치하는 운명적인 순간이 있다. 우리는 물리학과 화학을 통해서 외적 세계의 언어를 습득했지만, '동시성synchronicity'의 원리는 내면세계에도 인과관계가 있음을 인정한다. 우리가 들을 수 있는 순간이 무르익으면 그때 말씀이 들릴

것이다. 어쩌면 말씀은 항상 들려오고 있지만 우리가 들을 준비가
되어 있어야 할 것이다.

영혼에 대한 생각이 당신을 불편하게 만드는 한편,
오랫동안 잊고 지낸 동반자처럼 친숙하게 느껴지는 이유는 무엇인가?

영혼은 단순히 자아와는 다른, 즉 자아보다 더 크고 간혹 자아와
갈등을 빚기도 하는 무엇인가가 현존한다는 우리의 직관적 감각을
나타내는 단어이다. 영혼은 의미의 원형이며, 유기적인 전체를 추
구하는 동인이다. 이러한 개념은 자아 의식에 위협적일 수 있다. 여
기에는 자아의 통제를 벗어나는 무언가가 더 있기 때문이다. 융이
상기시키듯이, "내가 나 자신을 창조하는 것이 아니라, 어쩌다 나
자신이 되었을 뿐이다".[50]

영혼의 개념이 더욱 위협적인 이유는 그것이 우리에게 무언가를
요구하기 때문이다. 즉 그것은 자아 의식에 계산을 요구한다. 영혼
은 우리에게 더 큰 참조의 틀을 갖기를, 유한하고 두려움에 쫓기는
자아의 의제들 속에서 어떤 영원한 관점을 가질 것을 요구한다. 그
러한 존재는 우리에게 홀로 있어도 결코 혼자가 아님을 상기시키
고, 우리의 단절된 나날에 연속성을 제공하고, 우리의 깨어진 자아
에 유기적 통일성을 그리고 우리의 타락한 상태에 초월성을 부여하
는 또 다른 존재가 있다는 사실을 상기시킨다. 영혼은 어린 시절에
직관적으로 이해되었지만, 적응을 위한 의식의 선택에 의해 옆으로

밀려나며, 성인기에는 우리가 그것을 받아들일 의지가 있을 때만 회복된다.

스위스 취리히에서 정신분석을 4년째 배우고 있던 때였다. 분명히 그 과정에 전념하고 있었지만, 내 의식적 앎보다 더 깊은 지혜가 어딘가에서 계속 나에게 말을 걸고 있다는 생각이 머릿속을 떠나지 않았다. 너무도 분명한 깨달음이었음에도 그때까지 나의 의식은 완고했다. 머리에서 가슴까지의 그 여정에 4년이라는 시간이 걸렸다.

어떤 감정의 의미를 묻거나, 각자의 역사를 곰곰 생각하거나, 어떤 육체적 증후의 역학을 조사하거나, 꿈에 대해 깊이 생각할 때, 그때 우리는 영혼과 대화를 하고 있다. 삶의 고통에 힘들어하며 절망의 깊은 늪에 빠졌다가 우리가 생각했던 것 이상으로 높이 고양되고 그것으로 인해 변화를 이룰 때, 그때 우리는 영혼 앞에 서 있다. 그러나 사실 우리는 의식이 그것을 성찰하든 말든 항상 영혼의 존재 앞에 있다.

아주 오래전에 대학원에 다닐 때, 신학을 공부하던 한 동료가 비바람이 거세게 몰아치는 날 나에게 캠퍼스에서부터 서점이 있는 마을까지 함께 걷자고 제안했다. 그는 스위스 신학자 카를 바르트를 표지 인물로 다룬 「타임」지를 구하고 싶어 했다. 우리는 마을에서 잡지를 파는 서점 두 곳을 찾았지만 그 잡지는 없었다. 캠퍼스로 돌아오는 길에 친구는 바람이 거세게 부는 와중에도 세 블록 떨어진 다른 곳에서 자그마한 가게를 발견했다. 겉보기에 빵과 계란, 우유 같은 것만 팔 것처럼 보였는데 정말 놀랍게도 「타임」이 동료를 기다리고 있었다. 길을 재촉하면서, 나는 농담조로 그에게 신성한 어떤 존재가 그 작은 마을에 딱 하나 남은 「타임」을 찾도록 발걸음을 이끈 것은 아닐까 하고 물었다. 그는 잠깐 생각하는 듯하더니 침울한 표정으로 "그렇지 않을 거야"라고 대답했다. 그 즉시 나는 그가 나의 질문을 진지하게 받아들이고 있다는 사실을 알았다. 또 정직한 신학도인 그로서는 자신이 신의 손 안에 있다는 생각보다는 우연이라는 개념을 다루기가 훨씬 더 수월했으리라. 그의 말은 사려 깊었고 또 나의 질문의 폭과 깊이를 신앙심으로 존중하고 있었다. 이 사소한 사건에서도 무엇인가 큰 것이 나타났다. 그렇듯 영혼이라는 개념은 우리 각자에게 위협적으로 다가올 수도 있고 응원의 뜻으로 다가올 수도 있다.

「가을Autumn」이라는 제목의 시에서 릴케는 잎만 떨어지는 것이 아니라 모든 것이, 이 무거운 지구도 우주를 통해 떨어지고 있으며, 우리도 마찬가지라고 묘사했다. 그럼에도 그는 이렇게 결론 내린다.

그런데 누군가가 이 떨어짐을
다정한 손길로 무한히 보듬어준다.[51]

이 시인은 손으로 우주를 보듬고 있는 존재의 이름을 밝히지 않고 떨어지는 모든 것은 그 떨어짐에도 불구하고 더 큰 무엇인가에 의해 떠받쳐지고 있다고 직관적으로 설명한다. 그렇다면 영혼이라는 관념, 즉 느껴진 영혼의 현존은 사람들을 위협하면서도 지탱한다. 그리고 영혼이 자아에게 요구하는 것은 지배권을 누리겠다는 환상을 버리고 그 낙하에 붙들리는 것이다.

당신의 삶은 왜 당신 영혼이 바라는 것에 비해
이렇게나 작은가?

다음에 제시하는 질문을 고려해보라. 그리고 정직하게 대답하라. 정직하게 대답하지 않으면 그 질문은 아무런 가치를 지니지 못한다. 당신의 마음을 조금 상하게 하거나 약간 겁먹게 하는 질문이 있다면, 그 질문이 당신의 정곡을 찌르고 있는 것이다. 정직하게 대답하라. 그러면 지혜로 이어질 통찰을 얻을 것이다. 지혜는 변화로 이어질 것이고, 변화는 더 큰 삶으로 이어질 것이고, 더 큰 삶은 신들이 당신을 위해 계획한 삶이기에 종국적으로 치유의 효과를 발휘할 것이다.

1. 삶의 어떤 부분이 당신을 옴짝달싹 못 하게 만들고 있고, 당신을 고착시키고 있는가? 그런 식으로 상처를 입은 모습에서 벗어나지 못하도록 당신을 막고 있는 것은 무엇인가? 당신이 당신을 이롭게 할 더 큰 무엇인가를 도모하지 않고 위축된 상태에 만족하고 있는 이유는 무엇인가?
2. 당신의 삶은 어떤 부분에서 당신에게 축복을 내리고 재능을 주었는가? 당신은 그 재능으로 무엇을 했는가? 당신은 그 재능에 수반된 책임을 어떤 식으로 받아들였는가?
3. 당신은 어디에서 두려움에 막혀 있고, 꼼짝 못 하고, 경직되어 있으며, 변화를 거부하고 있는가?
4. 그 두려움 아래에는 어떤 두려움이 있는가? 당신을 위협하는

두려움은 오직 그 아래에 깔린 배선配線, 즉 역사의 배선에서만 힘을 얻는다. 그리고 그 두려움은 더 깊은 두려움, 당신의 과거로부터 온 두려움으로 이어진다. 이 같은 배선은 이 두려움, 이 문제가 당신보다 더 크다는 오래된 메시지를 활성화시키고 그래서 당신은 어린 시절 이후로 크게 변한, 의식적이고 권능을 많이 키운 성인인 자신을 무시하게 된다.

5. 당신의 아버지는 어디에 고착되어 있는가? 그리고 그 고착된 장소가 당신의 삶 어디에서 나타났는가? 당신의 어머니는 어디에 고착되어 있는가? 그리고 그 고착된 장소가 당신 삶에서는 어디에 나타났는가? 당신은 부모의 삶과 패턴을 되풀이하고 있는가, 아니면 보상을 통해서 극복하려 하고 있는가, 그것도 아니면 그 문제를 당신 자신에게 해를 끼치고 소외를 더욱 심화시키는 쪽으로 다루고 있는가? 이것은 당신이 아이들에게까지 물려줄 유산인가?

6. 당신은 어디서 충돌을, 가치들의 불가피한 충돌을 피하고 있는가? 그럼으로써 자신에게 충실한 삶을 살아가는 것을 피하고 있는가?

7. 어떤 생각과 습관, 행동 패턴이 당신이 영혼의 큰 여행을 떠나지 못하도록 막고 있는가? 당신은 옛것에, 말하자면 안전과 예측 가능성, 타인의 인정 같은 것들에 빠져 허우적거림으로써 어떤 사소한 이득을 챙기고 있는가? 당신은 지금 영혼의 여행을 시작할 만큼 충분히 고통스럽고 지쳤는가?

8. 당신은 여전히 당신 삶을 살기 위한 허가를 찾고 있는가? 다

른 누군가가 당신에게 그런 허가를 해줄 것이라고 생각하는
가? 당신은 무엇을 기다리고 있는가? 다른 사람이 당신을 위
해서 삶의 각본을 대신 써주기를 기다리고 있는가?

9. 당신이 성장해야 할 부분은 어디인가? 언제 그 성장이 일어날
것인가? 다른 누군가가 당신을 위해 대신 성장해줄 것이라고
생각하는가?

10. 당신이 항상 부름받았다고 느꼈지만 두려워했던 것은 무엇인
가? 이 가능성이 구체적이지는 않아도 상징적으로라도 여전
히 당신에게 손짓을 하고 있는가? 어떤 새로운 삶이 당신을
통해 현실로 실현되기를 기다리고 있는가?

**왜 지금이 당신이 영혼의 소환에 응답하고,
두 번째의 더 큰 삶으로의 초대에 응해야 할 때인가?**

우리 시대에는 악한 것도 많고 선한 것도 많다. 그러나 안타깝게
도 시시하고, 주의를 흩뜨려놓고, 기만적인 것이 훨씬 더 많다. 의식
은 우리에게 위대한 선물과 무서운 공포를 동시에 안겨주었다. 하
지만 의식은 이야기의 일부일 뿐이다. 카를 융은 이렇게 상기시킨
다. "의식은 언제나 정신의 일부에 지나지 않기 때문에 정신적 전
일성을 절대로 이루지 못한다. 정신의 전일성을 위해서는 무의식의
무한한 확장이 요구된다. 그러나 무의식은 영리한 공식으로 포착되
지 않고 과학의 교리로도 퇴치되지 않는다. 왜냐하면 운명적인 무

엇인가가 무의식에 들어 있기 때문이다. 정말이지, 가끔 보면 무의식은 운명 그 자체이다."[52]

우리는 지금 두려움을 퍼뜨림으로써 우리를 어린애처럼 만드는 정치인과 신학자 그리고 경험적으로 증명 가능한 것만을 다룸으로써 삶 자체를 시시한 것으로 만들어버리는 과학자와 심리학자의 틈바구니에서 살고 있다. 우리 인간은 그보다 훨씬 더 큰 존재이다. 많은 신학이 정신을 망각한 것처럼, 많은 심리학도 영혼으로부터 멀찍이 물러나 있다. 신학과 심리학은 똑같이 진정으로 큰 것에 겁을 먹고 있다. 당신은 영혼과 다시 연결되는 이 과제에 있어서는 동시대의 문화나 또래, 가족으로부터의 도움을 별로 기대하지 못할 것이다. 그래도 그런 처지에 있는 사람이 당신만은 아니다. 인생의 후반을 더 깊이 살기를 원하며 당신처럼 느끼는 사람이 아주 많다. 실제로, 자신만의 길을 가고 있는 개인들의 숨겨진 공동체가 있다. 때때로 그들은 매우 외롭고, 한때 위안을 주었던 모든 것으로부터 소외감을 느낄 것이다. 하지만 그들의 고독 자체가 그들이 고통과 기쁨 속에서 삶의 풍요로움을 가져다주는 여정에 올랐다는 가장 확실한 징표이다.

이 시대에 우리 모두가 느끼고 있는, 집을 잃은 것 같은 느낌은 우리를 공통의 집으로 이끈다. 각자의 개별적 여정이 우리의 공동체를 만든다. 헤르만 헤세Hermann Hesse의 글처럼 말이다. "우리는 집에 닿기 전에 온갖 지저분한 일과 거짓말에 걸려 넘어지곤 한다. 우리에겐 길을 안내해줄 사람이 하나도 없다. 우리의 유일한 안내자는 오로지 우리의 향수이다."[53] 이 영적 향수가 우리에게 인생의 여정을 제공하고, 이 여정은 우리에게 다시 한번 진정한 삶을 준다.

　개인의 영혼이 부르는 소명을 점진적으로 깨닫는 것이 우리가 세상에 줄 수 있는 가장 큰 선물이다. 영혼의 명령 가운데 우리에게 거부당한 것은 조만간 외부 세계로부터 우리에게 강요될 것이다. 영혼은 끊임없이 우리에게 손짓을 하고 있다. 우주의 힘은 우리에게 매사에 의식적으로 임하라고 간곡히 권하고 아울러 우리의 삶에 생긴 균열 사이로 빛을 발하면서 영혼이 의도한 바를 암시하고 있다. 시인 폴 엘뤼아르Paul Eluard가 관찰했듯이, 세상에는 또 다른 세계가 있으며, 이것이 바로 그 세계이다.

　눈길을 돌리는 곳마다 영혼의 암시가 보인다. 표면의 결을 읽고 그 아래에 흐르고 있는 신화적인 형태를 보는 법을 배우는 것은 심층 심리학자의 임무일 뿐만 아니라 의식을 갖고 세상을 살아가기를 원하는 사람 모두의 임무이기도 하다. 거듭되는 영혼의 소환에 어떻게 대처할지는 우리에게 달려 있다.

　그래서 당신은 이 신비로운 지금 여기에 있다. 당신의 역사는 바람을 따라 울리는 사냥꾼의 뿔피리 소리처럼 멀어지고, 당신의 미래는 다음 계절처럼 당신을 향해 달려오고 있다. 지금이 바로 그 순간이며 존재하는 유일한 순간이다. 그 순간 안에서 생성이 이루어지고 의식이 변화를 만들어낼 것이다. 의식의 가장 높은 성취는 자신의 영광을 이기적으로 반복하거나 우리 인류의 집인 이 광대하고 위협적인 우주 앞에서 퇴행적 강화의 의제를 추구하는 것이 아닐 것이다. 오히려 훨씬 더 큰 것을 목격하고 그에 봉사하도록 부름받았다는 것을 인정하고 섬기는 능력일 것이다. 당신의 그릇 안에는 시간을 초월하는 보다 큰 두 번째 삶을 받아들일 공간이 있다. 그런 삶을 추구해야 하는 이유를 시인 월트 휘트먼Walt Whitman은 「어느 맑은 한밤A Clear Midnight」에서 이렇게 썼다.

오 영혼이여, 지금은 그대의 시간이기에 그대는 침묵 속으로 자유롭게 날아가는구나.
책으로부터 떨어져 나와, 예술로부터 떨어져 나와, 하루는 지나가고, 일과도 끝나고, 그대는 온전히 모습을 드러내면서 침묵을 지키며 응시하고 생각하고 있구나.
당신이 가장 사랑하는 주제인 밤과 잠, 죽음 그리고 별들에 대해.[54]

많은 사람에 둘러싸여 있을 때조차도, 당신의 여정은 외롭다. 당신이 선택한 삶은 당신의 삶이지 다른 누군가의 삶이 아니기 때문이다. 혼자 있어도 우리는 다른 고독한 사람들의 공동체 안에서 움직이고 있다. 혼자 있어도, 우리의 세상엔 내적이거나 외적인 동료가 많다. 따라서 이런 역설이 우리 모두의 앞에 서서 우리에게 도전장을 던지고 있다. "만약 우리가 더 이상 우리 자신을 지탱하지 못하게 될 때 우리를 지탱하는 것이 무엇인지를 알기 위해, 우리는 반드시 홀로여야 한다. 오직 그런 경험만이 우리에게 확고한 기반을 제공할 수 있다."[55] 내면에서 당신을 지탱하고 있는 것을 발견한다면, 당신은 초월성과 연결되고 당신의 역사로부터 물려받은 관점을 수정하고, 성장과 목적과 의미를 추구하게 될 것이다. 우리 인간은 예외 없이 이 세상에 의미를 불어넣고 또 그 의미를 다른 사람들과 공유하게 되어 있다. 영혼은 우리 모두에게 더 큰 삶을 살라고 요구한다. 그리고 이 영혼의 부름은 매일 다시 들릴 것이다.

그리고 당신을 말로 표현할 수 없이 남겨두어
두려운 광대함을 지닌 당신의 삶을 정리하게 하니,
이제 경계지어지고, 이제 한계가 없어져,
그것은 당신 안에서 돌로 변해 별이 되네.[56]

- Alexander Alison, *et al.*, eds. *The Norton Anthology of Poetry,* New York: W.W. Norton and Co., 1983.
- Andre Malraux, *The Walnut Trees of Altenburg*, Chicago: University of Chicago Press, 1992.
- Angel Flores, ed. *An Anthology of German Poetry from Holderlin to Rilke,* New York: Anchor Books, 1960.
- *Bhagavad-Gita*, Trans. Stephen Mitchell, New York: Three Rivers Press, 2000.
- Carl Jung, *Letters.* 2 vols. Princeton: Princeton University Press, 1973.
- Carl Jung, *Memories, Dreams, Reflections,* Trans. Richard and Clara Winston, New York: Vintage Books, 1963.
- Carl Jung, *Psychological Reflections: A New Anthology of His Writings 1905–1961,* Eds. Jolande Jacoby and R. F. C Hull, Princeton: Princeton University Press, 1978.
- Carl Jung, *The Collected Works,* 20 vols. Trans. R. F. C. Hull, Princeton: Princeton University Press, 1973. [*The Collected Works* are abbreviated *CW.*]
- Christopher Marlowe, *Dr. Faustus and Other Plays,* Oxford: Oxford University Press, 1998.
- Elaine Pagels, *The Gnostic Gospels*, New York: Vintage Books, 1981.
- Eugene O'Neill, *Complete Plays,* New York: Viking, 1988.
- Gerard Manley Hopkins, *A Hopkins Reader,* Ed. John Pick. New York: Doubleday, 1966.
- Hermann Hesse, *Steppenwolf,* New York: Henry Holt and Company, 1963.
- James Hollis, *Creating a Life: Finding Your Individual Path,* Toronto: Inner City Books, 2001.
- James Hollis, *Mythologems: Incarnations of the Invisible World,* Toronto: Inner City

Books, 2004.

- James Hollis, *On This Journey We Call Our Life,* Toronto: Inner City Books, 2003.
- James Hollis, *Swamplands of the Soul: New Life in Dismal Places,* Toronto: Inner City Books, 1996.
- James Hollis, *The Archetypal Imagination,* College Station: Texas A and M University Press, 2000.
- James Hollis, *The Eden Project: In Search of the Magical Other,* Toronto: Inner City Books, 1998.
- James Hollis, *The Middle Passage: From Misery to Meaning in Mid-Life*, Toronto: Inner City Books, 1993.
- James Hollis, *Tracking the Gods: The Place of Myth in Modern Life*, Toronto: Inner City Books, 1995.
- James Hollis, *Under Saturn's Shadow: The Wounding and Healing of Men,* Toronto: Inner City Books, 1994.
- Jeladaden Rumi, *Fiha-Ma-Fiha Table Talk of Maulana Rumi*, Ed. Bankey Behari, India: B. R. Publishing Corporation, 1998.
- Jeladaden Rumi, *The Essential Rumi.* Trans. Coleman Barks, New York: HarperCollins, 1995.
- John Milton, *Paradise Lost,* New York: Penguin, 2003.
- John Mood, *Rilke on Love and Other Difficulties*, New York: W.W. Norton and Co., 1975.
- Klaus Wagenbach, *Kafka,* Trans. Ewald Osers, Cambridge: Harvard University Press, 2003.
- Mary Oliver, *New and Selected Poems, Volume One,* Boston: Beacon Press, 1992.
- Nikos Kazantzakis, *The Saviors of God.* Trans. Kimon Friar, New York: Simon and Schuster, 1960.
- Paul Fussell, *The Boys' Crusade: The American Infantry in Northwestern Europe 1944–1945*, New York: The Modern Library, 2003.
- R. M. Rilke, *The Notebooks of Malte Laurids Brigge,* Trans. M. D. Herter Norton, New York: W.W. Norton and Co., 1949.
- R. M. Rilke, *The Selected Poetry of Rainer Maria Rilke.* Trans. Stephen Mitchell, New York: Vintage, 1989.
- Richard Ellmann, *Yeats: The Man and the Masks*, New York: Dutton, 1948.
- Robert Bly, *et al. The Rag and Bone Shop of the Heart.* New York: Harper-Collins, 1992.

- Robert Bly, *et al. The Soul Is Here for Its Own Joy: Sacred Poems from Many Cultures,* Hopewell, NJ: Ecco Press, 1995.
- Robert Johnson, *WE: Understanding the Psychology of Romantic Love,* New York: HarperCollins, 1983.
- Sigmund Freud, *Psychopathology of Everyday Life,* Trans. A. A. Brill, New York: New American Library, 1960.
- Somerset Maugham, *Complete Short Stories,* New York: Doubleday, 1952.
- Stephen Dunn, *Different Hours,* New York:W.W. Norton and Co., 2000.
- Stephen Dunn, *Loosestrife.* New York: W.W. Norton and Co., 1996.
- Stephen Dunn, *New and Selected Poems 1974–1994,* New York: W.W. Norton and Co., 1994.
- W. B. Yeats, *Selected Poems and Two Plays of William Butler Yeats,* Ed. M.L. Rosenthal, New York: Collier Books, 1962.
- Walt Whitman, *Leves of Grass*, New York: Bantam, 1983.

1. Malraux, *The Walnut Trees of Altenburg*, p. 74.
2. Jung, *Memories, Dreams, Reflections*, p. 340.
3. Hopkins, "As Kingfishers Catch Fire", *A Hopkins Reader*, p. 67.
4. Jung, *Psychological Types, CW 6*, para. 755.
5. Jung, *The Symbolic Life, CW 18*, para. 1095.
6. Jung, *Memories, Dreams, Reflections*, p. 140.
7. Jung, *Symbols of Transformation, CW 5*, para. 551.
8. Rilke, "Occasionally someone rises…"
9. O'Neill, *Long Day's Journey into Night, Complete Plays*, p. 212.
10. Rumi, *Fiha-Ma-Fiha Table Talk of Maulana Rumi*, p. 84.
11. Rumi, "Two Poems by Rumi", in Bly, et al., *The Soul Is Here for Its Own Joy*, p. 139.
12. Jung, *CW 16,* para. 454.
13. Dunn, "After Making Love", *Loosestrife*. p. 21.
14. Jung, *CW 9i*, para. 99.
15. Whitman, "When Lilacs Last in the Dooryard Bloomed", l. 143. *The Norton Anthology of Poetry*, p. 779.
16. Jung, *CW 17*, para. 84.
17. Fussell, *The Boys's Crusade*, p. 126.
18. Jung, *CW8*, para. 787.
19. Milton, *Paradise Lost*, II, l. 73–75.
20. Marlowe, *The Tragical History of Dr. Faustus*, l. 76.
21. *Bhagavad-Gita*, III, 35.
22. Jung, *The Development of Personality, CW 17*, para. 289.
23. Jung, ibid, para. 289, 300.

24. Rilke, *The Notebooks of Malte Laurids Brigge*, pp. 14–15.
25. Jung, "Commentary on 'The Secret of the Golden Flower'", *CW 13*, para. 54.
26. Jung, *The Symbolic Life, CW 18*, para. 630.
27. Rumi, "The Guest House", *The Essential Rumi*, p. 109.
28. Jung, *Letters,* Vol. II, p. 4.
29. Jung, ibid, p. 593.
30. Jung, ibid, p. 525.
31. Jung, *CW 9ii,* para 65, 67.
32. Jung, *Psychological Reflections*, p. 338.
33. Jung, *Memories, Dreams, Reflections*, p. 325.
34. Dunn, "A Postmortem Guide", *Different Hours*, pp. 120–121.
35. Jung, *The Archetypes of the Collective Unconscious, CW 9i*, para. 50.
36. Jung, *Psychology and Religion, CW 11*, para. 167.
37. Jung, *The Secret of the Golden Flower, CW 13*, para. 50.
38. Rilke, *Sonnets to Orpheus*, II, 24, author's translation
39. Nashe, "A Litany in Time of Plague", *The Norton Anthology of Poetry*, p. 202.
40. Jung, *CW 12*, para. 259.
41. Jung, *Psychological Reflections*, p. 354.
42. Jung, *Psychological Reflections*, p. 239.
43. Jung, *Memories, Dreams, Reflections*, p. 356.
44. Jung, *CW 7*, para. 392.
45. Jung, *Psychological Reflections*, p. 323.
46. Jung, *Letters*, Vol. I, p. 375.
47. Kazantzakis, *The Saviors of God*, p. 107.
48. Cited by Richard Ellmann, *Yeats: The Man and the Masks*, p. 186.
49. Jung, *Psychological Reflections*, p. 81
50. Jung, ibid, p. 322.
51. Rilke, "Autumn", in Flores, ed., *An Anthology of German Poetry from Hölderlin to Rilke*, p. 390.
52. Jung, *Psychological Reflections,* p. 334.
53. Hesse, *Steppenwolf,* p. 153.
54. Whitman, "A Clear Midnight", *Leaves of Grass,* p. 387.
55. Jung, *Psychology and Alchemy, CW 12*, para. 32.
56. Rilke, "Evening", II. 9–12.

KI신서 13312

마흔에 읽는 융 심리학

1판 1쇄 인쇄 2025년 1월 24일
1판 1쇄 발행 2025년 2월 26일

지은이 제임스 홀리스
옮긴이 정명진
펴낸이 김영곤
펴낸곳 (주)북이십일 21세기북스

정보개발팀장 이리현 정보개발팀 이수정 김민혜 강문형 박종수 김설아
외주편집 신혜진 디자인 표지 장마 본문 김수미
출판마케팅팀 남정한 나은경 한경화 최명열 권채영
영업팀 변유경 한충희 장철용 강경남 김도연 황성진
제작팀 이영민 권경민
해외기획팀 최연순 소은선 홍희정

출판등록 2000년 5월 6일 제406-2003-061호
주소 (10881) 경기도 파주시 회동길 201(문발동)
대표전화 031-955-2100 팩스 031-955-2151 이메일 book21@book21.co.kr

(주)북이십일 경계를 허무는 콘텐츠 리더

21세기북스 채널에서 도서 정보와 다양한 영상자료, 이벤트를 만나세요!

페이스북 facebook.com/jiinpill21   포스트 post.naver.com/21c_editors
인스타그램 instagram.com/jiinpill21   홈페이지 www.book21.com
유튜브 youtube.com/book21pub

함께 읽기 좋은 21세기북스의 심리학 도서

걱정 많고 불안한 당신을 위한 뇌과학 처방전
당신의 불안은 죄가 없다
웬디 스즈키 지음 | 안젤라 센 옮김 | 340쪽 | 19,800원

"불안은 변화를 만들어 내려는 움직임이다!"

— 김경일(인지심리학자)
나의 불안을 점검할 수 있는 워크북 수록

자기실현을 위한 중년의 심리학
이제는 나로 살아야 한다
한성열 지음 | 21세기북스 | 272쪽 | 16,000원

인생의 중간 지점에서 진정한 나의 모습을 만나다!

긍정심리학 국내 최고 권위자가 알려주는
타인에게서 자유로워지는 심리학 수업

온전한 나로 살기 위한
정체성의 심리학
박선웅 지음 | 21세기북스 | 272쪽 | 20,000원

나를 발견하는 것은 내 인생 이야기를
들여다보는 것부터 시작이다!

인생의 진짜 의미를 알 수 없어
막막한 당신에게 건네는 최고의 조언

당신의 일상을 갉아먹는 침묵의 파괴자
미세 스트레스
롭 크로스, 캐런 딜론 지음 | 구세희 옮김 |
김경일 감수 | 352쪽 | 19,800원

일상적인 스트레스에 잠식당해
앞으로 나아가지 못하는 이들을 위한 책!

미세 스트레스 체크 리스트 수록

세상을 다르게 감지하는 특별한 재능
예민함의 힘
젠 그랜만, 안드레 솔로 지음 | 고영훈 옮김 |
348쪽 | 19,800원

SERICEO 비즈니스 북클럽 선정도서

"예민하고 섬세한 당신은
남들보다 중요한 것을 먼저 발견할 수 있는
특별한 사람이다!"

휘둘리지도 상처받지도 않으며 깊고
단단한 관계를 만드는 법
어른이 되었어도
외로움에 익숙해지진 않아
마리사 프랑코 지음 | 이종민 옮김 | 376쪽 | 19,800원

출간 즉시 뉴욕타임스 베스트셀러 선정!

내 삶에 의미 있고 힘이 되는
관계를 만드는 법

인생의 절반쯤에서 비로소 진정한 나를 만나다
자기, 관계, 일의 의미가 선명해지는 융 심리학의 지혜

나 자신을 이해하다
삶이 뭔가 잘못된 것 같고, 배신을 당한 것 같고, 기대를 저버린 것 같은가? 내면을 들여다보라는 이 초대장에 응하라. 자기를 탐험하는 동안 내 안의 불안과 우울, 분노가 어디에서 왔는지 이해하게 될 것이다.

삶의 방향을 전환할 용기를 얻다
지금껏 부모의 기대, 사회의 압박 혹은 콤플렉스와 트라우마에 따라 살아왔는가? 그렇다면 이제 익숙한 정박지를 벗어날 때다. 나만의 가치를 발견하고 더 넓은 삶으로 확장해나갈 기회가 여기 있다.

관계의 그림자에서 벗어나다
왜 내가 원하는 것을 상대방이 해주기를 바라면서 끊임없이 실망하는가? 투사와 반복되는 패턴에서 벗어날 때, 진정한 친밀함과 성숙한 사랑이 무엇인지 깨달을 수 있을 것이다.

가족의 무의식적 패턴을 넘어서다
당신의 가족은 어떤 무의식적 패턴을 반복하고 있는가? 세대를 걸쳐 이어진 이 패턴을 이해하고 극복할 때, 건강한 경계를 세우고 서로의 성장을 지지하는 새로운 가족 관계를 만들 수 있을 것이다.

나의 소명을 발견하다
일을 위한 일을 하며 지쳐가고 있는가? 직업과 소명은 다르다. 단순한 생계수단이나 성공의 척도를 넘어 내면의 깊은 열망을 따라갈 때, 나만의 진정한 소명을 발견할 수 있을 것이다.